思想觀念的帶動者

文化現象的觀察者

本土經驗的整理者

生命故事的關懷者

{ PsychoAlchemy }

啟程，踏上屬於自己的英雄之旅
外在風景的迷離，內在視野的印記
回眸之間，哲學與心理學迎面碰撞
一次自我與心靈的深層交鋒

探索自性

EXPLORATIONS INTO THE SELF

Michael Fordham

著——麥可．佛登

譯——黃善嫻

審閱——施鈺鎮、梁永耀

ROUTLEDGE
Taylor & Francis Group

｜中文版推薦序｜ 驀然回首，自性就在燈火闌珊處／魏宏晉……007
｜中文版審閱序｜ 走進麥可．佛登探索自性的奇妙世界／施鈺鎮……010
前言／肯尼斯．藍伯特……016
序……020
鳴謝……021
引言……023

/第一部/ 實證基礎、假設和理論

｜第一章｜ 榮格研究的「自性」……029
｜第二章｜ 個體化與自我成長……073
｜第三章｜ 嬰兒時期的整合與去整合……097
｜第四章｜ 積極想像的可能根源……119

/第二部/ 自我與自性

｜第五章｜ 自性做為具想像力的建構……143
｜第六章｜ 「自我」與「自性」……163

|第七章| 心理健康 193

|第八章| 臨床研究 199

|第九章| 對榮格有關共時性論點的詮釋 211

|第十章| 反移情 225

|第十一章| 自性的防禦 245

|第十二章| 榮格學派眼中的身與心 257

/第三部/ 宗教、神祕主義、煉金術

|第十三章| 超自然的神？ 275

|第十四章| 聖十字若望的神祕主義要點 291

|第十五章| 煉金術 317

|第十六章| 總結反思 329

|附錄一| 參考書目 341

|附錄二| 英文索引 348

｜中文版推薦序｜

驀然回首，自性就在燈火闌珊處

魏宏晉

實踐大學家庭研究與兒童發展學系兼任助理教授

榮格提出「自性」（self）的概念，想法起於建構非理性的無意識思維運作理論，本來就不是形式邏輯的產物，只是暫以隱喻言之的象徵性意象，自然無可避免地有染有其人所忌諱的形而上學的嫌疑；惟該說既被榮格本人，連同其後繼者，長期當成整體學說架構的核心，也就成了無可迴避，卻又難以掌握著力的問題，困擾研究者甚深。

身兼兒童精神科醫生以及榮格分析師的後榮格學派傑出學者麥可・佛登（Michael Fordham），運用客體關係理論，於臨床的實務裡，觀察到在早期嬰兒階段及童年期有支持自性出現及發展的理論性可能證據，於是提出一套相當具備說服力的自性理論假說，對自性理論發展產生突破性的貢獻。

多數學習榮格心理學者，最早接受到的自性定義，往往是「自性既為心靈的核心，亦為心靈的整體」，然此說甚為模糊，我們無法從中確認自性的特殊性質。如果採用「自性為心靈核心」的部分進行理解，依照榮格曾謂自性即上帝原型的說法，自性只是眾多的原型之一，充其量可被當作「最重要的原型」。人們觸及無意識之際，是可能經驗到自性原型的象徵性顯現的，但卻只能說經驗到了原型，而非心靈整體。

因為，「自性既為心靈的核心」與「亦為心靈的整體」兩個陳述，似乎不能同時為真。心靈中的無意識內容物，必須通過意識自我（ego）加以辨識，而意識自我無法自我經驗，只能經笛卡兒主義式的理性推論而得之。既然意識自我也屬心靈的內容物，由其經驗所得的內容，當然不是心靈「整體」。

單純地以傳統心靈等於意識加上無意識的整體這樣的心靈組合方程式分析自性，似乎是條死路。佛登於是另闢蹊徑，加入更「科學」的論據，終於取得突破性的成就。他透過基於直接觀察嬰孩的臨床經驗，於 1947 年提出原初自性（primary self）為嬰兒生而有之的理論性假說。這與傳統客體關係理論中，原始母嬰關係是由母親方面啟動，由而出現母嬰結合的早期階段的想法不同。佛登認為，嬰兒是從主動展開自性「去整合」（deintegration）開始發展的。嬰兒從最原始身心一體的原初自性啟動「去整合」，接著產生納入與母親關係的「再整合」（reintegration）行動，成為生命中首見的去整合／再整合經驗。隨後生命過程中，它面對各種環境經驗，將不斷重複去整合／再整合的歷程，自性的複雜性與分化程度也隨之漸增。在這個生命開展的過程裡，參與創造自性整體性的意識自我與原型所組成的心靈，也因之逐漸成形。而由於是從一個整體不斷去整合與再整合分化的緣故，從而由之的心靈內容物，包含意識自我與原型，自伊始便保有同一自性的整體性質，且將一直延續著這種整體性。此解相當有力地詮釋了「自性既為心靈的核心，亦為心靈的整體」之說，有效地拓展了榮格心理學理論學說的發展道路。

雖然透過巧妙運用客體關係理論，美好地詮釋了自性遍布心靈的理論性說法，但若僅止於此，缺乏榮格著墨有甚的靈性與宗教層面，則未免不足。對此，佛登其實亦有深入。他大膽地引進著名英國精神分析師比昂（Wilfred Bion）跳脫傳統精神分析心靈的意識／潛意識結構限制的「頂點」（vertex）理論，認為人認識世界與心靈的觀點，不僅止於無意識的作用和影響，而是可以有意識地加以抉擇。仰望神者可以持守信仰，不信者也隨喜自便，各有觀待。自性可以容納觀待宗教的各種態度，這是無所不包的它的一大特點。於是，我們從佛登上窮碧落，下至黃泉尋尋覓覓的精采結晶中，從這本書裡終於領悟到，原來，驀然回首，自性就在燈火闌珊處。

｜中文版審閱序｜

走進麥可．佛登探索自性的奇妙世界

麥可．佛登是《榮格全集》主編之一，學術及臨床業內公認的殿堂級大師，上世紀九〇年代起，菲爾德曼博士（Dr. Brian Feldman），十年不間斷地遠從美國親訪英國，向麥可．佛登做兒童分析、成人分析的訓練，我有幸跟隨菲爾德曼博士學習麥可．佛登的學術觀點，從 2012 年起向博士學習嬰兒觀察法及接受兒童分析訓練，以及後來的嬰兒觀察法導師訓練，一路走來，轉眼十載有餘了。本次麥可．佛登的經典之作《探索自性》（*Exploration into the Self*）中文版得以面世，實是匯聚多方力量之成果。首先有台灣王浩威醫師的海納百川，歡迎榮格分析師同仁們為華人地區分析心理學文本發揮力量，我遠在澳門，深知個人翻譯能力不足，但向來多閱讀由心靈工坊出版社出版的分析心理學書籍，其質素之高令我極為敬佩。2019 年維也納分析心理學大會後，跟菲爾德曼博士初步敲定第一本中文翻譯書籍應先由經典開始，當時他推薦了本書《探索自性》。此建議經王醫師的確認及協調，並在機緣巧合下得到澳門翻譯朋友黃善嫻小姐的支持，本書的翻譯之路就此展開。悄然地，長達十六萬字的初稿在不久後交予我審閱，收到初稿時的激動之情至今還歷歷在目。我先進行一稿校對，過程中，出現多次的修改，由於麥可．佛登的英語用詞對今天的現代英語來說，還算是早半世紀的詞語，詞意都需要多次琢磨。澳門的同仁梁永耀醫生再對全書進行二校工作，由於梁醫生原來熟讀精神分析，他多番補充、修改自體（self）、自性（Self）等詞語。最後交到心靈工坊手上時，經由總編輯徐嘉俊先生、本書執行編輯裘佳慧小姐還有背後默默支持的洪素珍老師總處理，方能令讀者見到如今的版本，功勞最大莫過於他們三位。今天的讀者們看到的書成之日，我欣喜地寫下此序，向麥可・佛登致敬，同時向上文提到的各位前輩、同仁致謝！

本次翻譯麥可・佛登的重要著作《探索自性》一書，對華語讀者是一次難得的機會，體會他如何展開從兒童發展以至人們從自我的建構開始的探索之旅。在自我的建立過程中，從整合個體由子宮開始到生命的延伸，嬰兒的原始感知經驗，到個體如何透過這經驗延展到他們一生中自我功能的持續學習及真實世界的適應性。自性的神祕之處，莫過於從出生起和求學時期，防衛與機遇做為情感發展中重要一環，更是少有人知的部分，這是本書想要為讀者們介紹的重點之一。當讀者們（同時做為治療師的您）完成閱讀佛登的探索材料，自性會成為一個基礎的背景，我們可以意識到個體完成了自性的數項探索任務，自性反而推向更鮮有人知的角落，同時發生在分析會談室內，這些背景材料即將成為分析的內容和假設。做為分析心理治療流派，我們能認識到驅使孩子自我成長的根源也是做為分析性心理治療的目標，同時更是他們重新感受分析關係中家的感覺。

本書不只限於兒童分析，因為自性同樣也出現於成人的身上。每當治療師碰到成人個案中的自性時，他都需要了解隱匿在成人內在的嬰兒、孩童及青少年時期的自性。治療師也需要意識到早在初次見面前，個案的自性已發展良久。事實上，在個體整個發展過程中，個體與主要照顧者、老師及至其他導師的相處成功與否，也將同時帶入一段新的治療關係中，此時治療師渴望成為個案的自性對象（客體），從而他努力克服其治療自性延伸的可能性，以及過去防衛的重啟。當自性在成為近代治療師的關注點之一時，其實在許久之前，麥可·佛登就以不同的視角，對成人的治療關係提出直接的見解及應用層面。

當然，如本書所述，麥可·佛登的研究建基於榮格的教導，然而，我們對榮格的童年所知不多，直到由他的時任祕書安妮拉·亞菲（Aniela Jaffe）記錄、編寫和重整有關他的自傳《回憶、夢、反思》面世後，才備受關注。後來，麥可·佛登教導榮格分析師們關於一些榮格自身迴避、有關他所寫兒童在未經歷成人個體化時便已在某程度上與成人無異的中年現象。當榮格還在世時，讀者們都認為只有當個體在自我層次上已取得成就，如在崗位或專業上表現卓越，又或者是已結婚生子，並擁有房子等具有自我（或者是人格面具）發展的成功標記的人身上，才會出現自性。因此，榮格心理分析就像好像奢侈品是有原因的，這是因為那些合資格且能維持的人都是把不自限視為人生意義的強者。

對那些大部分年過四十並接受好追尋個體化的病人來說，麥可·佛登對榮格所寫的並沒有太多補充，因為他們可以直接閱讀榮格的作品，而不會錯過成人個體化的內容。反觀，麥可·佛登確實為在榮格心理分析中，於發展初期便經歷各種挫敗，雖年紀漸長但仍飽受煎熬的人打開一扇門。他知道很多成年人仍無法擺脫自性需要的誤解，並引致兒童及嬰兒無法茁壯成長、學齡兒童不信任老師、對同齡朋友的模仿、及至青春期形成不讓別人接近並得知其被忽略的童年的相對封閉及難以觸摸的人格，這樣的孩童敏感得如嬰兒般害怕世界，而如果是自閉的話會盡可能保持自我封閉一樣，這問題會困擾他／她的一生，並令即使面對前路不明但仍在世上開拓前路的自我來說，原本是資產的自性反而變成了包袱。

麥可·佛登在本書中所提及的分析，並非這煩囂俗世中的一個禱告的寧靜角落；反之，這是一個歡迎所有懼怕被遺棄、被吞噬、無法對抗欺凌者以及無法處理令人困擾的情緒的孩子的角落，並與分析師藉著遊戲和交談來向分析師說出他的想法並能夠向第三者，如本書的讀者們，清晰地交代他為嘗試幫助病人時所說的話及所做的事。

對華語讀者而言，初閱本書必定會對他們認為對其有欠自然的語法感到突兀。這是由於麥可·佛登是一名醫生，其淵博的知識讓他有充足的能力去指導自己及學生，也因為這樣，他對情感的表達會有所保留。但如果你夠耐心，麥可·佛登的言語定必成為你一個不可多得的指南，引導你們近距離接觸嬰兒、兒童、青少年，當封閉自我時戴上面具、抑鬱時裝作平易近人及充斥暴力、衝動時故作平靜而隱藏的真實自我。因為，在佛登的世界觀裡，隱藏起來的並不是禁忌，反而更是可在治療師們口中討回公道的東西。

以下請讓我先行列出麥可·佛登在本書整理過的常見詞彙概要：

- **原初整合**（The primary integrate）或**原初自性**（primary self）：是在子宮內已經完整的狀態，它被認為在母胎中已發展完善，並樂意按此狀態永遠持續下去，直到出生給打斷了這種幻想。

- **去整合**（De-integration）：為了走進世界、整合世界前的原始狀態，必須經歷。
- **去整合焦慮**（De-integrative anxiety）：當外在客體（如父母、兄弟姐妹和同學）無法滿足孩子自身對安全、庇護和互惠的需要時，形成害怕自己會崩潰的焦慮。
- **客體關係**（Object relations）：在心理學層面上，是指我們需要處理他人的情感、期望和行為的關係。這些其他人是指那些已經成為我們關係中的情感、恐懼和敵意的對象。從生命之初就出現的客體關係問題是在於客體是否適合孩子的自性。客體關係的力量如此之大，是因為嬰兒時期已經降服了它的力量，成為一個整合的個體，通過它的安全感，配合去整合過程，將其他人把這關係帶進他的世界中。
- **自我防禦**（The defenses of the self）是孩子在感到不安全時建立的自我照顧系統。這些使它的客體關係構成問題，因為孩子周圍的人開始只看到孩子的防禦，他們常常感到被他們對抗。佛洛伊德主義者通過稱其為自戀防禦來表達自我激起的敵意防禦。
- **移情**（Transference）：當治療時，治療師變成一個不滿意和不被滿意的對象時。
- **個體化**（Individuation）：是指當孩子找到一種通往統一狀態的時刻（即成為一個獨立的人，不論他或她早期的目標是多麼令人滿意或不滿意）。
- **個體性**（individuality）：是治療師所珍視的，即使它一開始是具防禦性的、軟弱的或不完整的，因為患者的自性仍然存在。

- **分析療法**（Analytical Therapy）：是能使患者的自性被接納並做為成長的基礎的重要手段。
- **退行**（Regression）：被理解為需要返回到已掌握的發展階段，以便能夠有足夠的信心嘗試從該安全狀態中進行新的去整合，以適應後期發展階段的需求。
- **信仰**（Religion）：在榮格的世界裡，信仰是指他盡最大可能對表達他對自性具分化和神聖能量載體的不同動態的深切尊重，其神聖程度能讓小孩子樂意接受分析心理治療，因為其力量得以尊重，並可以以自己的方式行使自我的良機。

這種獨特的語言，一旦學會了，就會為那些自稱是榮格派系但未開竅的理論打開幾扇門，我先在這裡分享我的定義，這樣讀者就不會因為忙於消化詞彙而錯過了走進麥可・佛登探索自性的奇妙世界的機會。我希望華語讀者能像我一樣享受閱讀這本書。這本書並不比一些心理生活類書籍更容易閱讀，但因為它的面世，我們有機會細閱它，然後你會發現它帶著滿滿的趣味。

最後，本書翻譯雖幾經審校推敲，尚有諸多不足之處，我以謙卑的心，向各位前輩、同仁、讀者請求明燈，指引我再向黑暗探索的棧道！君子可期！

施鈺鎭

2023 年 6 月寫於澳門

vii

前言

為呼應近代多方學派分析師對自性（self）概念的興趣，分析心理學圖書館（The Library of Analytical Psychology）於 1985 年以較為不同的角度出版了兩本與此相關的書籍。事實上，此舉絕非出於編輯上的標新立異，而是為了回應各界對這兩位作者的興趣。這一本有關麥可·佛登（Michael Fordham）（另一本則是約瑟夫·瑞德費恩 [Joseph Redfearn]）的內容，是多年來在分析心理學上三大課題的持續觀察及反思的成果。首先，眾所周知，麥可·佛登在早期嬰兒階段及童年期自性的出現及發展研究多年且貢獻良多。此外，他關注榮格運用自性的概念所引起的一些混淆，不僅釐清一些迷思，還致力於擴展其內容。他在第一章便談及他怎樣為榮格在自性上所引用過的參考資料編排索引，並從那些看似不相關的資料出處——不經意的想法或不加思索的評論，整理出常常反覆再現的主題。從第一批的參考資料中浮現兩個主題：自性被視為一個整體；自性被視作一具備動力的規範實體，補償過程（compensatory process），不同對立面的區別並運用超越功能（transcendent function）加以整合，發展（progression）和退行（regression），以及原始力比多（primitive libido）的轉化（transformation），都於其中發生可被識別出來。此外，佛登提出了對自性全新及革命性的看法，令我們更了解自性的動力。有關原始無法區分的自性是原型及自我潛能之總體的理論，他在本書中也詳細談及。其實在很早階段，或許在胎兒時期，還有肯定在新生兒的生命中，根據內在的動力及外界的刺激，去整合過程 viii
（deintegrative process）會出現。原型會破繭而出，並與物質掛帥的現實世界或文化環境中大家熟知的象徵內容糾纏起來。當出現上述情況時，透過內化（internalization），會將分化物（deintegrates）重新整合（reintegration）。進一步的去整合（deintegration）[1]及重新整合（reintegration）發生後，造成自性隨著時間、空間和血肉經驗而日益豐富。

本書第三部談及的第三類經驗是麥可．佛登一直深感興趣的，集中在廣為人知的事實：與自性連結的感受似乎跟在有信仰的人身上找到的類似。一些有關自性的夢境及異象等象徵主義確實似乎令人容易聯想到宗教象徵，當然，整件事也可以反過來說。宗教的象徵主義實出於自性的象徵主義，但以原始圖象表現出來，投射到宇宙，並伴隨著超自然的感覺。或許這個說法流於表面，而事實上麥可．佛登也好像不太認同。他採用比昂（Bion）的頂點（vertex）[2]概念後，強調每一個人都需要小心地檢視自己的頂點，以及它們對自己在宗教及心理學上的態度有著怎樣的影響。所以，不論他是考量在其標題為「超自然的神？」的章節中哈利．威廉斯（Harry Williams）的頂點，還是聖十字若望（Saint John of the Cross）的頂

1 譯註：在精神分析中，所謂 deintegrate，是指將原本整合為一體的心靈（但可能不健康）去掉統整性，經歷暫時混亂，以利未來重新健康整合的一種動力過程。由於這兩種作用是談心靈整合的兩種歷程，為便於讀者理解，全書將 integration 譯為「整合」，deintegration 譯為「去整合」或「分化」，deintegrates 則譯為「分化物」。

2 譯註：有關頂點（vertex）的較詳細解釋，請參考 62 頁譯註。

點，並將自己與兩者劃清界線也好，佛登認為有信仰的人按自己的認識來持守信仰是無可厚非的。除此以外，容納宗教的態度也可以視為自性的其中一個要素。確實，有信仰的人的頂點會傾向相信自性是出於無處不在的神，神是徹底超越人的全面整合，更不用說神原（godhead）了。

細心閱讀佛登關於聖十字若望及煉金術的篇章，讀者會如獲至寶，他處理那些主題的高明手法及帶出藏身在自性背後或其中的宗教及煉金術經驗，更會令他們印象深刻。

本書的讀者將會同時發現，佛登擴展了他因之揚名的嬰兒及兒童發展研究，當中帶出了他最近感興趣的母嬰互動觀察。小組內的個別成員把現實的母嬰互動的集體研究報告這一新發展帶入小組，經各成員討論及得到佛登的認同後，那些材料被視為可補足觀察嬰兒心理動力過程的重要資料。他可以看到這些結果會修改或
ix 更正大部分出於觀察不足而一直奉為圭臬的規條。正面來看，至今已蒐集的足夠證據足以證明嬰兒有著為自己營造良好的母親環境（maternal environment）的巨大力量。溫尼考特（Winnicott）指出，嬰兒會包容焦慮不安、自忖能力不足或日漸乏力的母親；向母親顯示出怎樣更好地回應嬰兒的需要；發出一些母親能明白的需求信號（signals）。以這樣的方式，嬰兒幫助侷促不安、笨拙、沮喪的母親變得較有技巧地照料他們。此外，溫尼考特亦覺得這些舉動對嬰兒終其一生發展人格及各種關係是必需的。

最後，麥可．佛登深深認同梅蘭妮．克萊恩（Melanie Klein）對榮格的原型及自性研究所做的革命性研究，以及入木三分的評註，這令一眾榮格派學者更是興趣倍增。當然，一些榮格派學者可

能會強調那些看似與克萊恩及榮格截然不同的語句及焦點，譬如克萊恩集中於早期嬰兒階段的自發及無意識幻想生活的形式，而榮格自他年屆古稀起則集中於人文上的原型主題之文化及歷史的表達方式，但佛登則是為這兩位革命性思想家立註解、顯差異的先驅，而他的評註令我們獲益匪淺，為此我們應向他深表謝意。

正如早前分析心理學圖書館系列的五本書，所有有關榮格的著作的參考資料均出自《榮格全集》（*Collected Works*），縮寫成 *Coll. Wks*，後附冊次編號，當中所指的日期為各語言版本的，而非英文翻譯本的出版日期。

在此，編輯群希望向佛登醫師表達謝意，感謝他接手最初由艾格妮斯・威金森（Agnes Wilkinson）博士進行的龐大編輯工作。

肯尼斯・藍伯特（Kenneth Lambert）

xi

序

此書包含了我多年來撰寫有關自性的文章，它們大部分都刊登在英國、美國及遠至巴基斯坦發行的學術期刊。它們先前不曾集結整理，亦從未修訂。

大部分的文章都是應要求所寫的，其中兩篇曾刊載在早已絕版的《客觀心靈》（*The Objective Psyche*）一書中。儘管本書中只有一章（第三章）是新撰的，但這些曾刊登過的文章都經過大幅修訂，因此有好幾章都猶如新著作一樣。

以不同角度談論自性的文章甚多，但榮格把自性更深層的本質與實際經驗連結起來：他把哲學及宗教概念放入精神現實（psychic reality）的基礎之上。這發現最初起源於他，後來才出現較為成熟的人在其下半生開始認真看待自身內在經驗，也因此令他們為一直悄然無聲地指引著他們人生的自性立下定義。

我一直認為同樣的自性會在童年出現，而它的舉動足以影響自出生以後的年幼經驗，所以，自我實現可被視為自性行為轉化為愈來愈有意識的反思的終生過程。

希望讀者明白，我不打算構建一個系統或理論，而是想收集實據及反思，希望能揭開那個艱深難懂的主題的面紗。我希望這些集結了無意識過程及它們的根源的研究能帶起執業分析心理學家及普羅大眾在這方面的興趣。

麥可・佛登（Michael Fordham）

鳴謝 xiii

我希望向協助我出版本書的許多人士表達我的感謝，他們令此書的內容倍增，更是叫我喜出望外。

首先是我的太太芙麗達（Frieda），她不但永遠聆聽我的話，還協助我掌握了今天的寫作技巧，她獨到的見解一次又一次地助我草擬出本書的雛型。

然後，我十分感激艾格妮斯．威金森（Agnes Wilkinson），她為我細閱本書，協助我把艱深難懂的段落理順，鼓勵我，事實上還做了大量編輯工作，我很高興地說，這讓肯尼斯．藍伯特（Kenneth Lambert）負責的最後編輯工作變得較輕省。

最後，吉安娜．亨利（Gianna Henry）提點我觀察母嬰的重要性，從中我發展出只有透過對觀察結果的深度洞察才能成就的主幹理論。要是沒有她的幫助，恐怕所有知識都仍然只是猜測。

全書除了第二章及第十六章，其他內容以前都曾在學術期刊及其他書籍中刊載過，但本書內容經過大幅修訂，當中附加了註釋表明其修改幅度，相信這些新內容會令讀者眼前一亮。我感謝多位允許我重印他們曾刊載的文章的編輯，他們分別來自：《分析心理學期刊》（*The Journal of Analytical Psychology*）、《英國醫學心理學期刊》（*The British Journal of Medical Psychology*）、《瑞士心理學與應用心理學雜誌》（*The Revue Suisse de Psychologie et de Psychologie appliqué*）、《心理學雜誌[拉合爾]》（*The Journal of Psychology* [*Lahore*]）、《當代精神分析》（*Contemporary Psychoanalysis*）、《神學》（*Theology*）以及《春泉》（*Spring*）雜誌。

麥可・佛登（Michael Fordham）

引言 1

當我想到或許值得將我有關自性的論文集結成書出版時，我其實還沒意識到自己會陷入什麼情況，因為我沒領會到，從我最初開始寫這個主題起，我的研究方向已經改變了多少。

最初我的研究主要是向英語讀者闡述榮格（Jung）的想法；由於我當過《榮格全集》的主編，所以我對這方面相當熟悉，能勝任撰書這工作。雖然僅限於業餘水平，但這次契機也促使我研究宗教。之後我又對神祕主義、神學和煉金術產生興趣，直到後來才專注於我較熟悉的事情上——分析會談的結構。

上述這些研究與我自己設定的另一個研究領域是同時進行的，因為我認為分析心理學家的發現（通常基於原型 [archetypes] 理論）如果欠缺源於童年和青春期的基本材料作依據的話，是不盡可靠的。由於分析心理學家幾乎完全忽略這兩個生命階段，以致他們對神話進行了較深入的比較研究，並意圖從中建立心靈版圖（geography of the psyche）。然而，這樣的研究只會趨於橫向而非縱向。

我將本書分為三部：第一部會研究榮格對自性及個體化（individuation）的材料及觀點，然後加入我對自性做為一個動態體系的理論分享。第二部進一步介紹我的看法，特別是我對精神分析（psychoanalysis）方面的一些理論。第三部則回到有關宗教及煉金術的心理學。

本書其實不算是一本獨立的著作；它某程度上取代了已絕版多時的另一著作《客觀心靈》（*The Objective Psyche*），也可做為另外兩部童年專題著作《做為個體的兒童》（*Children as Individuals*）和《自性與自閉》（*The Self and Autism*）的補充讀物。

讀者可能會問（我也有反問自己），「為何這樣劃分這本書的章節？」我只能回應部分出於「個人喜好」。首先，我的研究
2 取向是科學研究。我曾於劍橋修讀生物學及生理學，然後又一頭熱地到醫院進修內科學和神經學。當時我還覺得佛洛伊德（Freud）的心理學較有同理心，但其實我也沒有很深入研究他的著作或進行任何精神分析。幾件偶然的事件發生後，我才決定與貝恩斯（H. G. Baynes）展開分析。當時貝恩斯把榮格的非理性事實（irrational facts）的概念介紹給我，而這與理論的預設不符，但因為這些事實是科學研究的重要組成部分，我便開始接受榮格的立場。

但是後來我察覺到分析心理學有步向崇拜宗教的趨勢，而我從對榮格的著作和他個人的了解中，知道這不是榮格的原意。因此，我著手出版一系列書籍，試圖彰顯榮格的科學地位，將之集結在《客觀心靈》一書中。雖然大部分都經大幅修改，但本書仍會提及當中一些資料。

由於我著作中的一個主軸是「榮格的研究意欲聯繫到個人發展」，我視這方向為興趣，並確信這是可以實現的目標。在我研究的過程中，我發現欠缺這個取向的榮格心理分析（Jungian analysis），結果往往缺乏深度。與此同時，我看到了梅蘭妮．克萊恩（Melanie Klein）的著作，她揭示了小孩生活中的「無意識幻

想」（unconscious fantasy）。她算是與榮格走相同路線的精神分析學家，她的研究對於我研究嬰兒期及兒童早期生活至關重要，也成為我分析兒童的重要工具。當時還沒有榮格學派的兒童分析師，所以我在此領域孤軍奮戰了許多年。

正因如此，我深受兩位創新者的著作所影響。近來我亦發現，比昂也提出了許多分析心理學家們需要統合的議題，而我亦會在本書提及我開展統合這些議題的過程。

第一部

實證基礎、假設和理論

榮格研究的「自性」

5 如果你閱讀本書是想簡要地了解榮格所指的自性，第一章對你而言可能會有點冗長和沉悶。然而，我要先講述榮格的研究方法，以及他對觀察所得材料的應用及概要，這樣你才能明白，他是在開拓心靈「新國度」的時候發現自性的，而這個「新國度」，就是我們近乎具有無限維度的內心世界。自性也就是由此浮現的。

當時榮格可謂是這個領域的唯一拓荒者，但後來有很多學者及精神分析師對自性產生濃厚興趣，而我也會在本書提及他們的著作。不過，不同的學者對自性的理解會與榮格激進的理解有別，所以我們不僅要格外費心了解榮格的概念，還需要知道它們所依據的實證基礎。

榮格的著作內容廣泛，因此很容易會忽略某些主題的重要訊息。因此，這一章節的內容主要是大幅度地修改我在 1963 年初次刊登的文章[1]，其中使用了《榮格全集》的索引來節錄有關自性的內容，減少不必要的錯誤。進行這項節錄工作時，我會先把資料寫在卡片上，再將卡片依關鍵詞排序，這樣寫作者為了方便而挑揀語錄或是扭曲結論的慣性，即使不能根絕，至少也能稍加控制。這個系統的好處是可以從中統計榮格提及某些內容的重複次數，從而了解他較著重的觀點。這個方法還有一個好處，就是它能更容易地識
6 別改變他的想法的影響因素。

有人主張《榮格全集》記載了榮格發展自性觀念的歷程。當中

1 最初刊登於 1963 年《分析心理學期刊》（*The Journal of Analytical Psychology*）第八卷第 1 期，後來在 1973 年於倫敦海涅曼出版社《分析心理學：現代科學》（*Analytical Psychology: a Modern Science*）中再次刊登，而現時的版本已作大幅修改及補充。
1963 年時，大部分榮格研究煉金術的作品都還沒有翻譯。我從那時起研究了他那個主題的書籍，發現沒有需要修改我的結論。

出現了兩個矛盾的定義，現在回想起來，我相信部分是他的研究方法所致。這也剛好給了我機會，可以由榮格實施研究流程的方法的角度，開始審視他分析資料時的想法。

榮格的調研方式

榮格到底有沒有發展一套關於自性的理論，仍是不解之謎。舉例來說，榮格於 1957 年所發表的《未發現的自性》（*The Undiscovered Self*）一書中提到：「自性知識（self-knowledge）是要透過個別事實（individual facts）取得的，理論在這時候其實並沒有太大幫助。」（Jung, 1957, p. 249）這句話還有其他相似內涵的話引起了多方面的思考，譬如說，我們會好奇如果該理論並沒有針對他所說的「個別事實」而設計，那麼該理論是否還能發揮實際功能？此外，他較早期所表明的理論立場是取決於臨床材料的，這與後來的情況有所出入。以下段落是他於 1917 年所寫，並且多次重提的科學方法：

> 「我每天的工作流程是，我會刻意安排一些時間去閱讀我的素材，然後從所得數據來建立一個籠統的公式、提出觀點，並將其應用到我的實際工作中，直到它被確認、修正或摒棄。當內容經確認後，我會以整體的觀點發布而不會給予實證資料，我僅以範例或說明的形式提及我在實務過程中所積累的素材。」（Jung, 1917, p. 294）

此外，他在科學推論的摘要過程中也會進行引申；他會收集很多來自神話、傳說和文化人類學的相關素材。這些素材最初是用來補充說明臨床問題，但隨著時間過去，神話、傳說和宗教相關議題逐漸成為他研究的重點。也就是說，他的類型論起源於臨床觀察，而集體無意識（collective unconscious）理論則來自他對神話的研究。對於神話這方面的研究，榮格可說是到了爐火純青的地步，絕不會錯失不同文化及歷史上無所不在的神話主題。

當他制訂好他的基本概念後，他就可以把它們當作參考框架，而他對集體無意識的認知則特別有助於他賦予意義給他從數不清的資料中取得的意象，因此他能夠合理地闡述非理性或混亂的材料，
7 也能夠闡明人類行為的各個方面，無論是個人的還是集體的。毫無疑問，無論個別的自性最終是怎樣的，這也屬普遍現象，而榮格確實證明了這點。那麼話說回來，他對理論應用的那個疑點到底在哪裡呢？

1912 年，榮格出版了《關於無意識的心理學》（*The Psychology of the Unconscious*）。在這著作中的其中一章〈關於兩種思考的類型〉（'Concerning two kinds of thinking'）中，他區別了定向思考（directed thinking）和無定向思考（undirected thinking），前者是呈現連貫及具邏輯的思考，後者是受無意識下的原型所控制——亦即隱喻意象（metaphorical imagery）中的思考，隱喻意象就是現在我們所謂的「象徵性」（symbolic）。這個概念一開始被提出來時顯然有點混亂，因為那些意象擴散並重疊在一起，擾亂了組織性思考的過程，使它變得格格不入，甚至是「幫倒忙」。由於榮格指出「無定向」的心靈活動是重要和客觀的，而且不受自我（ego）

所控制，因此他嘗試謹慎地以抽象概念取代上述情況。於是，他在 1951 年發表了：「概念本身並不重要，它只是一堆文字，一些工具，而它只會在累積一定經驗之後，才會產生出意義和功能。」（Jung, 1951a, p. 33）然而他在多處提過他並不相信這些抽象內容：「當形而上的想法（metaphysical ideas）失去它們回想或喚起最初經驗的功能時，則代表它們已再無用武之地，剩下的只是阻礙人們進一步發展的絆腳石。」（ibid., p. 34）這點同樣適用於後設心理學理論（metapsychological theorizing）之上。因此，當榮格提到理論或分類時會顯得有點忌諱，或他試圖偽裝成「科學性」來迴避上述的情況。

我想補充上文提及的「最初經驗」。榮格論述的一個重要特徵是他認為理論猶如神話般的元素。為了證明這一點，他在其心靈能量（psychic energy）相關的論文中列出了基本對照（Jung, 1928a, p. 67）。在他的其他例子中，有一些讓我們想起了邁耶（Robert Meyer）發現的能量守恆理論，它的出現多是基於靈感而非邏輯（Jung, 1943, p. 67）。另一個類似的例子就是抽象的思維讓凱庫勒（Kekule）發現了苯環。當然這些例子不勝枚舉，但我就不多說了。

首次出現在〈關於兩種思考的類型〉的理論與原始圖像的交織，成為榮格論述的一個特徵：他使用神話來活化想像性的體驗，並使用模型或其他抽象形式來涵蓋、說明或解釋它們。因此，他一直在努力確保這些抽象命題不會脫離其與隱喻表達的思維結構的關係。

在此我們可以看看一個榮格如何把神話與模型交織的實例。在他〈移情心理學〉（“Psychology of the transference”）談及「死亡」
8 的章節中（Jung, 1946, p. 256ff），他以煉金術的隱喻闡述了一位國王和王后的水腫狀態，比喻了人們吸收無意識內容時所發生的膨脹趨勢。他又繼續以煉金術士的角度來探討，指這個過程會導致死亡。然而，他指：「煉金術士斷言死亡是**哲學家之子**（filius philosophorum）的誕生，是人子（Anthropos）的特殊變化……」而榮格亦對照諾斯替基督（Gnostic Christ）與**哲學家之子**來補充：「這位『兒子』是個新生命（new man），是國王與王后結合的結晶，但他不是由王后所生，而是國王和王后兩者轉化的新生。」

如將上述文字轉化成心理學的語言時，意思就是：「……意識心靈（conscious mind）或自我人格（ego-personality）［即國王］與人物化的無意識**阿尼瑪**（anima）［即王后］結合後產生的新人格［即自性］，而這新人格具備此兩種形態。」（ibid., p. 264）在這裡，他運用了兩類型思考的理論去證明其抽象概念和神話是相似的。

然而，我必須說，理論在科學研究方面總有比神話優異之處，緣於理論有著便於轉換及詮釋資料的特質，它們能夠呈現榮格應用集體無意識理論時的資料，如：理論能夠引導我們了解被忽視的內容、誘導讀者的思維、做為溝通的工具、解釋觀察所得資料等。也就是說，理論能夠有效地修飾了原本被抽象化的原始現象。所以我認為在榮格作品中發現到有關自性的兩個概念是源於原始經驗及其抽象的交織。

由於榮格顯然具有兩種對自性的說法，因此我們可能需要查探他的著作中會否出現自相矛盾的情況。某程度上看來，他自己是覺得沒有，但他在 1913 年建立有關類型論以區分他與佛洛伊德（Freud）和阿德勒（Adler）的立場時，似乎每個理論都是殊途同歸。《心理類型》（*Psychological Types*）（Jung, 1921）一書令榮格聲名大噪，因此他更確信主張理論是可取的。然而，當提到經常惹起激烈討論的佛洛伊德和阿德勒的類型論時，榮格卻很明顯地想要試著解決精神分析師之間早期衝突中的那些「不兼容性」。而當我提到榮格有關自性本質的兩種表達時，我亦會嘗試從這一點探究，這也是本章的目的之一。

我覺得榮格的演繹風格是源於他想要找出更能表達完整的自性的方法。但在實踐的過程中，他還是遇到了詞窮的困窘。這是因為科學性的演繹往往過分依賴對定義明確的材料進行抽象化的解釋， 9
並試圖排除能解釋到無意識方面的象徵隱喻。因此他在後來的解說中，愈來愈倚重悖論，尤其是來自煉金術方面的。

他的態度似乎也源於「心靈是認知的主體也是客體」的觀念。這繼而產生了一個命題——探討從原始思想中取得抽象訊息的可能性，而其中一個例子出現於他在《心理類型》中提到的「古代教會的神學之爭」。

所以最終問題就是要選擇什麼議題來研究，結果我們發現榮格所提出的抽象議題本身就是值得研究的議題。這個論點好像在不斷重複，但我情願相信它是來自意識心智、無意識及不同意識層面的互動所產生的進化過程。

此外，關於榮格不時提醒理論的危險性，我也會進一步評論。他不僅已注意到形而上學命題的空泛，而且還指控佛洛伊德把力比多的性理論形成了教條。為了面對上述情況、解決文獻中常見的混亂，我將考量我們有哪些助力，能幫助我們在更抽象的心理活動形式中找到定位。

一旦想好了研究的主題，例如夢（dreams）或積極想像（active imaginings），以及決定好我們所重視的內容是要較少涉及個人甚至是非個人層面的，接著我們就可以組織它們，或下定論。

如果我們不清楚如何達到這些目標，我們可以有相應提案，譬如說是某材料不被列入個人成長歷程分析中，而是用在遺傳傾向方面作討論。這兩個議題都可以做為進一步研究的刺激因素，但由於它們缺乏支持，並且普遍的知識條件也不能證明，因此它們只能歸類成研究假設。

但當蒐證所得數量足以支持最初提案，而又沒有提出其他同等分量的新提案時，最初只屬假設的提案便可以「擢升」成為理論。我沒有打算繼續提出更多準則來決定某一個提案是否成立，也沒有打算執意找出不能被反駁的提案，我只是想要提出能夠幫助大家自我定位的一些想法。

10 建構模型是另一個可以將出於經驗的材料組織起來的方式。它比理論或假設較為形象化，抽象性亦較低。它們雖然建構比較複雜，但比大多數隱喻所表達的事物，更為接近隱喻。它們同時具有抽象及全面的有關心理或心靈其他元素的圖像，因此比相對應的抽象內容更有用。

最後一個要提到的方法是定義，這點是榮格特別注重的，正如他於《心理類型》一書中，統整了 57 個他認為最值得關注的定義。定義的好處是它能明確地提出可使用或操作的提案，然而，它的弊端則是排除了定義以外可能值得研究的內容，並因此顯得有排除性或防禦性。不過，由於定義的真正目的是排除不相關的材料，進行更進一步的釐清，所以它的防禦性亦有其可取之處。

你可能會問，而確實大家也問了：為何要把事情抽象化？何不安於描述？要回應這個問題，我們可以考慮以下幾點：

（1）如果描述要全面且完整，它將會變得無比冗長，而且即便如何詳盡，也未必一定完整。
（2）為了補充這點，我們必須組織、統整及解釋材料，把它們融會貫通，從而了解這些經驗材料如何產生和操作；
（3）我們需要評估我們所描述的內容；
（4）透過抽象化，我們可以跳脫材料的角度，從而可能找到一些實驗和探究的新方法。

上述所有考慮抽象化過程的「規則」是意識心智的手段，同時是定向思考在尋找定向的過程，但它們也可用於抑制表露**無意識**的無定向思考。這時候**無意識**會像敵人般，無聲無色地潛入手段之中，激起令人不快或預期之外的教條。

其他處理抽象化的方法還有依據精神分析的後設心理學（metapsychology）理論所設計的，以及比昂所設計的其他較為深奧的技巧。為免讓我的論點過於複雜，我將不會進一步探討這些方法。

分析師們傾向把我們這門學科與較不那麼深刻的自然科學相提並論，但我覺得這是不足夠的。正如我們有關於真實的心理學，同樣也有關於理論、假設及模型的心理學。榮格研究依靠事實認知的感覺型（sensation type）時，接觸過真實方面的心理學，但由於當時他已把其與類型學連結，故最終沒有進一步探索。

11 科學家們認為心理學並沒有走進日常工作中這個想法正在逐漸消失，這造就了空間讓分析師能夠將其所知提出來，不用在意被批評為「不科學」。科學需要有跳脫的想像力，但同時亦需要詳細的觀察與實驗。基本上它是個致力於增長知識，但又明白知識無窮無盡的學科——某個聲明總是要稍後才能被證實。不過，這就是科學哲學的本質，因為它堅稱，如果一個科學性假設未能被反駁時，該假設就被視為暫時有效。

臨床經驗

榮格在他 1902 年的第一部著作中記載了他歇斯底里症的研究方法。在研究的末期，年輕女人建立了對世界力量的想像，而該想像變成了一個神祕的體系。她利用了以兩個直徑劃分成四部分的同心圓（concentric circles）來表達她的經驗。雖然現在我們明白這個圖像是曼陀羅（mandala），但做為自性的一種象徵，它的重要性並未得到榮格的認同。直到 1921 年，當榮格推出《心理類型》，我們才開始聽到較多有關自性的內容。

在 1902 年至 1921 年間，榮格經歷了很多：他發現了精神分析（psychoanalysis），並利用它新發展的理論進行對宗教及神祕主義方面的研究。就是這些工作，讓榮格與佛洛伊德之間的差異變得鮮明，也讓他脫離了精神分析。隨後他陷入了一場內在紛爭之中，以致那些年期間鮮有作品發表，只有一篇於 1916 年撰寫、1958 年發表的短文〈超越功能〉（“The transcendent function”），該文對他的發展有著舉足輕重的作用。

起初，榮格鍾情研究宗教素材，而這興趣與個人因素有關：他來自一個十分重視宗教的家庭，而他居住的國家也是一個比其他地區更注重傳統習俗和較迷信的地方。他的《無意識的心理學》（*The Psychology of the Unconscious*）（Jung, 1943）體現他非常全面的研究，可是，他並沒有滿足於此，因為他於其著作完成後，寫道：「……如果我以外人角度看神話，而我又一直活在自我猜測的陰霾中的話，我一定會錯過它的意義……因此，我以最自然而然的方式，就是走進『自己』的神話，並視為諸多任務的其中一項，好好解讀它……」（Jung, 1952a, pp. xxiv-v）。這就是他展開「與無意識的對峙」的起點，而該經驗讓他隨即發現了自性。由於我在下文會提到曼陀羅，所以也值得我們探討一下榮格對此有何看法。榮格提 12
到：

> 1918 至 1919 年期間，我在歐克斯城堡德拉瓜爾地區當國際指揮官。當時我每天早上都會用筆記本畫一個小的圓形圖案，一個曼陀羅，它似乎是反映我當時內心狀態的一種呈現。這些圖案能夠幫助我觀察我每天的心靈轉變（psychic transformations）……
>
> 後來我才漸漸發現，曼陀羅其實是：「形成、轉變、永恆心靈的無盡創造」……
>
> 曼陀羅是每天都能給我日新月異的自性狀態的密碼圖（cryptogram）。我能在這些圖中看到自性——我的完整存在——是積極主動運作的。當然，一開始我也只是一

知半解，但它們對我十分重要，所以我視它們猶如瑰寶。（Jung, 1963, p. 187）

我們不能低估這些體驗的重要性。對此榮格曾說：「……我已達到我的終極目標」和「這些洞察讓我找回安定和內心的平靜」（ibid., p. 188）。然而，這個習慣讓他與外界隔絕了一段時間，直到他有一次畫了一幅具有中國特色的圖，不久隨即收到衛禮賢（Richard Wilhelm）的來信，「信中附上有關道教煉金術的專著手稿，標題為『太乙金華宗旨』（The secret of the golden flower）……」，他才終止與世隔絕。「這件事首次打破了我的自我封閉，並重新接觸人和事。」（ibid., p. 189）

雖然他找到了與他患者所呈現的相似象徵，他仍不願意公開談論他們的任何事情，以免被抄襲，導致不能成為患者自性的真實經歷。直到 1929 年，他與衛禮賢共同出版《金花的祕密》（*The Secret of the Golden Flower*）（Wilhelm and Jung, 1929），榮格才認同有足夠來自患者的客觀證據，可以證實曼陀羅代表追求發展的真正目標的終結。

在他患者有關夢以及內傾的積極想像（introverted method of active imagination）的一系列內容中，他發現其發展歷程與自己的相同。那些圖像，其中包括以曼陀羅形式呈現的，通常都是令人印象深刻的、氣節崇高的和關於宇宙的。

在《心理學與煉金術》（*Psychology and Alchemy*）（Jung, 1944a）中，他首度發表了一系列有關夢的內容，並詳細地闡述了自性的象徵意義。我會就這點簡短說明，從而帶出自性象徵意義的主要特點。

患者是一名接受「優質且科學的教育」的年輕男人，共記錄了四百個夢。為了方便分析，榮格把這些夢以 50 個為單位，分成八組。第一組的頭 22 個夢比較有豐富的曼陀羅圖像，其他的相對較簡單，或帶點「孩子氣」（即便榮格沒有這樣說）。榮格對這些夢作羅列了以下數點：

（1）圍著做夢者繞成圈的蛇； 13

（2）藍色的花朵；

（3）一個手拿金幣的男人，以及進行各種表演的密閉空間；

（4）紅色的球；

（5）地球儀。（Jung, 1944a, p. 99）

接下來曼陀羅的出現次數逐組減少，直到第四組之後再次頻密起來，而且變得更加複雜，形成了一個以多種形態混合而成的一致模式（pattern）；圓和中心與上述第四點緊密相連，時而以結構體如十字架或方形圓顯示，時而以四個人表示等。最後，他得到令其滿意的圖像——一個偉大的預視（the Great Vision）——具有明顯的宇宙性特徵的「世界時鐘」（the World Clock）。該圖像的文字紀錄如下：

於同一個中心點分別有一個垂直和水平的圓，這是世界時鐘。它由一隻黑鳥支撐著。垂直的那個圓形是一個藍色的圓盤，由一個以 4×8=32 個間隔的白色邊界劃分。指針在其上旋轉。那個水平的圓形共有四種顏色，在它上面，有四個具有鐘擺的人物造型，這個圓的外圍還有一個環，這個環曾經是黑色的（以前由小孩拿著），而現在是金黃色的。這個「鐘」有三種移動節奏：

（1）小額度移動（small pulse）：垂直的藍色盤上的指針向前移動 1/32 格；
（2）中額度移動（middle pulse）：指針行走完整一圈後，水平的圓形會向前移動 1/32 格；
（3）大額度移動（great pulse）：32 個中額度移動等於黃金環移動一圈。（ibid., p. 194）

在榮格對上述圖像的評論中，他說：「這個非凡的視野為做夢者建立了深刻和深遠的印象，而他自己將其形容為『最崇高的和諧』。」（ibid., p. 194）這樣的經驗十分重要，亦是其文獻論題的中心點，後來被稱為超自然（numinous）。

這個例子展示了想像由簡單趨於複雜的進程，同時亦是《伊雍》（*Aion,* 1951a）經常出現的。在該著作中，榮格提到：

曼陀羅一開始給意識心智（conscious mind）的印象只是點，毫不深刻，而且要經過艱辛漫長的努力才能把很多的投射（projections）融合，才能整理出能夠完整理解的象徵（Jung, 1951a, p. 32）。

我們亦能夠於榮格一篇〈有關個體化過程的研究〉（“A study in the process of individuation”）中，找到其他有關曼陀羅意象的例子（Jung, 1950a）。此處的曼陀羅圖像比那位年輕科學家夢中的較為穩定和持久，也能描繪出圓形圖案內外的細節。這些圖像由一名女性心理學家繪出：

> 她研究了這個領域九年，閱遍了最近期的文獻。1928 14
> 年，55 歲的她來到歐洲，在我的指導下繼續研究。身為一名非凡父親的女兒，她有廣泛的興趣，極有文化修養，且充滿活力。（ibid., p. 291）

因此她與那名年輕的科學家都不是泛泛之輩。我提出這點是想讓大家確信榮格的患者都是出類拔萃的。

榮格第三篇重要的論文是〈曼陀羅的象徵主義〉（“Concerning mandala symbolism”）（Jung, 1950b）。這論文中共有來自約 22 名患者所描繪的 54 幅圖（已排除取自其他來源的圖）。22 名患者當中，女性占絕大多數，二十名是女性，兩名是男性，但榮格沒有針對性別這方面提供很完整的報告。其中，十三幅圖來自年齡大於 35 歲的患者，分別由十二名女性及一名男性所畫。他們大部分都是相對健康的成年人，除了一名女士患有孤僻型人格（schizoid，舊譯類分裂）。其餘的圖則由兩名兒童（一名 7 歲的男童及一名 11 歲的女童）、七名年輕女性所描繪，其中兩名女性患有精神官能症（neurotic），一名患有孤僻型人格。總括而言，從這些數字，我們可以理解，有別於第一印象，曼陀羅其實可以出現於年輕人（7

歲或以上）、正常人或異常的人身上。這些觀察在我（Fordham, 1944, 1957c）對兒童的研究，以及佩里（Perry, 1953, 1957）對思覺失調症（schizophrenia，舊譯精神分裂症）的研究中，得到更廣泛的證實。

在眾多例子中，榮格評論過患者想法或感受的只有三例。[2] 因為這些圖像具有非個人化的體驗，所以榮格對個別的想法感受較不重視。

從這一系列的例子，我們大致可以明白，單從這些基本上相似的結構形態，就已經可以得出很豐富的內容。由於這些結構形式是全球各地皆可見的，因此這個現象符合原型的特徵，而榮格在他的評論中也認同這部分。沒有任何一個患者的經驗比榮格自身的經驗來得強烈；只有在他擴充時才會參考諸多能對比的案例。曼陀羅給人留下了深刻的印象，它代表著個體化過程中的一個階段，表示著患者所身處位置的概述和尚未體現的「終極目標」。

15

批判性反思

到目前為止，我們已討論了榮格基礎理論形式的相關臨床經驗，這些材料其實還有很多的特質需要我們作進一步思考：

一、榮格的材料能被概化（generalized）嗎？他的個案素材

2 研究兒童期的圓形圖案時得出了一些有趣的結果：

（1）它們可能與自我形成（ego formation）有關；

（2）它們可能與分離（separation）有關；

（3）它們也許能夠為危害或入侵情感的元素保留一個好的客體；

（4）它們能代表努力控制壞客體的證據；

（5）這些圖形能具有內部結構，無疑地是表現了自性的行動。

看起來常常似是隨機樣本，並暗示世界各地的任何人都可以獲得這些經驗（Jung, 1957）。這可能因為集體無意識這一詞彙和他看待自性的客觀方式讓他變得大膽。然而，一個夢境或一個預視（vision），都不是唯一可以理解自性的途徑，而他在發表時都只提及內在世界發展健全的案例。關於這點，我會在本書稍後部分（108~117 頁）補充。其他研究（Wickes, 1938; Adler, 1961）也證明了榮格的患者已取得了很大程度的內心世界發展，即使某些患者未能全面開展，也能在治療後達到最終發展。此外，他表示這些患者是屬於特定類別，因此很難定義。他們有一些是孤僻型（可對照貝恩斯的個案研究）或有思覺失調症徵狀的，但其餘大部分都是輕度憂鬱的患者（Jung, 1916, p. 82ff）。在他很多有關自我膨脹（inflation）、崩解（disintegration）、思覺失調症等方面的危險警告時，都會經常將憂鬱症和精神分裂元素掛勾。然後，又有提到一批算是正常的人，他們取得了一定的成就，但卻失去了人生的意義。由此可見，這些人都是近年精神分析師積極研究「自戀型人格障礙」（narcissistic personality disorders）的個體（Kernberg, 1975）。如果這些患者的成就不足以提供自戀供給（narcissistic supplies）而形成自體組織薄弱（weak self organization）的話，我們可能需要從這些患者的「前半生」開始分析。肯伯格（Kernberg）在他詳盡的分析中解釋，人生中後期所取得的成就不能夠做為有用的支持是因為這些成就已經獲得，這些人的人格因此受到嚴重的精神困擾及致殘的障礙所折磨，榮格也經歷過那種情況。如是者，榮格及他的追隨者在他們的個案研究中主張建構或探索自性的需求是普遍的，而非局限於研究人生的下半生這個說法，就變得合理不過了。

那麼，要概括化榮格的研究素材的話，我們必須慎重地考量以下幾點：他的患者都深受他的著作吸引，導致對成功治療患者和未能解決的移情（transference）的結果帶來了連鎖反應。這些因素往往會影響知名分析師的實務，而榮格亦無法倖免。

二、榮格的素材幾乎只談及內傾的象徵作用（introverted symbolism），即在睡眠或冥想這些與外界無關的狀態下（即「獨處」[in solitude] 的情況下）進入意識的景象。

16 在所描述的內傾狀態中，似乎還沒有建立起使人類適應外界環境的自我結構。此外，由「自性」議題收集所得的實證經驗都源於無意識。那麼，這些「內在的」（inner）經驗是否包含了自我結構（ego structure）及自我功能（ego function）的痕跡？如果答案是「有」，那它們必須來自自我內轉（ego turning inwards），正如我們進行積極想像（active imagination）時所發生的一樣。如是者，我們便可以尋找象徵反映出的自我的更深層內容，而這亦像患者把這四種功能以顏色進行聯想的軌跡一樣（Jung, 1950a. p. 335）。縱然榮格也於《心理學與煉金術》中詳盡地探討自我功能對自性的作用，讀者還是找不到很多關於外在事物對自我的影響的參考資料（1944, vide index）。反之，得到的回應都是說患者自身與外在的人與事的關係是已經處理好，或者是相對不重要的。最首要的需求是內傾（introversion），從而體現自性的超人格（transpersonal character）。然而，即使榮格斷言：「關於自性，它是完全超出了個人領域的」，但當談及有關自性的本質時，個人關係也是不能忽略的（Jung, 1951a, p. 30）。

三、內攝（introjected）的物件、父母、朋友、妻子、丈夫、小孩等記錄著過往的客體關係（object relationships），然而這些就代表或甚至歸因於上述那些形像嗎？不。有愈來愈多的證據顯示，在分析這些與人際關係相關的投入物和再次投射到移情作用的形像時，便會出現類似「完整性」（wholeness）的狀態。此外，還有一個理由懷疑，因為有更明確地考慮內在（internal）與外在（external）的互相關係，當重點放在超個人的獨處（transpersonal solitude）中所涉及的想像和體驗時，發展完整性的效果將會更持久。不過，我認為榮格表示患者的個人想法或感覺並不重要這個說法只屬偶然。如果是這樣的話，我們還是要理解其背後的原因。在榮格的《心理學與煉金術》中，提到其中一個他反對／排除使用個人素材的原因：「……因為這些夢某種程度上觸及了個人私生活，因此不能將其登刊。所以我需要限縮自己使用非個人素材。」（Jung, 1944a, p. 207）所以看來榮格在他的分析工作中並沒有漠視個人關係，那到底他有多少這樣的素材是沒有發表過的呢？

在《心理學與煉金術》中，從 399 個夢中僅提及 59 個，可
想而知有多少他沒有提到的案例都是充斥著「穩私」。這個數字
告訴我們，只有不到六分之一的素材是被呈現過，其他的都因為
「私人」理由排除了，這也反映了日常的分析工作都是以人際關
係為主導的現況。但榮格悄悄地在註腳中提到：「完整性的結果 17
是來自一個取決於人與人之間關係的心靈內在（intra-psychic）過
程。」（Jung, 1946, p. 244, n. 15）然而他沒有為此再解釋，他只接
著說：「這個關係為通往個體化鋪了路……」此句中的「關係」是
指移情作用關係，而榮格利用他一篇有關煉金術手稿《玫瑰園圖》

（*Rosarium Philosophorum*）的文章來做對比。

四、然而，榮格不涵蓋個人素材在他的發表中，不只是為了圓滑和謹慎，更是為了突顯他分析工作中經常強調原型的素材對比的客觀性。他亦建議他的患者把他們的夢和幻想寫下、描繪圖像和鑽研它們，猶如客觀材料般對待。這種客觀性也適用於自性，而榮格也不斷反覆強調此重點。

宇宙性的曼陀羅是「客觀」曼陀羅的一個終極形態，它們描繪世界力量和暗示了主體與它們的關係。它們表達了人們想了解自己生活的世界及世界與人們的關係的需要。從歷史上看，這種知識是由宗教上的故事、神話和冥想的成果而來的。直到最近，科學才發展出以非常不同而且通常不兼容的方式來了解的需求。它尋求解釋，並在生物學中研究系統發育（phylogenetic）和個體發育（ontogenetic）的歷史。然而，榮格持續的興趣以及他的比較方法令基因方面的研究和說明明顯缺乏，只有在他的「自傳」中才找到一些較為「成熟」的與童年有關的材料，更別說嬰兒期了。但是，在預視中提到了「環」（the ring，以往由兒童所攜帶）可提供點參考。那件事很有趣，因為我試圖將自性與童年和嬰兒期聯繫起來。有幾個夢亦提到了孩子或童年（第 11、44 及 56 號夢）。榮格的詮釋顯示了雙重看法：其一是，久留在孩子階段會出現抱負理想化（idealizing aspirations）之虞。其次是，與童年保持聯繫就是與人格形成的根源保持聯繫。他利用了希臘神靈卡比里（Cabiri 或 Cabeiri）及小矮人（the dwarfs）的神話來闡述主題，後來在〈兒童原型心理學〉（“The psychology of the child archetype”）（Jung, 1950c）中把兒童及自性的原型聯繫起來，並對其加以說明。顯然，在所提及的夢境系列中，是由孩子們將做夢者帶入了曼陀羅這一個主題。

在此，我想要先提出一個有關曼陀羅象徵主義（mandala symbolism）的元素，我亦會在本書的第二部第十一章中詳述。榮格在暗示我們關於那不可思議且無法穿透或從內部打破的魔力圈（magic circle）時，似乎暗示了該象徵具有防禦性的內容。當我們 18
提到防禦這一詞時，我並不是影射自我防禦（ego defences），而是要對結合並超越對立面的形象中心（centre of the figure）的象徵進行絕對保護——至少這是我個人對榮格的意思的理解。

比較素材

榮格的其他研究來源還包括比較宗教、民俗學和煉金術。借助於這些，他成功地概括、闡明和擴大了他的臨床觀察結果。起初，特別是於《心理類型》中，他專注於佛教、印度教和道教，並以自性做為中心思想研究，猶如梵、我、道。

雖然他對東方神祕主義者有濃厚的興趣，並就此領域研究了很多於《心理類型》中提到的巨著，如《西藏度亡經》（*The Tibetan Book of the Dead*）（見 Jung, 1953）及《金花的祕密》（見 Jung, 1929），還有更多其他著作，但他還是花上較多時間在基督教、諾斯替主義、煉金術和基督教異端邪教中，因為他認為這是對基督教單一性的補償。在基督教神祕主義者中，他對艾克哈特大師（Meister Eckhart）和安吉魯斯・西里修斯（Angelus Silesius）感興趣，因為他們表達了上帝與人的靈魂的相互依存，及後者對前者的依賴。這個主題在〈答約伯〉（“Answer to Job”）中得到了有力的發展，他大膽地指出基督的誕生是神渴望成為人類的明證（Jung, 1952b）。榮格在基督教傳統上的著作以《伊雍》最受矚目，書中他列舉了一系列自性象徵（Jung, 1951a），包括他在其他地方特別研究的圖像，像是孩子、哲學樹和其他煉金術表現形式，例如墨丘利（Mercurius），他還添加了公牛、烏龜等動物形態的形式。如此眾多的象徵需要一些選擇的基準，也就是說，任何具有經驗性或被假定具有比人類本身更大的整體性的象徵，都可以成為自性的象徵。

除了聖母升天外，榮格研究的大部分民族學素材都是歷史性
的。他很看重歷史，因為若沒有它提供的訊息，患者可能會與他們
所嵌入的文化根源脫節。心靈的原型根源同樣是相當具歷史性的，
而自性也不例外。因此，從榮格的角度來說，自性的歷史是什麼
呢？它以前曾被投射過，但直到最近才成為一種心理實體。他相信
無論如何它都會進入人們的意識，而分析心理學提供了一種方法來
管理先前已整合到宗教、形而上學教條（metaphysical dogma）或神
19 學中的超個人情感（transpersonal affects）。所以「自性」的方法和
概念與個體化有迫切的發展需要。榮格引用的大部分歷史素材都來
自當科學處於靜止狀態或處於起步階段的時代，可以說是很容易就
能掌握其所有分支。這有著重要的暗示。例如，如果那時有一名高
瞻遠矚的人能把他的視野應用到當代知識，他就能構建出一個可行
的哲學體系；反之，如果他不能成功，也不能歸因於其不可能性，
然後他就選擇創造或形成一個異教（cult）。煉金術士經常提到
的《赫密士文集》（*Hermetic Corpus*），據說是赫密士・崔斯墨圖

（Hermes Trismegistos） 在幻象中見到聖靈「牧者」（Poimandres）現身。牧者向赫密士揭示了宇宙的本質，並指示他去向人類傳授已向他揭示的真理。為此，赫密士在許多哲學論述中對一眾同修貢獻良多。這些材料會讓讀者以一種與現代截然不同的方式思考世界。關於物質的許多論述都是從本質、精神和抽象元素等方面表達，而許多思想顯然扣合了部分當時的學說，其中有些是柏拉圖式（Platonic）的，指事物的真相因人視角而異。在這種情況下，不同的風格變得顯而易見，它表明在任何特定時間都必須由意識知識的狀態和對當時世界的總體看法來決定有多少種觀想模式。如是者，問題就出現了：把其他文化環境的經驗應用到現今意識形態及患者的夢境和幻想有何相關性呢？這裡存在著嚴重的危險，因為他們所處時代和個人經歷中的基本要素可能會被忽略。當然另一點影響著我們的是，現今知識亦已變得非常廣泛和變化急速，我們無法全部掌握。此外，它亦顯然必須產生作用，以致形成了個體化這概念。

簡而言之，現代意識令歷史形而上學的經驗以愈來愈個體化的方式表達，因此，儘管榮格矢口否認，但它卻在人際關係上愈見頻繁，這可能就是為什麼移情（transference）變得如此重要的原因（見 Fordham, 1957e）。

這反映了榮格的心理學觀點和發現需與自身的或近似的心理學作關聯。由於他是一個榜樣，其他人會像他一樣看待心靈，並具有可比較的經驗。如果有效，這種心理學會展現其歷史，也會以一種內傾的傳統為表徵，在其中呈現他的材料與他敘述的經歷。

20 自性的理論

整體定義

雖然威廉·詹姆斯（William James）對自性的概念也貢獻良多，但榮格表示他是從東方神祕主義來發展它的。

正如下面引自《心理類型》的內容所述，很多東方的思維方式都離不開整體性（totality），「當一個人的心境不為物質所困時，他便可在現世及離世後得到恆久的快樂，這種心態讓他漸漸地捨棄他所依戀的，並從沉睡在梵（Brahman）的各個對立面中解脫出來。」（引用自《摩奴法論》[*The Laws of Manu*]）（Jung, 1921, p. 195）這參照框架令自性成為時間、空間及慾望以外的整體人格，並以超個人及超越對立面的象徵性經驗表現出來，正如本章較早前提過的「世界時鐘的預視」例子一樣（見 41-42 頁）。

然而，自性的概念好像已超出榮格為供討論而於 1916 年提出的**超越功能**（transcendent function）的想法。他說：「由超越功能而起的爭論和帶來的影響反映了其於對立立場的作用。兩個互相排斥的立場產生了充滿能量的張力，並創造了活生生的第三件事……從對立的懸而未決的行動中，走進了新生，導致了新的生命層次，新的處境。」（Jung, 1916, p. 90）隨後，在《心理類型》（1921, p. 115, 1）中，又出現較不一樣的解釋：「我把調解對立面的功能稱為**超越功能**，我的意思是指……一個具有意識和無意識元素的組合功能。」這個功能很明顯是與象徵理論有關聯，即把兩個對立面統一起來成為「活存的第三事」，與自性的概念大同小異（*vide*

Fordham, 1957a, pp. 60 ff）。

在《心理類型》一文中，有一個早期（也許是第一個）有關自性的定義。這個定義被列入「自我」（Ego）的定義之中。在這部分，榮格區分了自我（ego）及自性（self），並解釋自性的狀態為：「……關於我的全部的心靈主體，包括無意識。從這個意義上說，自性成為理想的整體，其包含自我。」後來於 1971 年榮格所寫的《榮格全集》中，對這個定義做了進一步的闡述，將自性與自我做出了截然不同的區分。

榮格觀察到區分兩者的重要性：由實際經驗而得的自我，以及經非自我（non-ego）想像所得的自發意象，因此他明確地指出自我只是局部系統，意即它只屬眾多不同系統中的一個系統。故此，他需要為整全心靈（total psyche）找一個匹配的詞彙，而這便是形成自性公式「自性＝自我＋原型」（self = ego + archetypes）的
開端。這公式也等同現在較常見的說法：意識與無意識的會合或結 21
合。當中含有的啟迪值得我們進一步討論。

如果自性是整全心靈的話，那麼算是自性的一部分的自我，便不能以觀察者身分進行內心的洞察。除非有部分的自我能從自性中分開，或證明自我只參與整體的一部分，不然有關自性的資料就不可能被收集到。收集得來的資料稱為「自性的象徵」（symbols of the self）。這些考量為人們經常提及的自性屬「未知」的說法提供了基礎。它並不是以「未知」形態存在，而是超越時空，甚至可以說是永存的。榮格曾在許多場合明確地表明這個立場，如他在〈印度的聖人們〉（“The holy men of India”）一文中所述：

> 印度在談及自性時是先於心理層面的（prepsychological）；他們假設自性是存在的。但心理學卻不以為然……雖然深諳自性之奇特而矛盾的現象學，對於洞悉的內容我們仍然是小心翼翼的……一些顯然未知的事情我們會以心靈結構（psychic structures）的形態展示出來……（Jung, 1944b, p. 580）

這很可能反映出，從材料總結出的不完整的象徵，就能建構出一個自性的整全面貌，而它只是一個不能直接驗證的理論性建構。這個總結或多或少會與原始經驗（primordial experience）的要點有所不同，甚至超出它所限。所以自性以整體而言並非是未知或不能體驗的。榮格沒有討論這個推斷，部分原因是他故意把邏輯思考和前邏輯（prelogical）的思考結合起來，另一方面亦由於他不喜依賴上述提到的理論性建構（pp. 7f.）。在引用的文末，他提到「當知的本性」（the nature of what is to be known），他似乎是在假設一個科學性的想法——他把科學推論視作已知的經驗事實，就像他提及的印度的神祕主義者一樣。在別處，他特別解釋實體化／人格化（hypostatization）（1954a, p. 262, no. 18）其實已意味著個體化的「自性的領悟」（realization of the self）。箇中原因已在上面討論過，同時這也延伸至他經常提倡的自性是「心靈現實」（psychic reality）或「事實」（fact）。他曾在多個文章中引用這些短語，並指出內在經驗應得到與外在世界所得事實同等的地位。但是，每當他用到與自性有關的短語時，他便傾向加上「〔它〕不只是概念或合理的假設」（1948a, p. 157）這一句帶有負面含意的話語，聽起來具防衛性，卻又沒有指明針對何者。然而，這也暗示了，自性是在整體性概念（concept of totality）中尤其難以構建的特殊部分，甚至可以說是不可能。

榮格經常想澄清所謂的意象並不能代表**真正的自性**（the actual 22
self），充其量它只能當作自性的代表。它們可以獨立地充當代表相對完整狀態的近似物，其次是把部分的自我分裂開並擔任觀察者的角色。所以，當意象是指自性的時候，它是一個隱喻的而非理論性的陳述，或是一個實體化的思想。它就好像成為了「自性是真實存在而非理論或假設」這一主張的基礎。這也解釋了為什麼一些英語翻譯者刻意用大寫「S」來拼寫自性「Self」一詞，其目的不但在於想將自性從自我中區分出來，同時也是為了強調自性在分析心理學中的獨特地位。

顯然，即使自性在神祕主義之中顯明，但它本身的概念還是難以理解的。由於我十分尊敬神祕主義及其學者，那些很多人認為帶有貶義的陳述對我卻絲毫沒有影響。本書後面的章節將會探討聖十字若望（St. John of the Cross）的相關內容（見第三部）。

「榮格的抽象想法有其經驗的起源」是我的論文內容之一。那麼，哪些經驗是與我們剛討論過的定義有關呢？我們似乎很自然會聯想到他畫曼陀羅的時期：「從它們，我看到了自性，這是做為一個整全的我在主動地運作，並達到了極致。」這是一種領悟，而該領悟「讓我穩如泰山，並漸漸回復心境平和」。要找原始經驗來代表整全心靈，總是困難重重的，當中最大的困難可算是獨處的經驗，它們縱然多麼重要，卻都忽略了生物對外界事物的適應性，不論是個人的或其他方面的。分析師們及榮格都帶出了其他的困難之處：

（1）自我被指是與視為整全心靈的自性分開的個體（Jung, 1939a, p. 542; 1944b, pp. 579ff）。自我是自性的一部分，已根深柢固在人們心中，所以把兩者區分開是合理的。但如果硬要把自我**和**自性說成是本來就分開或可能分開的個體，卻會令人十分困惑；

（2）延續第一點，自我和自性好像本來便已自相矛盾，或好像形成了一條自我—自性的軸心（self-ego axis）（e.g. Neumann, 1955），又或者自性能把自我膨脹到與之相同，產生「人格的解離」（dissociation of the personality）（Jung, 1940a, p. 95）；

（3）也有一個說法是在嬰兒的階段，母親（或父親）是自性的載體，而嬰兒則是自我（e.g. Neumann, 1959）。這一說法難以顯明，但這點也足以指出自我及自性被視為兩個不同的個體；

23 （4）有指自性是可以被投射（project）（Jung, 1946, p. 244, n. 15; 1954a, pp. 260 and 262; 1958a, p. 79 ）與內攝（intro-ject）的（Jung, 1940a, p. 95），即它是蘊藏在靈魂之內或是靈魂的功能之一（Jung, 1921, pp. 315ff.; 1948a, p. 156），同時也可同化自我或無意識（Jung, 1946, p. 263, n. 13; 1951a, p. 24）；

（5）有說自性是可以被整合的（Jung, 1946, p. 264; 1954a, pp. 260 and 263）。

綜合這些要點，是旨在指出自性並非涵蓋整個心靈—軀體

（psyche-soma），因為自我不是它的一部分。

做為原型的自性

我們已討論把觀察所得轉化成理論的方法並指出當中的難處，接下來我們便談談其他已被定義為不兼容，但又與整全概念相矛盾的內容或定義。

要從過往經歷找出那些做為原型的自性的定義，一點也不難，它們都是包含有關宇宙或其他整體引用的原型圖像。所以，榮格不斷重複「做為原型的自性」，實為意料中事。在《伊雍》中，他進一步指出自性是「無意識的真正組成原理，是自性的四位一體（quaternity）或方形圓（squared circle）」（Jung, 1951a, p. 204）。此外，他也在其他多處明示或暗示自性是秩序的原型（1944a, 1954a, p. 284; 1958a, pp. 328 and 424）。

做為原型的自性與做為未知的自性並無牴觸，因為象徵意象（symbolic imagery）只能指原型，而且原型本身是一個無意識功能。然而，資料指出自性的行為不能等同整全，因為在榮格的心靈概論中，部分的自我是刻意從原型中區分出來，而這也是衍生意識的唯一手段。

其他榮格令人摸不透的話包括他對做為原型的自性的見解。最突出的莫過於他傾向利用無意識去認同神，如在〈答約伯〉中顯然神需要人類變得有意識的想法是其中心要旨，是需要將神的概念做為原型而不是整體。如果這解釋貼近早前所述的現象，那麼整體的經驗便不是構建自性做為整全心靈的可靠依據。

要理解矛盾的重要性就必須滿足多項條件，故此我們必須探

24 討榮格所寫的含意，以及了解那些想法是出於直覺還是做為建議，之後再沒出現。一個可能性是這兩種解釋以不同形式呈現且不斷重複；另一個可能性是為了迎合較後期的解釋而揚棄了早先的解釋。然而，在《伊雍》中，情況有點不一樣，他不只一次指出自性做為原型的想法，同時又說：「即使現在未完全了解整全人格，但我仍建議使用自性（self）這一詞。自我（ego），按定義來說，是從屬於自性並與它相關，好像整體的一部分。」（Jung, 1951a, p. 5）雖然「好像」一詞彷彿是他想為自己找一個灰色地帶，但這個解釋已很明確，而且與他早前在 1921 年的《心理類型》中所解釋的異常接近（見 52-53 頁）。另外，原型的理論首見於 1919 年，即《心理類型》面世前兩年，故此，自性做為原型的概念後於自性做為整全心靈的想法是毋庸置疑的。

一直以來也有人力圖解釋由材料所揭示的問題，當中最有趣的或許是佩里於 1957 年提出的問題。在研究思覺失調症時，佩里以最經典的手法記錄既與整合（integration）不相關又無關於個體化的自性意象（cf. *infra* pp. 42ff）。他在沒有考慮榮格所指的矛盾之處的情況下，提出了自性做為原型的想法，然後發現了一個問題——自性意象的無處不在。而這個議題，我猜，就是雅可比（Jacobi）在她 1967 年寫有關個體化的文章時試圖解答的問題。這使得自性與個體化的獨特關係變得格外難懂。自性意像不但出現在個體化過程中，它也會在思覺失調症及孩提時代出現，雖然並不包括榮格（1954b）所提到的「嬰孩時期的某些夢境」。（詳見我在《做為個體的兒童》中有關兒童夢境的內容〔Fordham, 1969〕。）這些觀察所得令我們需要把自性從個體化分辨出來，或需依從雅可比的角度擴展。

當談到思覺失調症，佩里建議用其他的名字取代隱藏在原型背後的意像，而他就採用了「中央原型」（central archetype）一詞。榮格也好像曾經考慮過這建議，因他也經常使用「一個中央的原型」去指自性的原型。

佩里觀察到自性的意像會在混沌的狀態下出現，這方面榮格也有記載（1951a, pp. 31-32 and 194-195, etc.; 1952b, pp. 456-457）。這些意像會在當自性和原型意像之間的關係變得複雜、和當自由的幻想變得不受控制的時候出現。因此，在這些情況下，曼陀羅會在眾多的意象中出現，但它們不是每次都能代表整體，它們最多只能代表在混亂甚至破碎心靈中整全性的可能性。這也可能是相對健康的性格的情況，而這將解釋曼陀羅形態的不同內容，從而反映出所 25
整合的不同心理內容。

其他闡述內容

榮格其實不只有我們剛剛所提到的兩個說法（即自性做為心靈的全部及原型），只是關於他的基本理論，這兩個說法顯得格外突出。

要討論全部其他的理論就有點過度了，但我們可以列舉一些在 1926 年發表的《分析心理學的兩篇文章》（*Two Essays on Analytical Psychology*）所提出的想法。當中，榮格指出「個體自性」（individual self）（1926, p. 159）蘊藏過去，同時也是「一片令未來生命可茁壯成長的肥沃土地」（ibid., p. 192），而且「具有做為內在與外在衝突補償的某類特性」（ibid., p. 239）。在此書中，他亦把自性與「走向自性階段」（coming to selfhood）中的個體化連結起來，當中意思是指「一方面擺脫虛假人格面具以及另一方面掙脫原始影像的暗示力量」（ibid., p. 174）。最後他亦提到自性是超越理據及科學的（ibid., p. 238）。我們能由此意會到，當中的一些想法會反覆出現，而有一些是試探性或直覺性的，進一步了解後會延伸出去。

榮格在一些文章中也結合了整全及原型的想法，雖然很多都是圖形文字或圖片性質，令當中的理論不易明白，但或許是他故意這樣做。《伊雍》中就有一篇這樣典型的文章。無意識中出現的可定義心理結果清晰地表明：

> 個人的心靈整全性（psychic totality）。它們意味著原型之相似性質的存在，而其中一個衍生物似乎就是人格功能的四大系，引導意識走到無止境的範圍，它的軌跡中總是包含著無意識，因此也有著所有原型的整全性。但是原型是「外部世界」的互補等價物，因此具有「宇宙」的特徵（Jung, 1951a, p. 196）。

較早前我有提過榮格把他的抽象公式與實際的情感體驗聯繫起來，我是抱著那樣的概念寫作的。這是我想要討論的另一面，因為如果有人遵循榮格的「分析」工作，並將其與抽象命題連繫起來的話，則可以進一步闡明它們。

首先我們要記得一點，榮格的患者是那些失去了與自性的聯繫，或尚未獲得具有足夠自性表徵的人。這些案例我們無法從榮格的表述中確定其情況，但肯定的是一個複雜的結構已形成，而其中 26
一些更需要在自性主導的綜合過程（synthetic processes）得以運作前進行分析，然後才能對夢境或積極想像中綜合所得的有效影像進行記錄和處理。部分影像可能具有比自我更強大有力的超自然力量，其形態可能象徵著一個強大的整合性影響。繼續發展下去，便會出現一個集中處理的過程，令這些超自然影像以曼陀羅的形態合併起來。這可能總結了整合過程是如何引領個體，達到包含宇宙的最終目標，就如榮格所指的「終極」。現在我們就能了解榮格從「定義自性做為心靈的整全性（終極）」到「透過部分超自然影像（原型）表達自性」的個人體驗抽像化之轉換了。

關於自性以原型形式來表達部分觀點，我們預設了自性的一個部分。在歷史的進程中，有關主神原（primary Godhead）的分離是由榮格所刻畫的，而他在創世神話、東方神祕主義及西方宗教的研究中都有提及。〈答約伯〉中有令人印象深刻的描述，當中指出神由多個部分組成，包括了撒旦（Satan）（代表祂的多疑）及索菲亞（Sophia）（表示祂的愛諾思〔Eros〕），兩者均源自於神。同時，我們也了解到耶和華（Yahweh）能「寬恕」或從祂的公義及智慧中分化出來。對於牽領神[3]（同時亦代表自性）分為不同部分的發展過程，我稱之為「離神」或「分化」（deintegration）。

我現在從精神分析和一般心理學入手，來研究自性是如何組成的。精神分析是一個需要深入了解的課題，我只能在此淺談，但我

3 羅斯瑪麗・戈登（Rosemary Gordon）於 1963 年寫了一篇很有趣的文章〈神與離神們〉（“Gods and deintegrates”），當中便有提及這些神的不同部分。

會在第二部加以深入探討。

史普洛特（Sprott）的描述是從一般（或學術型）心理學家對自性方面的論著中抽取出來的。學術型心理學家的論述比較清晰，因為他們不會碰到精神分析師經常遇到的臨床問題，使得後者需要費盡腦筋去描述或解釋他們分析時所面對的抽象內容。雖然清晰的理解可能比不上分析經驗般準確，但我認為這仍是十分重要的。

我們必須謹記，就頂點（vertex）[4]而言，精神分析工作和分析心理學是截然不同的，我提出這一點是因為它們的結果是需要先消化才可應用的。

27 其他學科的自性

精神分析

精神分析有關自性的理論主要來自美國。這些研究引起了心理分析學家們的廣泛興趣。史瓦茲－薩蘭特（Schwartz-Salant）在他的《自戀與性格形成》（*Narcissism and Character Formation*）著作

---

4 譯註：在比昂（Wilfred R. Bion）的術語中，頂點（vertex）一詞指的是一種心理位置，意指情感體驗在感官模式的訊息支持下得以被表徵出來，他稱之為涉及感覺的「心理對應物」。思想可以透過轉化系統，將情感體驗與缺席的客體連結在一起，形成「恆常連結」（constant conjunction），並賦予它們意義。

比昂用頂點的概念來描述病人和分析師之間的關係，並提出了一種詮釋理論。在分析關係中，病人和分析師共享相同的體驗，但各自有不同的頂點。患者的頂點與他或她的無意識動機及其相應的情感紐帶如 H（仇恨）紐帶或 L（愛）紐帶有關。分析師必須努力採用僅與 K（知識）紐帶相關聯的頂點，和情感紐帶對應的精神緊張在意義浮現之前必須被承受下來。分析師的詮釋包括在時機成熟時，根據這個頂點闡述他或她對情勢的感受。病人和分析師的頂點彼此既不能太近也不能太遠。這會產生一種「雙眼視覺」（binocular vision），使患者能夠從他或她的原始頂點後退一步，從而為患者的心靈帶來一種視角。

中有深入探討他們的研究，亞各比（Jacoby）也有細心研究寇哈特（Kohut）發表的內容（Jacoby, 1981）。

到了哈特曼（Hartmann），可能是受到費登（Federn）的啟發，發表了作為理論實體的自性，論證了客體貫注（object cathexis）的對立面並非自我，而是自體貫注（self cathexis）。因此，自性就是心理運作的整體。精神分析師對他發表的真知灼見推崇備至，當中包括雅可布森（Jacobson），他定義了含有中立能量（neutral energy）和由嬰兒時期便開始發展的原發性心身自我（primary psychosomatic self）。然而，這些精神分析師們都很容易混淆自性與它的表徵，就如榮格學派的分析師經常把原型的象徵性表徵與自性混淆一樣。

對於自我和自性兩者關係的討論也是源源不絕的。有時候自性會被視為自我的一個子系統，有時候又被視為一個具有其地位的獨立實體，而其強弱之分取決於它貫注於自戀力比多（narcissistic libido）的多寡。不過無論採取哪個觀點，對這些學者而言，自性都是做為建立心靈結構的系統。寇哈特提出了自體的超越，並排除了力比多和驅力論，為精神分析掀起了一場革命。

至於英國方面，梅蘭妮．克萊恩把自性一詞應用得較為隨意，有時候還會被用作解釋為整個心靈：自我（ego）、本我（id）和超我（superego）。然而，當她談及嬰兒期和兒童期時，自體的話題便相對含蓄。在我看來，這並不奇怪，因為是她發掘嬰兒「求知本能」（epistemophilic instinct）行為的內心世界源頭。正是她提出的這個本能促使嬰兒對自己和母親的身體及其相關內容產生濃厚的興趣。

受到克萊恩影響的三位分析師分別是溫尼考特、史考特（Scott）以及比昂，他們都有很有意思的發展。史考特發展了身體圖式（body scheme）是宇宙性的概念，與榮格的概念相近（見168-169 頁）。溫尼考特提出了真我（true self）與假我（false self）的概念，與榮格的自性與人格面具（persona）看似相似，但其內容不同。他錯誤地認為，正如從嬰兒觀察當中確認的，嬰兒在一開始是沒有整合的（unintegrated），因此自體（意指自性的感知與表徵）是自我成長過程的成果。最後就是比昂，雖然他不常提及自性一詞，他把其看待成「0」：一個具有創意的混沌物。

28 這些發展之所以崛起，是因為精神分析師們在傳統操作學科（精神性神經症 [psychoneuroses]）之外的領域有了更廣泛的研究，包括探討邊緣狀態（border-line states）、精神病（psychoses）、人格障礙（character disorder），以及最近定名的自戀型精神官能症（narcissistic neuroses）。即使其參考框架是源自不同的頂點（*vide infra* pp. 94f），他們很多的研究都出奇地相似，這使得執著於術語統一的人非常懊惱。然而，這些精神分析師的表述涵蓋了榮格先前曾高度關注的一個領域，如果從內傾和內在客體關係來詮釋自戀的話，我們很有可能會看到相同的概念和實踐所起的作用：理想化移情（idealizing transference）、誇大自體（grandiose self），以及鏡映移情（mirror transference）——這些對分析心理學家而言並不陌生的題材。此外，由席爾斯（Searles）、瑪格麗特・利托（Margaret Little）（見下文 183 頁）和拉克（Racker）等學者提倡的技術改良，與榮格提倡的思路非常相似。

一般心理學

由於把心靈分成不同焦點（如形成因素、感知能力等）來研究比較切合實驗方法的規格，「自性」一詞在當代心理學家的著作裡通常會遭忽略。但是，對比相同議題的作品，我想提一提的是史普洛特（Sprott）於 1947 年寫的《一般心理學》（*General Psychology*）的其中一章，因為他的闡述十分清晰準確。在這章中，他記錄了美國的威廉．詹姆斯和卡爾金斯（Calcins），及英國的艾弗林（Aveling）的研究，這個彙整特別有意思，因為榮格有可能受到詹姆斯的影響，原因是後者的著作含有關於自性的長篇探討。

在他的著作中，史普洛特把主體（subject）劃分成多個部分：首先，他考慮到以經驗為依據的自性（empirical self），意思是以「我」為主導，然後可以與客體產生關聯；這涵蓋了意識到「自己」是一個獨立的人，與其他人並不一樣的感受。其次，他探討自性的概念並不只限於主體的經驗，而是包含其他人的觀察和表述——而這點就引伸到一個較為複雜的理論結構。最後，他闡述了自性能造就什麼的理論。他亦根據許多相關事件來討論心智（mind）可能是怎樣的，其中發現了自性在時間上持久存在的想法。而且有趣的是，他亦在有關自性的有機論議題中，包含了列文（Lewin）及科夫卡（Koffka）的自我理論；這些概念與榮格的概念最為接近。

根據有機論，生物體是以一個整體運作的，是一個「尋求最終的整體」（Stern），比部分加總起來的收獲要多。與完形心理學家（Gestalt psychologists）沿用的概念相同，認為行為是整個有機

29 體的一種表達。完整自性與環境的區分，意味著兩者以對等的方式行事。由此產生的理論是，界限分布的變化決定了被感知的客體是否感覺如同自己的一部分、是否與自己有關，還是獨善其身（不是康德〔Kant〕的意思）。簡而言之，這裡指的是，當自性與環境的劃分被接納，那麼對完整自性的感知的最佳效果就會是透過排除了外在客體的內傾性而達到。榮格沒有談及這一點，而背後有著他為何要故意忽略它的原因：第一，他經常把自性與宇宙連結；第二，他的共時性理論（theory of synchronicity）推論出原型和物質客體之間是無界限的。

史普洛特道出了重要的區分：以經驗為依據的自性、自性的概念，和自性的理論三者間的差異。榮格關於自我的概念與史普洛特的「以經驗為依據的自性」及相關觀念非常相似。然而，榮格關於自性的概念似乎與理論那部分相呼應。在史普洛特的論文中，他認為榮格做得最稱職的是從實證經驗去支持有機論。有趣的是，艾弗林也認為有可能將自性理解為「以某種方式行事的基本整體」。

顯然，以自我和自性做為獨立但互相關連的實體去思考是普遍的，特別當自性被視為一種原型時，更是毫無違和感。兩者的二分法是想要釐清與積極想像和宗教相關的議題。當把神做為自性及人做為自我來詮釋時，兩者的相互關係會較易於理解。如果自性的理論與上述所提及的矛盾混淆，我們必須先反問自己以下問題：我們足以把兩個不能兼容的理論相提並論嗎？亦即，當自性被視為心靈的整體的同時，又被視為原型，或是眾原型的組織者時，兩者該如何自圓其說呢？另一問題就是，號稱這樣的區分有效、前邏輯經驗（prelogical experience）有其價值然後貶低理論的說法，是否站得住腳？

榮格有關自性屬整全的理論概念來源，可見於我們先前引用過的東方文本。從中，自性理論做為心靈的整全性，以及做為解決對立衝突的實體，活生生地呈現在我們跟前。此外，榮格亦從他的病患身上發現與東方文本取得的類似材料，這些材料亦獲其他分析師確認，而其理論上的困窘在於如何轉譯這些經驗成為通論。我們要謹記理論中可能引致的情感原型根源，以下是將情感經驗轉化為理論的可能步驟：

（1）首先，一個體驗自性的經歷或可作這樣的整理：「我體驗到神的存在，我感到被祂愛與關懷，我感到被救贖，並得以從 30
極度痛苦的衝突中解脫，帶著愛與世界結合，成為整全」；

（2）於是這個「真實的」經驗成為了記憶，並能以生動的隱喻演繹出來；

（3）當反思時，它會成為「彷彿」的經歷，意即它「彷彿」真的發生過；

（4）它因此有可能建立一些暫定假設，並利用臨床觀察對移情（transference）本身或其部分進行實驗。我們會從書中發現，這些經驗常見於有信仰的人，縱然細節有異，確實這個現象可謂是普遍性的；

（5）如是者，我們便有理由建立以下理論：經驗是當心靈做為一整體運作，並與對立面結合時所產生；意即已超越了無意識與意識之間的角力；

（6）我們能夠進一步測試概念並發現，雖然概念含意複雜，但還是有它的用處及使用價值；

（7）當使用更廣泛的資料去試驗上述理論之後，我們發現，我們能夠發展其他的假設並推翻原先的論述，因此我們需要修正。它若不是僅被視為一個隱喻，就是與最初設想的應用不同。

如果我們現在再去檢視有關自性的作品，很多的思維便得以釐清了。這也讓我們理解榮格為何有時會使用抽象的陳述做為隱喻，或在同一脈絡中把兩者（抽象陳述和隱喻）混合使用。他會由一個表達的層次轉到另一層次。這導致分析心理學有時候會令人產生混淆；當面對新的材料時，原有理論便會修改，隱喻的引用也是如此，就像模糊了理論上的矛盾。我估計這個混淆點是導致艾丁哲（Edinger）歸結自性與自我之間的最原始關係存在著本質悖論的原因（1960），而這並不正確。

我們普遍認為，因提出自性的概念表述而出現理論上的矛盾並非壞事，因為，當我們想要利用這些抽象觀念反映情感經驗時，我們更加需要包含其對立的概念。而這點則留給上述悖論轉圜的空間——此為一錯誤議題，因自性的完整性（whole）與它的組成部分向來都不是對立的。換句話說，由於自性包含對立面，因此關於其內容的表述可以自相矛盾。如此一來，當應用於理論時，其立場會不一樣，因為整全理論（totality theory）和原型概念都不是指自性的內容，而是指它在心靈（psyche）的理論模型中的地位。

到底假設能否構建到更接近累積的經驗，並可被經驗驗證，或用以組織經驗呢？

在討論榮格提出的兩個定義時，我把它們與榮格的「絕對」（the absolute）經驗及自性做為象徵原型形態的相關知識連結起來，當它們的特性讓人聯想到完整性（wholeness）時，就可把它們當作自性的象徵。一個原型的形象到底要有多少項特質才可視為自性的象徵，這一點很難釐清，而且如果硬要訂立明確的標示，恐怕會引起混淆。毫無疑問，榮格要指出的是自性本來就是整合的——它結合了人格的各個功能，而這一點在研究個體化時格外明顯。原型的自性可能自相矛盾地具有破壞性，就像榮格在〈答約伯〉或聖經的比喻中提到：「落入神之手是件可怕的事」，雖然不易察覺，但自性的主要功能就是整合（秩序的原型）。

在 1947 年，我提出了自性不但可以整合地運作，亦可以去整合（deintegrate），這有助了解嬰孩發展。我知道當時我提出了一個革命性的想法，但我並沒有想到這個概念也能清楚解釋此處所提出有關自性的兩個想法。在我的論文中，我假設了整合的首要階段展現在嬰孩的個人性、存在的持續性及適應能力上。因為無疑人們一定要靠自性整合才能與他的環境連結起來，所以便需要有去整合的過程。初期的自性不但沒有發展出意識的特徵，更遑論認識到什麼是無意識，因為這些特質要直到發展出足夠的結構才能辨別出來。

我們假定自性的去整合仍會保留原本整全性的特徵，而保留的多寡則取決於各種類型的心理活動、在有意識－無意識二者之間所發展出來的自我結構之產生，及在無意識狀態下原型分化的差異程度，意即陰影、男性原型—女性原型（animus-anima）、智慧老人等原型的差異程度。

由於環境提供的感知意象，當去整合過程中與其互動時，便會產生出象徵意義或其他形態。這些意象形成了一個資料庫，而部分資料會運用於有機體適應外部世界（自我運作），其他則會形成內在的象徵意象（原型形態）。

整合（integration）及去整合（deintegration）的狀態可以客觀
32 地從行為上或主觀地從對客體關係中的好壞喜惡感觀察出來。榮格特別注意各個整合的狀態並詳盡地記錄下來。去整合可以以各種形式出現，而我則選擇了以夢境發展、積極想像、本能行為、孩童遊戲，以及神話這些形式來記錄。去整合的假設能夠有幫助，是因為它為整體性（wholeness）及其相對而形成的原型的表達搭建了一道橋梁。它們可以視為內在意象及行為模式。[5]

---

5 當我撰寫這一章的時候，我有機會接觸到瑞德費恩（Redfearn）的著作《我的自性、我的許多自性》（*My Self, My Many Selves,* 1985）。書中他看似在研究去整合的狀態，但提出整體人格的概念只不過是個假設，這一觀點與榮格進一步將自性的研究從推測領域帶到經驗領域大相逕庭。由於去整合與「完整自性」依然保持著其關係，所以此一比較並不全然有效。瑞德費恩的論文的其中一項特點是他為了方便說明，而引進了「次人格」（sub-personalities）一詞。積極想像是為了把自性中的非自我部分（亦存在於夢境以及以各種形式呈現）具體化。然而，榮格仍然明智地把這些性質零碎的自性元素稱為「人格」（Jung, 1939b）。

瑞德費恩的文章最具價值的部分是它的描述性內容。他發表了很多來自其患者的臨床資料，而大部分患者表現出精神官能症特徵，或者大概在他的指導下發展了許多「次人格」。令人感興趣的是他把曼陀羅和患者的精神狀態連結起來的研究。就這方面榮格尚未充分認識到這樣做的重要性，而且瑞德費恩所說的和我對兒童的觀察不謀而合。然而，他不認為曼陀羅是壞客體的涵容器（Fordham, 1957c, p.136）。此外，意識狀態與大腦運作的關係的推測也是他的一個有趣課題。

深入探討瑞德費恩的文章並非本書目的，但我卻按捺不住想提起他，由於他致力研究精神病及正如榮格的定義所說，由於自性是「環抱」和「包括」自我的，故此把自我說成是這樣形成的並不全面。如原型的假設一樣，自我是藏身於自性的一部分，這一點在觀察成年人的每一個自性的原型意象都有自我的成分，便足以證明，否則便不會變成意識。之所以有這種情況，是因為原型的功能從自性中分化出來，並在心靈形成建構。讓我們來逐一檢視其發展：按榮格的見解，當某些自我形成時，它們就像數個核心透過分化的成果連結起來，成為可代表意識的中心。在這個過程中，自性的整合功能起了重要作用。自我的主體（有時被稱為中心自我〔central ego〕）與自性的原型有著特殊的關係。那個中心原型可被視為無意識的組織者：它對中心自我的形成有著舉足輕重的作用，並在有意識的自我經驗中尋找表達方式。從未知到已知，自性都可在不為所知的情況下，給精神結構之成形帶來難以測度的巨大影響。

所有原型意象都能夠以不同程度表達關於有機體的整全性的內 33
容，這只是經驗的問題而已；另一方面，最能解釋中心原型及它與中心自我的明顯關係的，就是它能超越及消弭對立。

按此來說，中心原型做為整個自性的部分系統，可以被內攝、被投射，能夠和其他無意識元素同化，認同自我，做為宗教經歷的來源，做為中心自我的來源，以及大部分時間在無意識中以補償方式起作用，直到被意識到為止，即在個體化過程中很大程度上融入了自我。榮格幾乎把所有特性和機制的矛盾點都設想過了，同時，我們還是需要為個體的個人生活以及他與外界做為整體的關係留有

解離型類分裂人格（dissociated schizoid personalities），所以他在個體化的領域並沒有太多研究成果。

一點空間，因其自性內視這些為最高的整體性。

讓我對「終極」進行反思，做為本章的總結吧。我認為它是代表一個沒有過去、沒有將來的狀態，而它的存在就像一個有定位但又不能量度其大小的點。它沒有慾望、記憶、心思、影像，但透過轉化，這些「沒有」才能得以從中跳脫分化出來。它沒有意識，因此亦沒有無意識，總之就是似有還無。這點我會在往後的章節，特別是在討論反移情（countertransference）時再次提到，毫無疑問這個構想源自比昂，雖與他的闡述有所出入，在此我必須向他致上謝意。

探索自性 ——— | 第二章 |
Explorations into the Self

個體化與自我成長[1]

1　最初刊登於 1958 年《分析心理學期刊》第三卷第 2 期，內容已經過修改及補充。

34 典型概念

個體化在動力取向心理學（dynamic psychology）的歷史占有很重的分量，它為精神分析師在調查其初期要素時，奠定了讓心理學更成熟的基礎。做為一個複雜的領域，該概念為老年人分析提供了途徑，並定義了持續發展的心理學。在過去的幾十年，分析心理學家實在是這個領域的開拓者。

榮格的概念根源可從他於 1913 年寫給羅伊博士（Dr. Loy）的一封信找到。信裡他說：「對人類人格價值的探索留待更成熟的時機。」（1914a, p. 287）在《心理類型》（1921）中，他在講述有關類型的問題時，亦解釋和定義了個體化的意義和象徵性，縱使只是簡短一句「是自我（ego）和無意識（unconscious）之間的關係」（Jung, 1928b），卻言簡意賅，現在仍是這個主題的最佳介紹。關於這方面的探討可以在他其他著作中看到，包括《心理學與煉金術》（1944a）、《神祕合體》（*Mysterium Coniunctionis*, 1955-6）、〈移情心理學〉（1946），及《伊雍》（1951a）。在他的主要作品之間發表的幾篇文章也明確展示了榮格在此領域的思維發展。

到了 1940 年，榮格開始考量個體化過程屬自然現象與否時，說：「如果個體化的過程是個**經驗事實**（empirical fact，粗體字為本書作者強調）而非理論，我們就得追溯問題的源頭。」（1940b, p. 282）在他《人格的整合》（*The Integration of the Personality*）著作中，他發表了兩個個案，而其中一個個案連同他〈煉金術中的救贖思想〉（“The idea of redemption in alchemy”）一文（1937a）的內容，成為了他寫《心理學與煉金術》（*Psychology and Alchemy*）的模板。個體化過程屬「經驗事實」[2]這個言論十分重要，因為它完整 35
了榮格把它視為理想的概念。

> ……個體化對某些人而言是不可缺少的，它不只是一個療癒的需要，而是一個崇高理想及一個我們能達至最好的概念。順帶一提，這概念同時是基督教對於天國「在你心中」的根本理想。這個理想的背後寓意是，正確的行為源自正確的思維；己身沒有修正的話，世界也難以痊癒或變得更美好了。（1944a, pp. 255f）

當然，自性的形象以理想化的形式出現，而這些理想化的自性形象的崩塌很可能是憂鬱症和解離（dissociation）傾向的根源，榮格將其描述為他的患者的特徵，對這些患者來說，個體化是「治療的必然」，在患者身上可以觀察到這種困難的精神發展。

上述概念的基礎始於臨床研究，是在榮格研究出「個人無意識」（personal unconscious）之後發現的，連同自我防禦（ego defences）的概念，他的觀念開始有所改變。隨後逐漸意識到人格不受意識思維控制，因意識思維只是內在的心靈現實的一小部分，甚至非其中心。起初，自我只是模糊地領會了這一事實，但後來卻逐漸放棄了其支配地位的幻象。這讓原型意象正式地走進意識的研究領域。當自我與這些意象的連繫日益加深時，就會開始發展，並

2　我無法在榮格修訂後的文章中查考這段話，但意思大致雷同（cf. Jung, 1939b）。

相當規律地進展，那可以用我們在第一章中討論過的一連串浮現的自性象徵來描述。

這個過程稱為「繞行」（circumambulation）。意思是這些意象不會一下子或直接代表自性，而是逐步地展示它的不同方面：這些意象會以螺旋形式繞著它移動，正如榮格討論「世界時鐘」時所描述的細節一樣（見 41-42 頁）。然而，當利用圖像的內在順序去探討個體化時，我們往往會因個體化沒有充分考慮到自我，而且似乎排除了個人差異的這片面觀點，只看到這過程的單一面向，而得到謬誤的印象。

關於自我這主題我們稍後會再詳細討論，但容許我先補充一下，榮格的案例似乎都飽受自我全能感（ego omnipotence）的折磨，但當中他利用了當時的文化風俗修飾了該內容，所以事實上有沒有像他所說的這麼普遍是存疑的，但如果順著他的思路走，就會
36 認為是因為宗教活動的式微，以致很大程度地遏制了無意識的原型過程。當失去信念後，這些過程就無容身之處，繼而對自我意識構成威脅，使其做出為了防衛而形成的全能感。榮格經常抨擊自我能夠而且應該完全控制整個心靈這個毫無根據的假設。實際上，要令個體化得以展開，自我必須先擺脫其幻象，並順從先前無意識的內心世界的行為。

強烈專注於內在意象，並聚焦於無意識幻想的出現，會令人們以為他們要與世隔絕，但榮格並不同意此說法，他表示：

> 人不是獨立個體，但由於個體的存在，構成了集體的關係，因此，個體化的過程必會導致更緊密和更廣泛的集

體關係，而不是**孤立**。（1921, p. 448）

儘管如此，當他在《榮格自傳：回憶・夢・反思》（*Memories, Dreams, Reflections*, 1963）中分享他的經驗時，他告訴我們，這些內在經驗確實讓他感到孤立，直到他與衛禮賢建立關係，開始研究《太乙金華宗旨》時才消除。他在〈移情心理學〉中強調移情的內容[3]，這點因此顯得格外重要，因為在移情當中的另一個人，如分析治療師，可以介入參與個體化過程。然後，原型的意象就可以透過與其他人的關係取得，並根據情況來擴大和詮釋。如此一來，我們不用擔心會有揮之不去的孤立感，而且極度強調超越個人和客觀本質的過程就得以修正。許多（如果不是全部）原型過程的個人參考資料對全面了解人格都很重要，但這似乎被榮格淡化了。這可能是因為榮格做為先驅，故此當時尚未有分析師出現分享他的經歷，以及也許他想要他的患者能減輕一點點痛苦。以下引言進一步展現了榮格的立場：

> ……個體化是每個人類個體的形成及差異化的過程，特別是心理上的**個體**（individual）發展與一般的集體心理截然不同。因此，個體化是**分化**（differentiation）的過程，並懷著發展個體人格的目標。（Jung, 1921, p. 448）

看到這裡我們已明白內向（introversion）只是描繪了實際上涉 37

3　榮格對移情重要性的強調隨著時間過去而有相當程度的變化（see Fordham, 1974a）。

及整個人格過程的其中一面。因此，自我必須找到更多定位，而非像什麼「放棄其中心角色」之類的說法所表達的那樣。

在更深層意義上，在積極想像中對自我的高度重視便足以表明它的重要性：即自我的行動決定了想像到底是主動的還是被動的。它可能會啟動想像的過程，然後伴隨無意識的活動，憑藉繪畫、雕刻或遊戲來幫助塑造圖像。榮格正是藉由遊戲這個方法發起「與無意識的對抗」。他利用石頭拼湊了一個村莊和教堂，並利用特別的紅色石頭拼了祭壇。當模型都拼湊完畢後，他感到莫名地滿足：他偶然發現了這模型，而這勾起了他童年時曾夢見過的難忘景象——一個地下的陽具像（phallus）。這種遊戲活動持續了好一段時間，它們湧現大量幻想，榮格都把它們仔細地記錄下來，並且繪畫及雕塑了其中一部分。

上述所有活動中，他的自我都有積極參與，而他認為這是積極想像的必要元素。主體或自我能夠讓幻想繼續和保持被動，並無視所有想像活動，但這不是積極想像：在積極想像的過程中，自我必須有所行動，亦即它需要把所有可行方案變成主動，並把意象視為某種特殊的真實來對待。

要放鬆地控制這個過程絕不容易，而且顯然只與以下情況相符：

> 當意識與無意識其中一方受到另一方抑制或傷害時，我們都不能變得完整。如果兩者必須鬥爭，我們要確保其平衡，因為兩者都是人生的一部分。意識應要捍衛其理性和保護自己，而且縱使無意識天性混亂，我們仍需盡可能

> 給予它發展的空間。換言之，我們要接受矛盾，開放合作……就好像錘子和鐵砧一樣：有耐性的錘鐵方能塑造出堅不可摧的整體，成為一個「人」（individual）。
>
> 這大概總結了我所指的個體化歷程。（Jung, 1939b, p. 288）

榮格在此描述的是具有完善自我的人的發展。的確，他在許多場合都強調了這一點的重要性，認為個體化是成熟的人下半生的內向發展。雖然有觀察年輕人的想像的例子，但往往情況都是當他們已獲得相當程度的意識及人生閱歷後，成長才會發生。

我們也許會認為（或至少對於我所解讀的社會而言），在人上半輩子的強烈內傾（intensive introversion）中，特別當我們的興趣都集中於現實考量之上時，時間和力比多並不存在。但是更有說服 38
力的說法是，這一過程很大程度受個人和歷史面向的影響。

人們普遍認為，智慧隨年齡與日俱增，所以較年長的人會比較達觀，並且比年輕人較少受到問題或焦慮所困擾。其中部分人更能憑藉對外在與內在世界的良好組織及不同的態度，而發展出一套屬於自己的人生哲學。為了使這種動態結構得以區分和穩定，必須有可觀的生活經驗，否則，很可能會形成一個封閉的系統，在面對新的經驗時，變得無法吸收、修改，甚至瓦解與重建自身。從可塑性的角度而言，人生哲學並非是個人的，它是個體化的呈現方式之一。而據說其之所以出現是因為它背後存在著數百年的歷史發展：因此，不應將個體化視為只是個體的個人歷史累積。

我們能下此結論，全賴榮格提供了他自己與他的患者珍貴的、毫無保留的原始素材。要理解榮格為何認為這些原始資料不僅必要還極具價值，我們不妨詳細地研究象徵主義的歷史。這些知識令他能著眼於來自整個世紀的大量素材，而不是集中於患者的個人關係。正因為這些觀察，意象才能被視為客觀和超越個人的。

在眾多的研究中，煉金術方面的研究對榮格來說有著特殊的重要性——它讓榮格深深著迷，也成為他後期的主要研究成果。顯然，他開始將其非凡的成品視為是個體化的開端。我會在第三部第十五章分享一些有關煉金術士的工作及煉金術的「實際」和創見特質的例子，所以在這章我只會就我了解的部分，簡述榮格對其組織的內容。榮格表示，由於其象徵意義的程度複雜，即使是他也無法完全統一內容，加上突兀的煉金術術語，也是令人難以理解的原因。

榮格的概念是這樣的：煉金術士把他們的無意識的過程投射到化學實驗中，以致產生特有的化學與象徵意象的混合體。因此，其「不可理解性」部分很可能是由於這種混淆，也可能是由於其成品的個體化性質。雖然有很廣泛的煉金術文獻，但煉金術士似乎都偏向各自為政、各抒己見。

煉金術士可分為兩類：其一是那些相信自己的工作是化學方面的，他們相信實驗可製造哲人石（黃金）。另一類煉金術士是較為
39 哲學性的，而在後者之中，榮格認為最接近他研究心理本質思路的人，是帕拉塞爾蘇斯（Paracelsus）學生中的多恩（Dorn）。

「哲學性」的煉金術士認為，靈魂一方面與充滿慾望、本性邪惡的軀體有關，而另一方面亦與精神有關。當靈魂與軀體連結，它就充滿渴望，並形成「一個世界」（*unus mundus*）的狀態，意思

是人類與其宇宙環境合而為一的原始性身分（primary identity）狀態。煉金術的第一部分是從軀體提取出靈魂（而在此，煉金術士利用化學物質代表人類的軀體，從而產生其中一個理解上的混亂）。而這個抽取的過程會與陰影的分析呼應。

煉金術的第二個部分是達至靈魂與精神結合的「精神合一」（*unio mentalis*），靈魂就會上升到早在創世時就與大地分開的**天體**（*coelum*）（與天堂相似）。這意味著獲得淨化的軀體的死亡（等同煉金容器中的灰燼）。基於某種原因，榮格在《神祕合體》（1955-1956）將此概念與個體化掛勾。我對這點感到驚訝，而且他在其他地方也沒有套用這個說法，如〈移情心理學〉（1946）。這個概念不可能是對的，因為它講求身體與靈魂的分離。然而，背後的意思可能是指，個體化的部分過程一方面會喚醒人們的慾念本性，另一方面會喚醒倫理道德和精神本性。

煉金術研究的第三個部分則包含把屍體的灰燼再整合及活化，為達到此目的，需要準備混合大量物質的複雜混合物，而榮格認為這些物質均具有明確的象徵意義。這樣的混合物可能是：「蜂蜜、迷迭香花、汞、紅百合、人血」等（Jung, 1955-6, pp. 479f）。

組合天體與灰燼或泥土的結果象徵地代表靈魂和心靈與軀體的結合。在〈移情心理學〉中榮格舉了一個有關此象徵的例子。這個象徵叫作「Rebis」，是一個結合了靈性和神祕外型的怪異人物，它代表著煉金術士試圖在其參考框架內實現的整體性（但無奈尚未有人實現）。

榮格將這些內容連結到關於人子的歷史論證。人子（物質之神）被遺落到地獄（underworld）與凡間（earth），而基督升天則是基督教賴以發展的象徵。為求力臻完美，心靈的分裂（精神與肉體，善與惡之間）的較勁便會出現。煉金術士們試圖透過結合精神與凡塵、善與惡，來治癒該分裂，從而實現矛盾的完整性，而這也就是個體化的目的。

40 在此做個小結：個體化是成就對自性更有意識的發展過程，它於人的下半生開展並持續進行。要讓個體化發軔，必須先擁有一定成熟程度的自我，而當過程一旦展開，它就會領導意識發展，形成個人對人生的態度，增強道德自治，以及根據自性的象徵性體驗，對內在和外在世界發展出可持續的超個人看法。

延伸概念

上述內容（經少許修飾）代表著我所認為的榮格的辨證主流。在《心理學與煉金術》（1944a）中的例子講述的是一名年輕的科學家，因此必須當作例外，因為在〈生命的階段〉（“The stages of life”, 1930-1931）、〈人格的發展〉（“The development of the personality”, 1934），以及榮格許多有關心理治療（psychotherapy）的文章中，他都強調了不同年齡層有不同人生目標的重要性。

然而，在他《心理類型》的末端，榮格有以下解釋：

> 個體化實際上與從原始**身分狀態**（state of identity）中發展出的意識相同。因此，它延伸了意識領域，豐富著有意識的心靈生活。（Jung, 1921, pp. 449-50）

第 25 項有關「身分」（identity）的定義指出：

> 身分是原始心態的特徵，是**神祕參與**（participation mystique）的真正基礎，它只不過是初始的主體與客體及與原生的無意識狀態尚未進行分化的殘留物而已。它也是嬰兒早期的特徵，而最後成為文明成年人的無意識的特徵，而在尚未成為意識內容的情況下，它仍然與客體保持恆久的身分狀態。（ibid., p. 441）

雖然榮格清楚地說明個體化能豐富人類下半生的意識，但當讀者一起看上述兩個定義的時候，會很容易推論榮格相信個體化早由嬰兒時期便開始，那麼，該「例外」其實就根本不例外了。

儘管他和一般大眾都認為兒童應適應社會要求，但為了達到此要求而犧牲內心世界的話，他卻不以為然。榮格的作品中有許多段落都可能引發對個體化的廣泛解釋。當我們閱讀它們，都會「導向
更緊湊的集體關係」，使得我們認為採取個體化時並沒有什麼理論 41
上的困難，換言之，了解自性便是人生的終身目標。人生上半生的目標因此可以以一種新的方式來思考，即了解自性可令人由衷地欣賞心靈整全（psychic totality）。

佩里雖然最近似乎改變了立場，但他斷言：

> 這種追求個體化的動力顯然是自發的，**它不是由自我領導，而是無意識下的原型舉動**（粗體字為本書作者強調）。非自我（non-ego），朝向實現個體的特定基本模

> 式，追求完整、整體性和區分天生的特有潛能而形成被認知的特定人格。無意識是透過意識區分而逐步得出的各種素質而成的矩陣，這些素質先以象徵的方式呈現，直到自我學會了理解它們並融入其中。然後，人格的整體模式隱藏於這個無意識的矩陣中，等待經驗之手將其轉化為行動。這不是撫育而成的理想自我形態，而是源於一個人從核心散發的動態驅策力，充滿情感並以原型象徵的方式呈現給意識。（Perry, 1953, p. 45）

我們從上文看到，佩里隱喻了由無意識引起的先天目的論過程。

在《靈魂的神話學》（*The Mythology of the Soul*, 1955）一書中，貝恩斯也將個體化與本能心理學（instinct psychology）相提並論。在此，他將個體化與動物的生理傾向與整全性連繫起來，但在其他領域，他就跟隨榮格所說，表示該過程運用了內傾的象徵意義，並導致自我向自性屈服。

艾絲特·哈丁（Esther Harding）也表達過個體化過程屬本能反應的概念，她認為這是「更高層面上的自我保護本能」。[4]（Harding, 1947）

4 這個說法其實沒有什麼優勢。反而，利用生物學思維跨談趨向時，它會令分析心理學家的思想顯得不合時宜，繼而讓人將其理論拋諸腦後（cf. Fordham, 1974a）。

延伸文獻的評論

如果採納當前的本能觀點，個體化屬本能這個觀念就過時了。由於「本能」一詞有著各種不同的含義，因此若寬鬆地使用該詞的話，評論便無從入手。

上文提到的表述可能會濃縮成這樣的陳述：個體化是一種源於
無意識的先天目的論傾向，自我在其中充當輔助角色，當個體化過
程出現時會表現得更加敏感，並整合很多難以定義的元素到其結構 42
之中。正是這裡與典型的概念有所不同，在典型概念中，自我被認
為是整個發展的主要部分。

貝恩斯比較生物修復損傷甚至替換失去器官的趨勢，這點絕不能與個體化相提並論，而應從類比的性質來考慮，因此，它所指的是自性的綜合功能。這與他認為自我是意識的中心並參與整個過程這個觀點有所不同。

當引用目的論觀點時，我們要理解生物學家是千方百計都擺脫不了這些觀點對該領域所造成的不良影響。榮格也許也意識到這一點，因此他在寫最後的能量概念時，也有特別註明沒有應用目的論，並且在某一篇文章（1940b）很大篇幅地質疑無意識中是否存在諸如個性之類的東西，暗示著對先天個體化概念的重視。這個延展的概念的確似乎需要回溯較為老式的目的論內容。如果結局是在無意識中被預先設定的，則很難看出這些假設到底是如何成立的。它們暗示了無法檢驗的預測。

無意識的目的可視為本能生活的明顯特徵（cf. Fordham, 1957b），它可以以各種形式出現，而意識和無意識的本能之間的

相互作用是其中之一。當這種情況發生時，本能目的的刻板性就會修改和轉化，形成減弱而非增強其表現的可預測性。也就是說，特定問題的可行解決方案會逐漸增加。因此，任何能想到會展開的特定承接模式都將遭受不可預測的修改。[5]

這些作者用臨床例子來印證榮格在延伸文獻中的術語是另一個叫人難明的地方，所有尋求延伸概念的分析心理學家，包括貝恩斯
43 和佩里，[6] 都依靠成年人的個案，而且大部分案例帶有病理性質。但無論是相對正常還是高度病理的，它總是能顯示出自我的發展及潛抑的個人無意識的證據，而且所有患者在形成類似神話的複雜原型圖像方面，都表現出相當大的能力。這些具有組織的形態不是與生俱來，亦非寥寥幾年就能形成。基於這些素材，他們同意榮格所言，在個體化過程中，自我「退位」給自性，使後者成為「新的人格核心」。但是，該怎樣看待那些一定要賦予某種地位給表示嬰幼兒的個體化過程是天生的文獻呢？在此，自我被解釋為遠離自性的

---

5 雖然本書第二部會有獨立一章談及共時性被定義為有意義的巧合的相關性，但希望仍容我在此提醒大家注意這一點。本主題下包含的現象與無意識中的原型有著密切關係，因此表明了無意識過程的性質。意義的屬性本身不帶有目的的概念；相反地，有意義的巧合更像是偶然事件，即使共時性的概念涉及對偶然一原因兩個對立面普遍存在的激烈批評。如果這種科學觀念受到批評，那麼無意識的、具有目的的個體化目標也將受到批評。

6 貝恩斯和佩里都做過精神病過程的特殊研究，跟榮格（特別是 1914 年）一樣，他們都發現原型形態會在其過程出現。佩里更明顯感到自己陷入了一個困難的理論位置。確實，在他的論文〈急性僵直型思覺失調症〉（Acute catatonic schizophrenia)(Perry, 1957）中，他把較早前的觀點修正為：「 我認為在急性思覺失調症最中心及機能上的問題是自我形象；這關乎兩個相互的系統，自我對自身嚴重受損的觀點和自我的根本原型——自性，透過誇大其失去的潛能的幻想圖像來彌補自我形象低落。由於我經常用到自我形象來講解這個議題，為免引起混亂，我偏向叫前者**個人自我形象**（personal self-image），後者稱為**中央原型**（central archetype），這種原型在這裡被認為是在人生的各階段以及在各種整合（integration）和崩解（disintegration）狀態下出現的，因此並不總是與有意識的自性階段體驗相關聯。從某種意義上說，這是一項成就，其需要長期且艱辛地進行精神或心理發展工作，即榮格所指的個體化歷程。」(Perry, 1957, p. 137)

發展，因為自性的整體，甚至當人們還**在子宮內**時，對他們來說是很危險的，原因與成年人的完全相反（Fordham, 1957a）。總體來說，因為無法找到精密的圖像內容，而且沒有嬰兒能夠繪畫出可證明其個體化過程的圖像，所以嬰兒早期自我發展的現代研究很少或沒有得到認可。這個議題進一步受到干擾，因為分析心理學家有關嬰兒期的著作經常被套入粗糙且已遭到取代的理論之中。其中之一是，孩子（意為嬰兒）無疑自出生起就成為母親心靈的一部分。這個想法在兒童心理學史上發揮了重要作用，但它忽略了嬰兒原本就是與母親分開的，並且需要經歷很長的時間及過程認識她，另一方面母親亦必須認識嬰兒。

在這個過程中，母親與嬰兒的共同性身分（mutual identity）就有助於了解兩者的親密程度。然而，身分（identity）與認同作用（identification）是截然不同的，後者較晚發生而且過程較複雜。

這篇延伸的文獻確實有一定的道理，因為它試圖以更簡單的形式展現兒童和年輕人中的原型意象，包括那些涉及自性的形象。這些事實需要相符，以及引致典型個體化概念的修改；這些事實是經過一致同意的，但它們的詮釋令人存疑，繼而衍生了另一種表達方式，就是把圖像構想為高於自我的整合元素。它們可能是局部有意識地運作，但亦能無意識地進行，它們對自我的整合能力有時有支持效果，但有時候亦會對其構成威脅。

無疑觀察所得令整個問題變得更複雜，但它們並沒有顛覆了典 44
型的概念，只要我們遵從自我的至關重要性，並要牢記，對非自我整合過程的研究並不一定表明個體化，而是能夠指出精神病逆轉的實例。

要解決因發現原型意象而引起的理論性問題，包括自性，包括所有人生階段，都躲不開對早期自我發展的討論。就此議題，我發表了兩本以探索方式解說的書，分別是《做為個體的兒童》（1969）和《自性與自閉》（1976）。隨著這些文章，我展開了更深入的母嬰研究。

在這章的原版中，我是不同意上述立場的，我認為，自我與自性的關係在童年和其後的人生階段是有所差異的，童年時期還未有個體化，因此我們應該堅持遵從典型的概念。

但後來隨著嬰兒及兒童領域的知識發展，我改變了看法。舉例來說，事實已經證明，嬰兒的感知能力比以前認為的要發達得多，因此，他不僅僅是一個無意識的人。確實，起初意識與無意識之間的區別並不適用，因此兩者之間可能沒有界限。隨著其發展，就出現了榮格強調的兩者之間「敞開衝突、開放合作」。因此，孩子的個性／個體性（individuality）得以樹立，可以觀察到自我成長。

1968 年，我說過的一些理據是這樣的：

> 當嬰兒兩歲時……他應能實現個體化的每個基本要素，而該發展程度應該是榮格能接受的。我之所以這樣說，是因為他研究的年齡層不同，所以對個體化的要求會不一樣。（Fordham, 1976, p. 40）

個體化做為自我發展的特殊案例

榮格經常強調將自我與原型意象區分開的重要性，特別是涉及積極想像的時候。然而，這種鮮明的區分並不是永遠管用，而是僅在以下能夠定義的特定條件下才是最理想的：

（1）當一個哲學性的幻象（philosophical illusion）在影像中占據了 45
主導地位，並表明人的心靈與他的意識是相同時，亦即當自我得以理想化時；

（2）當出現任何重大的新發展時。

第（2）點是以下論點的必然結果：在嬰兒期，原型形態是在自性分化過程中衍生出來。分化導致了自我核心（ego nuclei）的出現，後來透過自性整合的過程聚集，形成一個自我中樞（ego centrum）。我們似乎能看到，整合和去整合的節奏性運作反映在不同年齡層及神話中，它在人的一生中不斷重複運作，並造就了實質的意義。在我的一份原始論文（Fordham, 1955）中，對理論進行類比的兩個領域分別是東方宗教和煉金術，文中包含了這兩方面的詳細資料，在此暫不作討論。但是，我想向讀者介紹道教，因我假設的孿生節奏（twin rhythm）似乎是該神祕哲學核心思想的一部分。

倘若所有成長都是在自我形成後，由自性發起的，它本身的分化便是過程的第一步。這個過程會有一個危險性，就是自我可能會在與分化物（the integrates）形成界限時造成災難性的崩解（disintegrated），導致原型意象無法辨識。然而，如果自我的界限能被清晰定義，意識—無意識的對立面便會形成，那麼自我與原型形態連結後，就能透過合併以前無意識的內容，從而穩定或擴展和修改其界限。

當榮格說他曾「觀察過患者的夢境，當中呈現出豐富的幻想素材，但……他們說不出那些內在的壓力是從何而來的……」（1954b, p. 202），透過該論點，他指的是自我對自性去整合過程的警覺。榮格相應地為他的患者提出了任務，該任務是「透過自由控制自己的幻想來闡述或發展他的主題」，而這導致上文提過的「敞開衝突、開放合作」。榮格的技巧協助自我定義其界限，及使它能夠與自性合作，使其「需要」能憑藉分化物（原型形態）變得更加有意識。

個體化與自我的發展

基於這種種考量，個體化在人生後期做為自我發展的特殊情況是可能的。但可能因為它涉及已產生的自我概念的變化與其自身
46 發展的能耐，所以往往不是如此。此外，它講求清晰區分自性整合活動與個體化。然後，隨著無意識內容整合的進行，特別是陰影部分，自我不僅必須停止成為意識的中心，而且它還必須既有意識的功能，也有無意識的功能。此情況會把自我變得愈來愈像自性，成為一個模糊的實體。因此，自性做為自我的原型這個概念以各種來源滲入分析心理學，讓人嘖嘖稱奇。榮格在《神祕合體》得出了相似的結論。當他討論國王同時做為太陽（「後古典合一主義的國王與太陽〔King-Helios〕」）的象徵意義時，他似乎頗為高舉他稱

為原型的自我（「來自無意識原型中的自我」），使它成為「所有創造現象中最光榮，最神聖的」。（Jung, 1955-6, p. 357）此外，他反思自我與無意識同化的悖論，因為那是個體化過程隱含的意思，然後清楚地表明自我變得愈來愈像自性。這與我討論過的內容相符，而他亦暫且承認「無意識的情結具有某種透亮度，是意識的一種」（ibid., p. 358），無疑是承襲了他先前對兩種思考模式的區分。

如果意識只變成自我的一部分而非全部，它必然會被認為是一種聯繫並組織成一個更大綜合體的表面現象。此外，自我和意識因此就無法從無意識中分離出來。這結果既是意識的延伸，又是意識的局限，但它現在可以依靠更容易的渠道進入自我的無意識面向。再者，自我與陰影和母親或父親原型的清晰區分便無法維持，即使它們所代表的整全性內容依然未能由自我來同化。這些都必須依靠理解自性的終極本質；它只能做為無法定義的原型整體（archetypal totality）的象徵形象來體驗。這個整體（whole）永遠無法掌握，因為沒有主體認識它，也沒有任何主體能夠感知它。

歷史上的考量

分析心理學家會以這兩種方式來使用歷史證據：其一是仔細審查原型的表現，其次是研究這些歷史證據，從而了解意識如何發展。這兩種使用歷史素材的方式能自然地以不同程度的組合應用。

在《伊雍》中，榮格（1951a）研究自性在早期基督教、諾斯 47
替教、占星術和煉金術中的體現，主要目的是為了闡明其結構和動態，而他主要是依上述第一個方法去審視歷史。在〈答約伯〉中，他更加重視意識發展的歷史過程，以約伯（Job）與耶和華（Yahweh）之間的矛盾為出發點，繼而考慮這點如何可能導致耶穌的誕生，追查整個早期基督教的結果，進一步審視到近代有關「聖母升天」的內容。他最後斷言，當代的主要問題是將邪惡同化為自性的形象，而該形象在基督教的發展過程中被剔除了：神的陰暗面被分離，並由魔鬼做代表。對歷史上原型形態的研究導致了這樣的觀念（至少在西方歷史上是這樣描繪它）：隨著人類變得更有意識，他們對上帝的觀念和體驗逐漸變得不再是形而上的（metaphysical），而是更加心理的（psychological）。原型形態的逐步內攝，隨著時間的流逝，本來只屬於形而上學的事物變得愈來愈心靈化。因此，對客觀心靈和自性的概念的需求變得顯而易見，而自性的實現也成為每個人生活中需要體現的當代問題。當個體的整全性體現在歷史過程時，結果似乎更為有趣，可能是因為這些歷史對自性有著愈來愈高的重要性。從這種本質上的社會觀點來看，如果將每個人的生活做為關注的焦點相比，可以從更廣泛的意義上使用個體化的概念，而且，我們往往忽略了歷史只記錄了成人的活動，而沒有考慮到兒童的活動。

個體化因此被認為是歷史和進化的過程。生物學的研究認為歷史時期內的所有進化都是培育的結果，遺傳在其中幾乎沒有直接作用。如此一來，如果要在有意識情況下對自性的象徵性體現是我們這個時代的問題，似乎只有學富五車和成熟的人才能掌握它。然後，已成就的意識思維會將自性象徵帶進意識。該過程的高度動態性則取決於無意識對原本屬於自我活動的反應。

個體化做為自我的延伸這一個概念是進化論上唯一可能的觀點，它不能支持個體化是先天過程的想法，更不用說是本能了。這裡衍生一個問題，到底兒童參與這一過程或受其影響的程度有多大？如果孩子們利用同理心來感知是隨時代觀念而變化，他們就只有在獲取了足夠的意識發展和教育的情況下，才能認識到新的感
知。普遍意義的創新從未由兒童建立，雖然他可以意識到自性的象 48
徵意象，但他卻未能體會當中的涵義，他依然仰賴父母及自身的成長，給予他能運用的工具，形成他生活中個人的表達形式。

我們可以重申的歷史觀點僅基於成年人的活動紀錄，因此只能支持我們從一開始所提及的榮格的論點：「人格價值的探索要等到較為成熟的年紀。」

個人與集體無意識

我要提出的個體化概念要求我反思榮格在個人和集體無意識之間的區別。我們已經看到榮格分別淡化了自性和個體化過程中個人元素的重要性，但另一方面，童年時期的個體化研究令我們可以更進一步地描述和更實在地欣賞人際關係，這些變化與原型的活動及其象徵化有關。

榮格首先打開了佛洛伊德只觸及到其表層的「內在世界」。此「內在世界」對於榮格個人和科學界而言都變得極為重要，因此他需要將自己的立場與精神分析（psychoanalysis）的立場區分開來。在此過程中，他將佛洛伊德的研究定義為涵蓋了從童年到成熟階段的所有人生經歷的個人領域。因此，「個人」一詞具有特殊的含義，他將其設想為將個人經驗與非個人的、超個人的、無情的，以

及集體的原型意象進行對比。他的經驗和理論帶領他從社會和歷史背景來研究它們。

然而，要做到上述區分是很難的，因為並非任何年齡層的所有生活經歷是單方面個人的或集體的，而且，正如瑪麗·威廉斯（Mary Williams）所觀察到的，許多個人經歷都跟原型形態有關（1963a）。現在我們知道，在兒童時期就能夠時不時發現原型影像，並且很可能在嬰兒出生後幾週或幾個月內就開始形成這些影像。這可能會得出這樣的結論：嬰兒是非個人（impersonal），因此無法把母親當作人來欣賞。

確實我們有可能認為嬰兒經歷具有非個人的和無情的部分客體（part object）關係特徵，隨著嬰兒的發展，他逐漸欣賞她做為一個人（完整客體）的母親。但是，亦有證據表明，他整體適應了母親的生理和情感生活，即從一開始就把母親當作一個人去適應了。
49 例如，當母親出於各種原因而無法適應嬰兒對她乳房吸啜所產生的刺激時，嬰兒可以收起他們的吸吮慾望。因此，幾乎從出生開始，他們就為良好的餵哺體驗創造了條件。有些嬰兒對於不確定自身母職的母親，能支持和誘發母親的能力，他們藉由發出非常精確的信號（signal），有能力向躊躇不前的母親展示如何建立良好的餵養關係，我認為是自性而不是自我，以這樣的行為使嬰兒適應他探索自己的生理或情感的狀況。不知這樣說會否教人摸不著頭腦，但有沒有可能是嬰兒從一開始就對自性是非常敏銳及個人化的，而後來是為了發展自我，才去建立與所需客體的非個人化關係呢？

這樣的推斷使人們愈來愈懷疑榮格的區分是否有利於揭示人類的內心世界，懷疑這個廣泛應用的主張是否奏效。

在《做為個體的兒童》（Fordham, 1969）中，我討論過兒童與集體無意識的關係。由於嬰兒自性在適應自己的母親環境時會使用原型的分化物，並發展了意識—無意識的二分法，因此他的自我可以說是與其前個人部分客體（pre-personal part object）中表達的集體無意識有關。前個人部分客體可能透過嬰兒自性以外的現實感知或投射性認同（projective identification）的作用及嬰兒內在的內攝性認同（introjective identification）找出來。但是大多數集體無意識的強而有力意象比嬰兒能知道的結構要複雜得多。此外，儘管偶爾會有來自兒童的視野，由於榮格的參考框架是有關社會和歷史的，集體無意識及其似是而非的特性似乎不曾成為小孩生命中的重要元素，直到他的心靈結構得到了一定程度的發展，他才能夠與家庭以外的社會連結。

嬰兒時期的整合與去整合

50 假設個體化會持續一生之久，則對嬰兒期的自性研究的重視便與日俱增：真正的嬰兒期成為了研究的焦點。

我分別於《做為個體的兒童》及《自性與自閉》兩本著作中發表了這個議題的論文。我不是根據榮格的材料，而是根據它們的抽象描述而得出結論，其結論是，儘管兩種心智的表現形式南轅北轍，個體化的基本過程卻是相同的。那個立場必須根據經驗的力量，特別是對母親和嬰兒的觀察，進行一些修改。我的觀點如下：

（1）我從小孩遊戲及幻想的過程中著手尋找自性的象徵。他們似乎與自我的成長有關，即個體化；

（2）那些觀察所得導致「自性可以從多早便活躍起來」的猜測。我推測這是很原始的（primary），意即我們可以認為嬰兒的自性從與母親區分開，並從整合那刻起就有了；

（3）因此，為了與環境聯繫起來，去整合是必須的。去整合可在餵哺時出現，而整合則可在睡覺時發生。當這兩個過程不斷重複出現時，就會形成去整合—整合的程序；

（4）根據現時的觀點，去整合是導致原初身分（primitive identity）的步驟。然後，當人們逐漸長大，自我成長就會發生。在此，小嬰兒開始形成榮格所說的只有在下半生才會出現的原始狀態。

去整合概念對嬰兒期的應用

我發起了做為分析心理學會（The Society of Analytical Psychology）

培訓一部分的兒童分析，並得到來自塔維斯托克診所（Tavistock Clinic）的吉安娜．亨利（Gianna Henry）的協助，進行母親與嬰兒 51 的觀察研究和小組研討。學生們盡可能於嬰兒出生起，利用連續兩年的時間，進行每週一次的觀察。他們於每週舉行的研討小組上匯報他們的觀察所得，而我亦在場聆聽他們的匯報。在此，我十分感謝亨利女士及學生們的努力，使我接下來有很多素材可以跟大家分享。從他們的報告和討論中，我發現我的假設有助於觀察。但更重要的是，嬰兒自性的假設變成了對嬰兒生活的事實描述，即從推測性的假設開始獲得了事實的特性：嬰兒展現了他是一個人，具有一貫可辨認（存在的連續性）的天性，而且有自己的個性（沒有任何一個嬰兒是一樣的）。

當去整合的概念應用到嬰兒期時，主要是為了構建一個過程，而在這個過程中，整合的嬰兒一開始是與母親分開的，然後逐漸可以與她建立關係。

觀察所得

以下是觀察一名兩週大的嬰兒的結果（感謝布朗〔Ann Brown〕的詳細描述）：

> 嬰兒N躺在他的搖籃，身體靠著右側，右手壓在自己身體下面，他的左手則曲起，靠近他的臉。他的頭長著烏黑的頭髮，觸碰著搖籃的頂部，而F〔他的媽媽〕說是嬰兒自己蠕動身體到〔搖籃〕頂部的。他的眼睛是張開

> 的，他整個身體都在輕微地動，感覺有點焦躁（看起來不像醒著，也不像睡著）。媽媽說他可能是餓了，因為餵哺時間快到了。N 突然間安靜了數分鐘，然後完全不動，用他的黑眼睛瞪著搖籃。

隨後一段時期，嬰兒的觀察被母親 F 對嬰兒的出生及其狀況的描述打斷了。嬰兒 N 是 F 的「聖誕寶貝」。接著繼續觀察：

> F 抱起 N 並把他遞給我〔觀察員〕。N 躺在我的懷裡專注地看著我的臉，然後多次張開嘴巴發出聲響。我〔觀察員〕跟他說話，他的反應是目不轉睛地看著我。很多次他看起來像是在嘗試要笑，最終他以一個淡淡的微笑回應了我對他的說話。然後，他會離開我的目光，好像要探索房間似地，而當我再說話時，他又會轉頭回來，視線大約在我的臉附近，但無法即時聚焦。
>
> 當 F 在喝咖啡時，我繼續抱著 N。她對 N 溫柔地、
> 充滿愛地說話，一直對他微笑，表示她依然不相信他真的
> 在這裡了。然後她抱回嬰兒，並以右邊的乳房餵哺他。N
> 試了幾次才能好好地吸到乳頭，隨後就使勁地、貪婪地吸
> 吮，然後打嗝……N 猛力地吸，偶爾會停下歇一歇。起
> 52 初，他的眼睛是瞪大的，但數分鐘後就閉上了，同時繼續
> 吸吮……F 把他換到左邊的乳房，他又再猛烈地吸起來，
> 發出細小的呼嚕聲，專注地往上看。我猜他試著要看媽
> 媽的臉，但 F 說他是在看她的紅色針織衫。然後他睡著

了，也就停止吸吮了。

我從眾多有趣的母嬰交流中節錄了上述描述。我認為，在這一例中，有可能一窺子宮內生活可能是什麼樣的（當他在搖籃裡時），以及從母乳餵哺的早期觀察中，反覆看到母親和她的嬰兒之間建立起相當美好的關係。整體來說，在此製造了一個由 F 及觀察員促成的、集中於餵哺的機會，讓嬰兒從內在激發開始發展起來。當嬰兒得以飽足時，他便入睡。這就是我所設想的去整合一整合程序。

比較過其他觀點後，我將說明自性理論對嬰兒行為的重要性。有學者想憑藉皮亞傑（Piaget）的反射（reflexes）、鮑比（Bowlby）的先天釋放機制（innate release mechanism）更深入地探討行為，或開始尋找條件反射（conditioned reflexes）的證據。但這些機制能不能以簡單的概念形式在嬰兒期運作是存疑的，因為它們是與整個神經系統整合的。但我們不妨先假設這些都是合理的研究方法，它們全都是從自性理論的角度出發，充當識別自性的工具。我們能夠想像，微笑的反應是一種反射，但是透過一般的觀察表明，這是嬰兒為了讓自己討母親歡心的一種方法。同樣地，嬰兒的注視是主動的，是他探索新環境的一部分。

憑著擴展先天釋放機制的概念，它可以涵蓋來自內部導致 N 醒來和進食的活動，但如果把其焦躁行為視為給予母親他餓了的信號，正如他媽媽所言，可能會更容易理解。

我同意那些希望使我們的思維與生物學概念保持一致的人（e.g. Bowlby, 1969），我選擇的概念是適應（adaptation）。即使這詞已被貶低成一種默認環境現實的機制，但仍然有它好的一面。從最好的意義上講，它遠不止於此，它包括所有涉及構成影響力去承擔現實的元素，以及如何掌握它成為努力生存的一部分。基於這個概念，嬰兒由出生那刻起，就具有適應的能力：我們所談論過的程序只是基本的，可以進一步建立和發展起來。

過去，我的主張被「嬰兒的感知機制（perceptual apparatus）是非常有限或模糊的」這一想法所牽制，因此，近年來的革命性進步
53 之一是發現嬰兒的許多感知能力發展得很好：他可以看得準，聽得真。但如果我們相信我們所觀察的，並推論下去，我們的收穫會更多。如果我們仔細觀察母親與嬰兒，似乎兩者都有能力知道對方整體是怎麼樣的。我們知道嬰兒具有旨在使自己依附於母親的行為。然而，最近所得結果明確顯示，嬰兒們的行為亦是為了取悅母親，並提供很多的信號從而暗示他們的需求，其中包括笑、凝望、哭、發出咕噥聲響、求抱（nestling）等。更令人驚訝的是，他們似乎知道母親情感的能耐。在母嬰小組研討中，N 的例子不禁讓小組成員認為他是個「謹慎的」嬰兒：他的媽媽對痛楚的容忍度很低，加上她的內在資源有限。N 彷彿從很早期就知道這點，並在吸食母乳的過程中盡量避免對乳房的傷害，或製造不必要的喊叫。嬰兒 N 並不是唯一的例子，以下我會提及另一位嬰兒，他的媽媽不確定自己能否當個稱職的媽媽，嬰兒給她很明確的信號表示他的需求，媽媽靠著跟隨這些信號，發現自己的能力，因此她確實是一名「夠好的媽媽」。嬰兒只是靠近母親的乳房時，就能找到他感到舒適的吸食方法（當然，如果媽媽有搞懂他的信號並跟隨的話）。凡事當然有例外，有些嬰兒是不太會這樣協助，以致吸吮乳房時困難

重重，甚至徹底拒絕吸奶。

為何我會認為去整合的概念為這些觀察提供了意義？因為其他理論沒有把整個生物的反應包含在內。的確，佛洛伊德引入了阿米巴變形蟲（amoeba）這個極具啟發性的概念，它提出了偽足（pseudopod）來表示行為有時是來自本我（id），有時是來自自我（ego），但他卻沒有想到來自自性（self）的能量。而他沒有這樣做的原因，可能是基於他的分析心態。自性的概念本質上處於分析的前後兩端。當我在劍橋大學讀書時，因為這個概念妨礙了當時物理和化學在該學科發展中的應用，所以自性這個概念在當時受到生物學和物理學強烈譴責。我們在心理學方面摒棄或相對化了這種推理，因為我希望已有足夠的證據證明這個情況已經改變，亦因為自性的經驗對於分析工作真的至關重要。

剛剛那段插話似乎還未解答我的問題：為何我認為這理論有助於觀察嬰兒。這是因為它聚焦在嬰兒身為一個人（person）而做的行為。的確，他的一舉一動主要與母親有關，但即使在不利的情況下，他的舉止仍然是屬於他自己的。另一方面，理論也可能表達了需把嬰兒視為一個完整的人，就如母親談及她小孩的話語一樣，但 54
前者不能推翻或爭辯後者，畢竟母親與嬰兒有較多的相處和經歷，這點是我們不能否定的。

另外一個引入去整合概念至嬰兒期的優點是，它有助於辨認嬰兒自身的能力和突出他們的個體性。由於自性已經與整合緊密地連結起來，人不需更多整合，需要的是在不破壞其個性的情況下，能釋放出自己的能力來適應的其他事物，因此要把不會象徵化的嬰兒當作個別的人來觀察，就變得十分困難。正是由於分化物（去整合的結果）賦予了自性且持續伴隨，這一點讓去整合的概念得以發揚光大。

鑑於以上幾點，嬰兒很有可能已具有豐富的經驗。嬰兒不僅在原初身分的持續狀態下發揮作用，在那種狀態中，嬰兒無法區分主體（subject）和客體（object），而且思想和行動是一體的。他可能會顯示出處於這種精神狀態的證據，但不會持續。不再是只有一種精神狀態，而是多種。他沒有原初身分的階段（也正因這一點，我先前所提到的個體化觀點需要更改）。由一開始便是一個個體的觀點來看，個體化成為了透過自性表徵的發展，而把個人實際的情況體現出來。

儘管如此，原初身分在分析心理學家的思想中起了重要作用。做為解釋**神祕參與**（participation mystique）的假設，它開拓了一個新的研究領域。但是在榮格和他的大多數追隨者可以利用其心理動力的可能性之前，梅蘭妮．克萊恩就做到了。她提出了偏執—分裂位置（paranoid-schizoid position）的概念。有人將那個位置與主體和客體之間的無差異性（象徵等同）連繫起來，特別是西格爾（Segal, 1957），克萊恩也將此情況闡述於她關於論認同作用（on identification）的論文中（1955）。在那篇論文中，她區分了一種特殊的認同作用，並給它起了投射性認同（projective identification）及內攝性認同（introjective identification）兩個名稱。

另一個重要的概念是憂鬱位置（depressive position）。如果偏執—分裂位置的狀態闡明了原初身分，即去整合的結果，那麼憂鬱位置就闡明了整合和個體化。

我的評論的另一個結果是，我們需要更仔細地研究嬰兒與其客體的關係。

嬰兒與其客體的關係

嬰兒N似乎能夠體會母親的真實，並知道如何適當地回
應——其中最明顯的就是他知道如何把乳頭放到口中。這個例子以 55
及很多其他有關關係建立的特徵是很值得我們研究的，因為它們指出嬰孩適應其母親的能力。然而，我們偏向相信，我們所有熟悉的理論都適用於小孩：我們希望持有這樣的想法，即嬰兒依靠他的原型能力（archetypal capacities），從無意識發展到意識，再到自我發展，我們想找到原始性身分（primary identity）、成長等證據來描繪無意識心理過程的活動。

當我開始研究實際的嬰孩與其母親關係的特性時，我感到很失望，因為我發現，原來現時眾多相關的理論或想法幾乎無一個是有用的。我們沒有足夠關於嬰兒經驗的理論，但出於殷切的需求卻換來了以偏概全的見解。然而，如果我們可以放下不必要的期望，那些按理論來構想的見解大可轉化為有助於觀察的工具。因此，我現在認為，比方說，除了去整合－整合程序以外，原型的概念仍然是富有成果的，因為它們指的是具有心理伴隨性的先天行為模式。它們的界限不是固定的，而是可變化的，因此促進了早期嬰兒期特有的快速精神貫注轉換（rapid cathectic shifts）。

榮格理論化的另一個有趣特徵是，原型具有類精神的極點（psychoid pole），如果與原型不相同時，就會非常緊貼身體狀態（e.g. Jung, 1954b）。考慮到這個想法，我找到了比昂關於β元

素（beta elements）的假設，這些元素具有大致或實際上相同的意義。但是，他以一種有用的方式來開發，並憑著α功能（alpha function）來聯繫與發展。α元素（alpha elements）構成思想、夢和神話發展的基礎。β元素可能與第一批分化物相關。它們同時是關於心靈也與肉體有關的，但根據我們的理解，它們的表現似乎是肉體的。

這種反思很容易導致人們對心靈（psyche）和軀體（soma）的分裂，但是這種覺悟讓我們可以這樣說：一開始，身體—心靈、有意識—無意識這樣的二分法都是不速之客。在我談論這些內容時，我們正在研究榮格教我們的那可合併及超越對立面的自性。

因為我們誤會了嬰兒客體的性質太久了，所以我才花時間去研究它，例如說他們的不真實性，或他們無法適應現實等，這些都是完全不正確的。的確，嬰兒除了具有細微的適應性行為外，亦會賦予（endow）母親某些不切實際的特徵，並且能夠以多種成年人無法設想的方式看她，但這並不是人們從大多數觀察中得到的印象。

56 讓我們假設不論成年人或嬰孩的感知（perception）都是主動行為，而且承認所感知的客體都是合成的（composite）。它不只是一個在某處「存在著」的紀錄，也是由自性的一部分所貢獻出來，並給予該客體意義。當客體主要是現實的紀錄，它稱為現實客體（reality object）；當它主要是由自性透過外在（exteroceptive）和內在（introceptive）感覺資料建構並記錄著自性的狀態時，它就稱為自性客體（self object）。分析心理學家如諾伊曼（Neumann, 1973）曾經認為，嬰兒的感知主要是透過自性客體，而且他生活在某種神話世界中，然後隨著時間的發展，他們才逐步地建構起現實來，這是對嬰兒期頗為誤導的說法。但是，如果想像使用滑尺（sliding scale）來涵蓋任何特定感知的可變內容（現實客體 ⟷ 自性客體），則可從此方向研究觀察所得。當一自性客體可以獲取有關現實客體的資訊或將其消除時，剛才提到的方案就能配合投射性認同（projective identification）。自性客體似乎會在情感高漲的狀態下增加，而現實客體會在寧靜的沉思探索活動中主導。但是這樣的初步結論不能令我們忽略沒有得到清晰圖像定義的狀態，例如：當嬰兒的眼睛沒有即時聚焦時。現實客體可在其他狀態下出現：從較早前觀察餵哺所得紀錄進行考量，結論得出整個餵哺過程中都為現實客體的感知所主導。如果我們想獲得自性客體占優勢的證據，那麼當當嬰兒發怒時，或簡單如飢餓時無法從乳房獲得餵哺，便足以證明。換言之，當良好的自性客體占優勢時，滿足的狀態就會發生。

好的客體與壞的客體

上文我們提到的是好的客體關係。然而，不久之後，基於某些原因，令人苦惱的情況便出現了。一名母親也許與她的孩子疏離了，而嬰兒摸不著頭腦是什麼一回事，在此情況下，形成了一個壞的客體形象。假設壞的客體是一個 β 元素，有很多方式可以處理，但首先需要注意的是，在相當短暫的情況下，客體的狀態可能是不好的：

> 據說嬰兒N拒絕吸吮左邊乳房，但當觀察員在場時，他似乎沒有此問題：其實在沒有明顯的環境變化下，

> 這次不好下次也許就好了。如果這個煩惱變得更大或痛苦，嬰兒可以藉由幾個途徑表達：哭鬧、嗚咽、叫喊、嘔吐、排便、排尿等，從而迫使母親著手處理。
>
> 57 嬰兒G是位積極進取的嬰兒，可以毫不猶豫地表達自己的願望，尤其是在更換尿布的期間，他會大聲吵嚷抗議。一天，當一位健康訪查員到他們家時，正值哺乳時間，訪查員要求即時取得資訊，哺餵因此中斷。媽媽把嬰兒放下一小段時間。期間嬰兒抗議，大聲哭鬧，其聲浪「逐漸增強至無法令對話繼續，除此之外，他還吐了，弄髒了自己」。嬰兒起初無法被安撫，令母親開始擔憂起來（以適當的方式）：她開始並堅持努力減輕嬰兒的痛苦。最終她成功了，使餵哺得以繼續，並讓嬰兒睡著。在這情境下，一個可能災難性發展的情況得以恰當處理，此時，整合過程得以發生。這樣的事件一點也不罕見，而且它們涉及行動。

但這位媽媽不只行動：她在心中抱持（holding）她的孩子，特別是從母性的沉思（maternal reverie）的狀態來映照嬰兒，直接連結到他的原始生命（protomental life）階段，促使β元素轉化成α元素。正是這種互動體驗，形成了滿溢的情感狀態，從而形成區分好的客體與壞的客體、內在客體與外在客體的心理基礎。在講解這些區別之前，我想先提提嬰兒反覆的一些經歷：去整合帶來喜悅和不悅的狀態，而這些是靠嬰兒腦海去區分什麼是好、什麼是壞，什麼是源自他，什麼是由外來整合和同化所產生的。這是嬰兒對對立面做出適應時從而建立心靈結構的開始。

「沒有乳房」是壞的客體的一個特殊例子。這情況很糟糕，因為乳房在飢餓時銷聲匿跡，外部或內部皆然。嬰孩體驗到他內在壞的乳房，而他必須對無法忍受的情況做些什麼。他可以做很多事情，例如以尖叫、排便或類似的行為來發洩。但我們可以推斷出他還有另一條路可以選擇，就是他可以將其轉化為思想，這種思想可以以圖像的形式出現，而這圖像會成為他精神生活的重要來源——他在腦海中尋找乳房。稍後，我將把這個概念用作研究神祕主義的工具，但是這概念不能用於描述嬰兒的心理狀態。

完整和部分客體

我將要講解的自性理論與完整和部分客體的理論有關。這個理論假設嬰兒的早期經驗有部分是由其母親及嬰兒自己所定義。之後當他的感知經驗擴展了，他會開始辨認做為一個整體的人，特別是母親。這種說法對成年人而言可能覺得有點言之過甚，但其實換個說法，這個理論是指嬰兒在辨認的過程需要一系列廣泛的餵哺經驗
成就，於是乎乳房就比我們一般想像的把乳頭放進口裡這個動作有 58
更深遠的作用。

完整和部分客體的概念有助於評估兒童或成年患者進行分析時所呈現的資料。我們發現，他們會把分析師看作是部分客體。如此一來，重點可能會放在分析師溝通上的滲透或灌輸，而非口語表達的內容。這可能反映，嬰兒在認識完整客體之前不知道何謂「部分客體」，繼而萌生的另一個問題就是，對嬰兒而言，到底何謂完整

客體呢？這個問題我們不得而知，但我接下來提到的自性理論會指出，因為去整合的過程，完整客體的出現會先於部分客體。

這一點可在觀察中體現出來。良好的餵哺例子已在本書 99-100 頁提過，它包括口腔和乳頭體驗以外的各種體驗。為此，我認為是嬰兒利用完整客體來連繫：他整個人與他當時所認知的整個母親都有參與其中。

我們又能否描述部分客體的關係呢？我覺得是可以的：例如，有些嬰兒更傾向於注意吸吮乳頭，而很少注意可能發生的乳房轉換。如果母親助長這種傾向，那麼餵哺時的部分客體性質就會變得明顯。

案例：對一名母親餵哺孩子的描述

媽媽把小孩扶正，離開她的身體，有點像是彎縮在她腿上。她以左手托著嬰兒的頸背，然後用右手把奶瓶放進嬰兒的嘴巴。嬰兒的眼睛瞪大，一直凝視著牆上的圖畫，一眼不眨。

在嬰兒快三個月時的一次探訪，L 感到很不安，好像很渴望要放點東西進嘴巴。他嘴角溢出一些凝固的牛奶—我把它擦掉了。他似乎感到很懊惱、煩躁，又開始哭起來。媽媽抱起他，放他到嬰兒籃，然後給他一小瓶玫瑰果糖漿。他的頭轉向一邊，用力地吸著瓶嘴，喝下飲料。當整瓶都喝完了，他似乎還沒有安頓下來，他坐立不安，嗚咽起來。母親把他放到嬰兒車，把他的頭側放，然後又再餵他一瓶玫瑰果糖漿。他再次猛烈地吸光。當第二瓶都喝光了，他皺起臉，繼續吸吮好一會兒，才停下動作睡著了。

為了避免說 L 和他的母親之間的關係僅基於部分客體，我們必須說完整客體關係會在洗澡和更換尿布時更為明顯。 59

透過去整合推動的發展，使得嬰兒將他對母親的經驗分類為好和壞，但我的論點並不適用於部分和完整客體關係的這個方面。據推測（其實也有一些證據）表示，好的乳房－媽媽和壞的乳房－媽媽不是同一人，而是兩個。當經驗愈來愈多，嬰兒開始辨識兩個乳房－媽媽是同一人。這個論點結合了分裂理論（theory of splitting），並在開始時以完整客體為前提。這個主題很複雜，而且通常都不太明確，而我只想在此指出自性理論如何導致對觀察的評估。

Ps ↔ Dp

另一個嬰兒期的特徵最先由克萊恩發掘。她發現有兩個心理位置是早在嬰兒期便有的，而且會在整段生命持續，它們是：偏執分裂位置和憂鬱位置。她和哈里斯（Harris）都描述了它們在嬰兒期時所出現的情況。

但是，據現有的嬰兒觀察顯示，雖然趨近於這兩個心理位置的狀態頗為普遍，但這兩個位置在我們所觀察到的嬰孩中不怎麼常見。因此，我暫時採用比昂的滑尺公式 Ps⟷Dp，可涵蓋已觀察到的中間狀態。

我偏向接受這些公式，因為他們對應原初身分（Ps）和個體化（Dp）的第一步。這方面的內容我已在我的《自性與自閉》著作中提及，所以在此不多著墨。在那本書中，我沒有介紹比昂的公式，這個公式比較接近能夠描述的心態（state of mind），它還相對化和擴展其概念，使它更靈活。

此外，我亦覺得投射性認同和內攝性認同的概念以及象徵等同（symbolic equation）和象徵形成（symbol formation）的發展都很有用。

順序特徵的研究

研究順序的特徵可讓我們見證轉瞬即逝的去整合行為的發展，並從中觀察到，它是怎樣與其他行為建立起關係，這些行為從一開始各自離散漸漸演變成具有特徵和變得持久。

60 嬰兒 N 一開始就展示了在餵哺時視線會離開母親的傾向，而他媽媽亦注意到，他看的是她身上那件紅色的針織衫，這行為由他離開母體後的第二週便出現。後來他除了看著這件紅色針織衫和其他物件外，他還會碰觸或抓取。當嬰兒三個月大的時候，他會抓起指間的毛絮，然後把它放進口裡。在此，觀看變成了檢視。當嬰兒 N 八個月大的時候，觀察員記錄：「他在地上找到了一個小毛點，然後把它放回地上，然後，他找到了一長條綠線，他把它放進口裡。他的母親把它弄開，N 就哭起來，並且拍打桌子。」到了他九個月大的時候，他在用嘴巴玩弄跟吃他母親的針織衫的毛絮，然後發出嘶嘶聲和吹氣動作，然後嘔吐了……也就是說，他用了有別於他母親處理的方式移除這些毛絮。到了十三個月大的時候，發現拿起和咀嚼這些動作的發生與憂鬱有關：「他拿起媽媽針織衫的毛絮並放進嘴裡，當媽媽把它拿開時，他變得沮喪且緊抓不放。」其後有類似的觀察：「N 在哭鬧和焦躁：他從媽媽的針織衫上扯了些線出來，把線纏繞在他的手指上然後放進口裡，把手指抽出推入並發出吼叫聲。」

後來 N 發展出撿拾的行為：在桌面及地面撿餅乾屑、探頭查看或翻找垃圾箱等。此外，他愈來愈依附那件針織衫，有時拿起它，輕輕地用毛絨撫摩自己的臉。

分裂

我發現這個方法能有效地區分去整合（deintegration）與分裂（splitting）。我所提出過的例子都可以列入去整合的假設。然而，如果整合的過程沒有隨之而來，則使用分裂這詞會較合適：嬰孩的客體不僅有好壞之分，而且會持續迫害。

當 N 大約一歲時，他的母親開始讓他經歷一連串與跟母親分離有關的奚落，然後她會突然地離開 N 幾個小時，期間由一名男照顧者來看顧。N 傷心欲絕，但照顧者和觀察員對此無能為力，而 N 自己也沒法解決。最終，在迫害的絕望感之下，他把自己哭累後，趴在嬰兒床上一隻柔軟的粉紅色大象玩偶上睡著了。這個情況出現過兩次，但這並不是事件的結尾：往後的幾個星期，觀察員成為了他懷疑的客體——她的到訪顯然與他母親的離開有關係，以致他與母親岌岌可危的關係更是雪上加霜。這使得那頭粉紅大象及

61 那件紅色針織衫變得愈來愈重要，因為它們取得了 N 的關注兩週之久。那件針織衫成為 N 入睡的必需品。

由媽媽的奚落以至離開的這些情境，顯然導致 N 投射他的壞客體到男照顧者及觀察員身上，使兩者都成了迫害者。在此，不但沒有整合，沒有憂鬱位置，反而是產生了導致睡著的迫害性憂鬱，這次不但沒有一絲的整合跡象，反而是使用分裂做為防衛去切割。事態導致他入睡時必須要有慰藉的物件。他把撫慰的母親分裂掉，並用物件（粉紅大象和針織衫）取代她，因此形成了戀物癖（fetish）而不是過渡客體（transitional object）的特徵。

自性表徵

隨著對嬰兒期知識的增加，我們發現儘管嬰兒自身適應了一個很不同的環境，在他的適應期間所產生的諸多特徵，很多都與成年人相關。這樣的話，我們便推翻偏向認為嬰兒某程度上完全有別於成人的這個想法了：儘管表達形式不同，特別是其複雜性，他一生都是同一個自性。

我們也許會驚訝嬰兒在適應機制中所能做到的或似乎能理解的一切。他起初在意識上不知道發生什麼事，但後來當自性產生出自我時，他便能掌握這些知識。

兒童自性的有意識體驗得到了極大的關注。這取決於他的象徵能力，從而轉化他的體驗。他發展這種能力的本領是毋庸置疑的，而這可以從幼兒的遊戲和想像力反映出來。我曾在以前的出版物中發表了這樣的例子，尤其是對一名兩歲的小女孩的研究。但是象徵化可能比這更早就開始發展了。克萊恩明確表示，她相信這樣的過程會在三到四個月大時開始，並在七個月左右於「憂鬱位置」中達到高峰。有趣的是她還指出，象徵是嬰兒精神生活的根源。

理論上，如果出生時原型形態就確實存在的話，一切困難都會迎刃而解：它們將調節嬰兒的行為，並被認為具有心智表徵（mental representation）的潛在可能。最重要的是，克萊恩豐富的經驗和透徹的思想讓我們可以放心地相信這一主張。然後我們就可以假設，在發展的某個階段，表徵形式會引起自性的意識：做為一 62
個嬰兒的自性的現實是他希望成為的和可能成為的自性，是渴望形成的自性和理想的自我形象。他會產生罪疚感和羞恥感，這與他本來應該成為而沒有成為的自己有關。所有這些都有助於建立認同感（sense of identity）。

要建立這種心態有兩個首要條件，他必須具有時間意識，並且必須能夠把自己與他人區分出來。這意味著他必須根據身體形象（body image）的發展，形成他自己的界限感（sense of boundaries）。

我們尚無法得知這種種如何執行，但我們已知的是，自我展現了部分的自性。這想法是從榮格的《神祕合體》中開始提出的，而我亦曾在本書第二章中提過（見 90-91 頁）。

由於自我展現了部分的自性，因此，它的其餘部分必定是無意識的。這是一項涉及建立自性防禦的重大成就。比昂有一個獨到的見解，即一幕幕 α 元素所組成的「接觸屏障」會劃分嬰兒的心智。

按我從受心理困擾的兒童而得的證據，他們揭示的誇大遠超越了正常現象之處，但是，只要確定了病理因素，他們揭示的內容可能有助於理解他人。例如，在我《自性與自閉》一書中，我詳細介紹了一個孤僻型（schizoid）兒童如何發展意象，那些意象不禁使我想像，如果他生活在不同的年代，他可能會成為一名煉金術士，緣於當他在躁狂狀態下產生的意象是何其複雜。類似的材料在健康的小孩的遊戲和幻想方面都會出現——它們的構成大部分來自遊戲，而他們能夠把「假扮」遊戲與日常生活清楚地區分。然而我的兒童患者卻辦不到那種區分。

因此，我們可以看到根植於童年的神奇煉金術和神祕主義的資料。稍後，我們將提供可比較的材料去探討這些主題。

總結

在這一章中，我把自性理論應用到人生階段的最早期——嬰兒期。最後，我將列出各種研究人員在不同領域中使用它的方式做為總結：

（1）榮格制定了一個表達夢的結構和動態的公式。該公式與我假設的程序相對應，而我以一個孩子的夢境說明了這一點
63 （Fordham, 1969）；

（2）許多兒童分析師都使用它，我將其應用於嬰兒期自閉症的研究；

（3）它解釋了兒童分析的有效性，因為這意味著嬰兒和兒童的心靈（psychic）生活與其父母是不同的；

（4）它延展到嬰兒與母親的研究；

（5）除了運用在兒童時期的研究外，也適用於其他領域：

(a) 我在第一章提過積極想像可以理解為是基於自性的去整合，從中會產生「客觀」的資訊，主體或自我能與其連結；

(b) 約翰・拉亞德（John Layard）、羅斯瑪麗・戈登（Rosemary Gordon），及雷納爾多・馬杜羅（Renaldo Maduro）將它運用在人類學；

(c) 它為心理治療提供了新的標準（*vide infra* pp. xxff）。整合是不足夠的，能確保患者可進入去整合並完成整合過程才是理想的；

(d) 這些概念成為肯尼斯・藍伯特（Kenneth Lambert）《分析、修復及個體化》（*Analysis, Repair and Individuation*）一書中的中心主題。

從這一切可以看出，1947 年首次提出的自性概念就像史坦（Stein）的說法所言「做對了工作」，它讓此一概念不再那麼抽象，而且針對心靈功能有更具體的描述，並為其賦予意義。我們還能在心智功能的各個層次和各個年齡層中找到它的價值。

積極想像的可能根源[1]

1 本文最初刊登於 1977 年《分析心理學期刊》第二十二卷第 4 期，並增補了一段後記。

64 引言

圍繞積極想像這個主題的文獻資料愈來愈多，而且以闡述性質居大宗。但是，截至 1958 年為止，對這些內容進行更深入了解的進展卻不多。多羅西・戴維森（Dorothy Davidson）（1966）在她〈移情做為一種積極想像〉一文中，提供了早期的貢獻。另一位學者普拉特（Plaut 1966）亦就信任與想像之間的關係發表了引人入勝的文章。

在〈積極想像及想像活動〉（Fordham, 1956）中，我提出了兒童的幻想活動與成年人的積極想像的分別。我提出了一個並非完全令人滿意的方法來擺脫所謂的異常現象，即從兒童所得內容與成人所得資料兩者相似到令人起疑。後來，我用另一個方法處理這些內容。在〈積極想像：去整合或崩解〉（“Active imagination: deintegration or disintegration”）（Fordham, 1967a）中，我重新檢視文獻，質疑當中某些篇章的效度，並試圖進一步探討現存的心理病理學。從中我發現，如果不恰當地開始積極想像，就有可能導致精神病（psychosis）。而我現在亦明白，它會被當作一道屏障，嬰兒的情感急切需要關注的訊息被掩蓋掉了，結果這導致在人格根源分裂時所得的意象並沒有很多是屬於**去整合**活動的。

一個有關積極想像由來的深入研究只針對這一方面探討，但這研究結果卻反映出，若沒有把發展過程相關內容融入觀察及研究資料，其效果都是不理想的。積極想像的內容可視為原型形態，並與
65 神話意象掛勾，但它在人一生中是怎樣體現出來的，卻依然含糊難解。直到溫尼考特（1971）發展了與文化經驗有關的過渡客體和過

渡性現象（transitional phenomena）理論後，問題才得以解決。

過渡客體和過渡性現象

首先，我們必須弄清楚過渡客體和過渡性現象的分別。在此，我能做到的最佳說明，就是簡略描述包含這兩個理論的兩組資料的來龍去脈。

在嬰兒漸漸成熟時，他的感知（perception）會與實物做連結，並合宜地做出反應。然而，除了這個切實的適應之外，他亦會發展那些能滿足自己全能感（omnipotence）的經驗，從而減低對母親的依賴感。在這個狀態下，自性客體不能與現實區分，而母親需要好好地適應她孩子的全能感，從而讓他有足夠及良好的全能感體驗。當透過重複的、可接受程度的挫折，加上對現實的感知成長時，嬰兒對他的全能感會逐漸幻滅，過渡客體就可能出現，以涵容仍需要表徵（representation）的全能感狀態。它通常會是實物，例如一小塊毛絮或破布，而這些物件是嬰兒緊緊依附著的。經過某些時間（過渡客體可能會持續好幾年），它就會消失，其位置被某些散落在心理意象之中的特徵所取代。整體現象（而非特定物體）的出現，我們稱其為過渡性現象：遊戲擴張，故事與創作幻想出現，以及夢境具有過渡特質等。除了遊戲，這種種實質上都是在意象中表達的心智狀態，而非靠實物。這就是溫尼考特所定的次序：由占據迷戀的實物，到遊戲和意象。這些素材被觀察多年，卡恩（Kahn, 1967）也有提到。為了強調這一點，以及突顯溫尼考特的成就，我將描述一個多年前讓我留下深刻印象的過渡客體，然後我將談論威克斯（Wickes）在 1927 年描述的一個案例中的過渡性現象。

一個過渡客體的案例

有一個小女孩，她會隨時隨地帶著一隻玩偶，並以多種方式
66 使用它。玩偶開始發出異味，媽媽對此很反感。為此，她試圖遊說女兒放棄它，甚至提供富有吸引力的替代條件，但還是無法說服女兒。最終，媽媽在女兒睡覺時拿走它，把它扔到垃圾桶。可是，這也沒有解決事情，女兒還是尋回了它。一個關鍵的時刻來臨，也很慶幸地，媽媽為此感到好奇並問女兒：「妳為什麼總是帶著這隻又臭又舊的玩偶？」女兒回答說：「妳知道，媽咪，**妳**也許不喜歡它，但我就是喜歡它的氣味。」這個故事令我開始留意遊戲和玩具，所以在《童年的生活》（*The Life of Childhood*）（Fordham, 1944）中，我提出遊戲本身就是一種活動：一種原初身分的衍生物，由全能感所主導，與內在圖像和外在客體相關但不全然相同。因此，當溫尼考特提出他的理論時，我便可以即時套用理論，指出過渡客體及它衍生的種種現象。我在《做為個體的兒童》（Fordham, 1969）中正式納入他的想法，並且提出過渡客體可能是「自性表徵（self representation）的起始」。

一則過渡性現象的案例

威克斯（Wickes, 1927）觀察一名女孩瑪格麗特（Margaret），

她建立了一個假想伴侶安娜（Anna）。安娜出現在瑪格麗特生病時，並且曾在她生命的某個片刻擔當了重要角色。然而，退行因素（regressive factors）進入了幻想，威克斯非常巧妙地將她（安娜）從退行中分拆出來。威克斯指出，瑪格麗特被指派一些她無法做到的要求，但當她從任務中退卻時，她又會覺得自己做錯了決定。安娜這時會「出現」，然後透過這個另一個自性說出，事實是她不能接受其他家庭成員的要求。每當她「走上跟安娜一樣的路」時，分裂（division）會變少，直到最後她「如安娜般看透」。然後安娜這個角色不再被需要，過時了；延續她的生命現在成了退行，安娜因此被「殺掉並死去」（ibid., p. 192）。威克斯繼續道：「……並不表示安娜的死去就等於幻想生活的終結。它以其他不同的形式繼續……」她亦表示：「如果幻想生活終止，這會是一個很大的損失，因為它具有很多生動創意的元素……」（ibid., p. 193）

這段內容含有以下過渡性現象的特點：它僅在心理意象中上演；安娜屬於瑪格麗特，但她**不是**她；安娜與她的陳述相關，而且該陳述是最終決定，意即其全能感（omnipotent），她以獨特的方式被遺棄。值得提到的一點是，威克斯很有意思地把這案例與創意想像（creative imagination）連結起來。

溫尼考特的文章 67

以下的描述與溫尼考特（1971）的十分接近。一名嬰兒吸吮他的手指，並利用手指觸摸自己的嘴唇、鼻和面頰，以強化口部的愉悅體驗。在他進行這些活動時，他可能會抓起一條毛毯或抹布參與其中。也有很多其他可能會加入的物件，例如一小撮的毛絮、繩子，後來還有填充動物玩偶，以及男孩特別常用的硬質玩具。任何一種這類型的物件都可能被兒童選上，成為獨享的至寶；舉例來說，當沒有這寶貝，他們會無法入睡。他會和這個物件形影不離，彷彿賴以維生。因此，我們可以稱其為第一次的非我占有（not-me possession）。它既不屬於由主觀物件／客體組成的內在世界，亦不屬於且有別於真實物件，例如嬰兒的母親屬於她自己，這個客體是嬰兒可以在現實情境中適應的。它不是在嬰兒的自我內體驗，也不像真正的客觀客體那樣屬於外在的，但它與兩者相關；確實，它能夠代表近乎嬰兒的任何部分或外在的母親客體，而所有歸因（attributions）都可以保留其全能感。因此這個物件能夠被愛、被討厭、被撕成碎片或重建，亦可以被弄髒、產生味道、弄濕或沾滿灰塵等。憑著多種含義，幻想的重要性變得毋庸置疑，並且需要被允許。根據溫尼考特的說法，過渡客體的實際情況取決於「母親根據嬰兒的需求而能夠做出相應調適的特殊能力，使嬰兒有錯覺以為自己創造的東西確實存在」（ibid., p. 14）。鑑於這種情況，過渡客體在其衍生物中也表現出相關特徵：對其含義的質疑被抗拒，它的起源或它在嬰兒生命中的地位亦沒有受到自我貶低的影響。因此，在分析中不應將其視為詮釋的主體：這將違反母嬰之間的約定，即與該客體有關的錯覺應被視為真實存在。相比之下，該客體的心理衍生物似乎可以充分運用在創意教育中，這取決於主觀自我與客體世界之間的發展是否良好。

當過渡客體達到它的目的，它會「隱退」，意即它沒有被潛抑（repressed）但會漸漸消失，並由其他心理特質取代：遊戲就是其中一項，特別是創意遊戲。其他取代物則包括原型的超自然幻想（archetypal numinous fantasies）和幻想友伴（imaginary companions）。此外，亦包括一些具有鮮明特徵（不會被誤讀）的夢境。這些夢裡所持有的特質似乎促使它們被視為一種整體經驗，
而不是被迫要求聯想或是提供詮釋。這些夢境含有讓人足以牢記多 68
年的「神祕的」超自然內容。因為榮格，我對此部分特別留意，他在他的自傳中把這類夢與過渡客體連結起來。

心理病理學

過渡客體及過渡性現象是有一套心理病理學的。在兒童時期，這表現在兒童精神病方面。其中一個例子可以在《自性與自閉》（Fordham, 1976）中的「艾倫」（Alan）看到：必須盡可能允許其強制性的象徵性扮演行為，尤其是當他躁狂的時候。我簡單地形容這行為為「活在瘋狂的世界」。另一個類似的例子「薩米」（Sammy）由麥克杜加爾和勒博維奇（MacDougal and Lebovici, 1969）提出，在他早期的治療中，個案強迫分析師寫下他口述的故事，並拒絕她的任何介入，藉此他鍥而不捨地向他的分析師分享他對自己全能感的幻想。芬采（Fintzey, 1971）研究了一名過渡客體持續留存的邊緣型兒童。格林納格（Greenacre, 1960）研究了過渡客體與戀物之間的關係。

亦有一些關於過渡客體持續至成年生活的研究完成。例如，科波利洛（Coppolillo, 1967）記錄了一些長大後仍持續使用過渡客體的孤僻型患者案例，他們的智性和文化天賦未能發展。

反思

溫尼考特對過渡客體及其衍生物的清晰講解可能會讓我們覺得行為好像很容易就能分類。但事實並非如此，我們可以觀察到看似相似但不一定屬於過渡性的行為。例如，有一個物件對物主來說很重要，但其占有的特質並不一樣；它可以在小孩沒有反對的情況下拿走及歸還。此外，一些在孩子後期生命中具有典型特徵的物件，在他生命的頭幾個月中可能都沒有明顯的跡象。因此還有很多過渡性現象的特性需要更進一步的觀察和研究，但能肯定的是，我們在發現現實的過程中，始終需要創造性的幻想。

另外需要一提的是，儘管這裡不會繼續討論其後果，但是過渡客體是屬於心智發展中的冷酷無情階段（period of ruthlessness）。意思是說，在這期間它沒有跡象表明孩子與母親分離或物件被丟棄時會感到的悲傷或哀悼。因此，它與緣於修通憂鬱位置的分離過程
69 是不一樣的。如果是這樣的話，這一事實就導致「過渡客體應歸類為病理現象」這個想法。格林納格（1960）在她區分過渡客體與戀物時討論了她的論點，而她在此方面的區分比溫尼考特更為清晰。

榮格的兒時經歷

雖然基礎薄弱，但文化經驗的內容在溫尼考特（1971, p. 14）的主張中仍占有很大篇幅。他主張過渡性現象最終引致「與藝術和宗教相關的密集體驗、富有想像力的生活，以及創造性的科學研究工作」。雖然他沒有清楚交代這個總結的來龍去脈，但我相信分析

心理學家可以提供有利於這方面的證據。為此，我將探討榮格的童年，以及其與他明顯的積極想像的早期經歷的關係。

很多榮格記載關於他童年的內容都是來自過渡客體及現象的年代，但特別經典是有關地下陽具像的夢、人型模型，以及主要集中在他對耶穌和耶穌會會士的恐懼的情節。以下讓我們重溫一下榮格是如何解讀那個夢和人型模型的。由於夢出現先於人型模型，所以我亦會依序說明。

那個夢

這是關於榮格對耶穌的懷疑，對耶穌會會士的恐懼，以及對死亡的反思。夢中，他在一塊草原上（Jung, 1963, pp. 25ff）：

> 忽然，我發現地上有一個石砌的長方形黑洞……我好奇地跑到跟前探頭張望洞內。我看到一條往下走的石階。我戰戰兢兢地往下走。到底之後有一道拱形的門，由一幅綠色的窗簾擋著……〔他把窗簾掀開〕在我眼前的是一間微光中的長型房間……在房間的中段往後有一塊紅地毯，從房間正中心向下延伸到一個金色的寶座……一個童話故事中真正的王座，有個東西豎立在王座上，我起初以為是一根樹幹……這東西很巨大，都快頂到天花板了……它是由皮膚和肉組成的，然後頂部好像有個圓形的頭，但沒有臉或頭髮。在頭的最頂部有一隻眼睛目不轉睛地凝視著上方。
>
> 在那個頭的上方是……光。那個傢伙沒有動，但我

> 卻感到它隨時會像蚯蚓般，從王座下來爬向我。我害怕得動彈不得。就在那個時候，我聽到了媽媽的聲音。她喊：「你看看它，它是一隻吃人獸！」這句話把我嚇得更厲害了，然後我在驚恐中醒來，嚇得半死。隨後的好幾個晚上，我都無法入睡，因為我很害怕我會再做這樣的夢。

70 他沒有把這個夢告訴任何人，他以一個整體處理它，並把它珍而重之地記在腦海裡。

我刻意簡略地描述這個夢，使之更像一個小孩能描述的感覺。因為若然如榮格所寫，由於他後來幾年增添了很多東西，因此令內容變得好像榮格三歲時便認識公制一樣。

很多年後，他更在當中灌輸了有關彌撒（Mass）、物件的「猥褻」（ithyphallic）本質，以及地球的奧祕等。此外，當中也有一些關於個人的記憶，但令人驚訝的是，一點有關他的性興奮的內容都沒有。在總結時他說（ibid., p. 28）：「到底是誰在跟我說話呢？是誰在討論遠超過我知識範圍的問題呢？是誰把天堂與地獄（Above and Below）連在一起？又是誰埋下令我對自己後半生所有事情的強烈激情的種子？」他亦補充說：「我的知識人生在當時有了無意識的啟動。」然後，他認定，也許更好的說法是堅信，那個夢埋藏了他信仰的、神奇的、科學的生命的根源，正如溫尼考特所言的過渡性現象。

人形模型

榮格十歲時，在與自己不和的時期，他雕刻了一個人形模型。

當他七至九歲時，他經常遊戲。「我特別鍾情於玩磚頭，我會用磚起塔樓，然後興高采烈地用『地震 』毀掉它們。」（留意這裡沒有補償）那段期間，榮格家裡的氣氛有點紛亂，此外，他還發現上學讓他擁有玩伴，但玩伴讓他疏遠了自己，他們「某程度上誤導或迫使我成為不是我自認為的模樣」（ibid., p. 32）。他造了一團特別的神聖火焰，在他的遊戲中，任誰都不能照料那團火。然後有一塊石頭，是他獨處時會坐上的。在他與它對話的時候，提出了以下問題：「到底是我坐在石頭上，還是我是被**他**坐著的石頭呢？」這些事件都體現出他與自己的不和，「導致我當時無法理解我的某些行為。」（ibid., p. 33）

「在〔我〕的量尺的末端，我刻了一個小小的人形模型，大概兩吋長，他有長禮服外套、高頂禮帽，和閃亮的黑色靴子。我把它塗成黑色，從尺子鋸了出來，把它放到〔我的〕筆盒裡，裡面有一張小床是特地做給他的。我甚至用一些羊毛做了一件外套給他。在筆盒裡，我還放了一塊來自萊茵河的石頭，是光滑的黑色橢圓形石頭，我用水彩把它上了顏色，讓它看起來好像分成上下兩半，然後我把這塊石頭放在我褲子的口袋裡，長期隨身攜帶。這是**他**的石頭。這些都是大祕密。」

榮格把他心愛的物件放在筆盒裡，然後把它帶往不許自己入內
的閣樓。然後他說：「我感到安穩，那些與自己矛盾的折磨感消失 71
了。」（ibid., p. 34）當內在或外在來源讓他感到受壓時，他就會

想起這個人形模型，然後探望他。每次他到閣樓，他會存放一張以祕密語言寫下的紙卷。這些紙卷成為人形模型的館藏。

榮格總結：

> 「這祕密對塑造我的性格有著深遠的影響；我認為它是我少年時代的必要元素。同樣地，我沒有對任何人（包括耶穌會會士）說過我看到陽具像的夢，因為它們都屬於那個我不應談論的神祕領域。」（ibid., pp. 34-35）

在榮格的晚年，他豐富了祕密意象的象徵意義，並在《無意識的心理學》（1912）、煉金術原始資料，尤其是在〈兒童原型心理學〉（1950c）中，解讀了他自性的祕密面。

我想要深入了解他如何汲取這經驗。它們都需要躲藏著——他並沒有告訴任何人，那麼他是如何辦到的呢？他從書中尋找那些能夠理解他的幻想、並相信它們是事實的人——尤其是他曾經與其分享很多的，或是透過他們跟別人分享的煉金術士們。這就好像是在找一名認同他的經歷是真實的母親一樣。

榮格反覆地對自己兒時的行為和豐富的象徵性生命感到驚訝。去觀察他如何貶低他當時的創造及創意能力是很奇妙的，即使他可能把該夢發生的日期寫早了；那個夢不大可能在三歲時發生，而六歲的可能性比較大。他是這樣看待自己的：他覺得當時他做為一個小孩，不能也不可能有這般手藝製造它，於是斷定這一切是集體無意識所致。然而，孤僻型兒童正正有著他所展示的這種能力，他們有時會以巨大而恐怖的表達創造出象徵性的意象。此外，這也是榮格自身能體會的能力，這點可從他在《無意識的心理學》中對「無定向思考」（undirected thinking）的定義證明。那麼為何他要貶低他自己這方面的能力呢？我理解過渡性現象做為禁制探索（prohibiting enquiry）和是文化生活的根源後，我認為他的態度或許可以理解為保護。[2]

榮格積極想像的起源 72

現在讓我們談談榮格自己的積極想像經驗吧，他是到底如何一方面處理離開佛洛伊德之後的孤獨感和孤立感，另一方面解決對文化的迷戀問題呢？在《榮格自傳：回憶．夢．反思》（1963）中，在有關童年的章節裡，我們得知很多有趣的內容。然而，要到第六章的〈與無意識的對抗〉（"Confrontation with the unconscious"），榮格表示他如何感到遊戲的迫切需要，這時我們才能真正提出這個議題。當夢或對很多童年時期回憶的回顧都不奏效時，雖然內心感到緊張，但他卻發現過去一段疊積木的記憶與大量的情感有關聯。

---

2 在一次私人交流中，約瑟夫．惠爾萊特（Joseph Wheelwright）寫道：「榮格對他自己童年的驅逐始於他對榮格世界（Jungian world）中的童年幾乎完全損滅或否認。這是由哈丁等人 (Harding et al) 展開的，由於無法解決的移情問題，他們盲目地跟隨大師，完全無視嬰兒期和童年，甚至否認兒童擁有自己的心理學。這全起始於榮格實際上這麼說：『做為一個孩子已經夠糟糕的了，更不用說使它永久化並成為生命中不可或缺的一部分。』」

榮格思想中的這個趨勢仍然產生了很大的影響，但其後亦看到有所變化，詳細內容可參考他的〈兒童原型心理學〉（1950c）。

更具表現力的是班納特（E.A. Bennet）對榮格談論有關精神分析有關的報告：「他們的觀點是當這〔嬰兒期性特質〕（infantile sexuality）被識別時，你必須摒棄、遺忘或**治癒**它。但其實你並不能把它毫不留情地扔掉，因為孩子氣的東西是很寶貴的——那個依賴感、興趣、期待的態度。這是**永恆少年**（*puer aeternus*），而且你需要它，特別當你年老時，這讓我們**保持健康**。所以，想要摒棄它的想法是一個嚴重的錯誤，再者，你是**沒有辦法**摒棄它的。」（Bennet, 1982, p. 84）

我們注意到，在他較早前的描述中，這些積木建築被地震破壞了，而這點在較後期的紀錄裡被刪除掉了。這個時候記憶已不一樣，而且在某種程度上有所發展：「我特別記得我是如何建造小房子和城堡，並用瓶子建造大門和拱頂的側面。稍後我更用了普通的石頭和泥土建了窣堵波」（ibid., p. 168）。接下來，他想到要與他這部分的記憶建立聯繫，可是他別無選擇，只能回到這段回憶，再來一次他的「稚氣的遊戲」。「這個時候，」他寫道，「是我命運的轉捩點。」 跨過阻力後，他開始收集石頭，建造小房子、堡壘和一整個村莊。當製作教堂時，他建了一座六角形的建築物，上面有一個六角鼓，還有一個圓頂。他正苦惱著如何弄個祭壇，但當他走過湖邊的時候，他突然看到一塊紅色石頭，是個大約 1.5 吋高（約 3.8 公分）的四角錐形，它是一塊石頭的一小部分，經水的沖刷而變成這個形狀。「我一看到它就知道它是那個祭壇！我把它放在圓頂下面的正中間，然後，**當我這樣做時，我想起了我兒時做的那個關於地下陽具像的夢**。這個連結讓我感到滿足。〔粗體字部分為本書作者強調〕」他繼續道：「在這個活動的過程中，我的思維變清晰了，而我也能夠領悟我那些依稀感覺到的幻想片段。」（ibid., p. 169）這是榮格記錄幻想的開端，他把這些關於物體／客體世界和內在世界之間領域的內容，寫在《黑書》（Black Book）之中。

兒童時期沒被解決的矛盾埋藏著榮格的真我（第二號個性），榮格的積極想像就是從這裡開始的。他的兒時經歷似乎與他飽受困擾的家庭生活，以及他剛開始上學時發現其他小孩會讓他與他自
73 已疏遠有關。遊戲與想像的過渡特質有所暗示但不明確；然而，這個隱匿談及與他人的分離。相反地，榮格的積極想像很明確與

分離有關：它始於他與佛洛伊德的決裂。他在他母親去世的兩個月後開始建起了波林根塔（Bollingen house），然後在他妻子過世之後，把頂層放到中間的塔樓上，因為「我感到我有義務成為本來的自己」。這之後他就造了更多的雕塑，同時還寫了〈答約伯〉（"Answer to Job", 1952b）和〈論共時性〉（"On synchronicity", 1951c）。

榮格的童年的確很複雜，他使用過渡客體時的特徵也是非典型的。此外，他的夢境具有恐懼特質；他對耶穌會會士的譫妄幻想跟人形模型一樣，全都祕而不宣，都沒依照常理要求驗證。但儘管有這些差異，他的積極想像和過渡性現象之間的關係還是很清晰的。

術語說明

進一步全面探討積極想像前，我想回顧一下相關的詞彙。在考量有關集體無意識的自我時，榮格所指的自我是一個主體（subject）；它是一個呼應溫尼考特的「主體自我」（subject ego）的概念。兩者皆包含了所有做為「我」所感受的經驗以至我的內心世界，亦即所有自己的身與心的感受。與這個概念的相反是真實的客體（real object）：母親，或者是現實的她或現實的本體。最後，也有過渡客體和它們的現象，與榮格的客體心靈相呼應。

積極想像的特徵與處理

如果積極想像的特徵得以如文獻所示般研究，並按照建議的處理方式一起探究，就會發現它們與過渡現象的特徵緊密呼應：

（1）透過有意地集中於主體自我放棄操控後產生的圖像，令外在客體實質地被排除；

（2）要讓其得以進行，自我先需要被感受成主體，並和圖像區分，以使有關幻想的圖像的客觀性能以素描、繪畫、雕刻或寫作來增強。所有著眼於主體的作者都強調圖像的客觀品
74 質。它經常被歸類到內心世界之中，縱然它是個抽象內容而非體驗的質素。圖像有時候會找上體驗的內在質素並扯上關係，但它並不等於那個只能以我（主體自我）退讓之後，與客觀意象做連結以及經由一系列的動力過程才能產生畫面的內心世界；

（3）主體自我私人但主動的介入客觀流淌的圖像是必須的，就像小孩透過與一個非我物體（not-me object）來互動，從而與他的過渡客體有活躍的關係一樣（見 128-129 頁）；

（4）這些成品、圖畫、寫作、雕塑等，都被其作者珍視；它們被公認是屬於作者本人的，而且是不可被取走的。換言之，這是他的所有物。如果它們被拿走（有時會發生），它們一定要被歸還，因為他心繫於斯。我有位患者在二十多年前看過別的分析師，她相當戲劇性地向我闡明這個論點的關聯性。這名分析師拿走了她的畫作，沒有歸還。然後，她在一次與我的分析時，察覺了她對這位現在已經離世的分析師的憤怒。她寫了數封憤慨且語帶恐嚇的信給那位分析師的女兒，要求把畫歸還。那位患者相信它們是被偷走了，而非給毀滅

了；

（5）當客體的圖像與主體自我分離，並與其互動時，有些程序是分析師必須留意的，因為這與同意幻覺在心理上是確實存在的想法相呼應。

(a) 這個過程十分重要，因為它包含了一個透過擴大（amplification）而逐漸進化的形態——該發展過程並非靠分析師，而是依靠圖像和操作的步驟——這令該形態得到明確的定義及具有效度。它以最佳的方式引導到自性的象徵。如果過渡客體如我所建議的是一種早期的自性表現形式，那麼這會特別有趣；

(b) 分析師，即材料的詮釋者，除非主觀或實物經驗領域污染了心靈上的主觀領域，令其過程受到干擾，否則不會做出指示。注意這些情況何時發生以及其困難，成為我的一個研究主題（Fordham, 1969）。但是，有時候就連關注必要的細節都遭受反對，致使任何類型的分析都被視作具有破壞性，因為他們認為合成過程是活躍的（e.g. particularly Weaver, 1964）。雖然合成與分析之間其實沒有明顯的區別，但此一主題的作者們都強調這點；

(c) 為了回應其他資料，分析師可以提供對應的神話素材來擴充圖像，以促進文化進程；

(d) 這個行動的結果可能是原創概念出現；因此，哈柏克 75
（Hubback）證明榮格能把《向死者七次佈道》（*VII Sermones ad mortous*）的內容轉化成為理論性的主張（Hubback, 1966）。

技術說明

本部分探討有關積極想像的處理。與過渡性素材一樣，應避免過分解讀，並且需要驗證。雖然這點無法證實，但若非沃爾夫（Antonia Wolff）發現母性功能（maternal function），恐怕也沒有其他人能為榮格做到這點。但不管她有沒有這樣做，榮格的確在尋找煉金術和研究煉金術士的幻想方面走了一段很長的路：藉由在分析中運用這些知識並發表他的研究，他可以實現所需的驗證。

榮格與他的患者一起往這個方向走，為他們提供了好像母親說故事技巧的情境。他可能是在當圖像變得高度自發的時候這樣做，從而建立一個讓患者感覺更安全的框架。

乍看之下，它好像與「過渡性現象是積極想像的根源」這概念一致，而榮格認為這和夢的研究可減少所需的面談次數；他亦堅持認為長假期是可能的，甚至是可取的。然而，這種做法與發生退行至嬰兒期時的做法有所不同，因此需要有「治療師—母親」（therapist-mother）的在場才能使那些客體或幻想等受到「她」的接納並視為真實。所以說，有用的不是治療師的缺席，而是他有所節制的現身。因此，我們可能會懷疑榮格的做法是否可以普及。

治療師使用對比（parallels）的做法也存在著一些問題：他對自身專業領域的掌握，以及應用其知識在患者素材上的能力，會造成患者將他理想化，藉由阻礙和掩蓋負向移情（Fordham, 1967a），導致以不理想的方式終止治療師與患者之間的關係。許多已發表的圖像都顯示了這種理想化，並且其文字描述往往使幻想變得僵化和神祕化。它們往往趨向以曼陀羅結構做為結尾，但其效果似乎也不令人滿意，因為這些圖像具有僵固的防禦性內容。重要的一點是，在不損害其相對價值的情況下，它們通常會在混亂的時期出現。當威脅變得較少時，防禦就得以放鬆。為促成此結果，我們需要有治療師在場扶持。

患者很少出現如文獻記載的積極想像形態。並非所有難以意 76
識到真正自性的人都像榮格一樣具有這樣濃厚的文化興趣，也沒有他那樣的想像能力。然而，過渡客體的後嗣（heir）可能會在許多患者中表現出來；儘管他們欠缺積極想像，但也有其內在需求，而這類患者會較常參與日常的心理治療實務。當創造性想像以外的過渡性材料變得明顯時，隨之而來的是資料詮釋、以及何時不使用這些資料的問題，這是更廣泛的議題。常常需要考慮的是什麼時候向退行的患者詮釋，詮釋的幅度深淺，但卻難有一個滿意的答案。肯定的是，治療師所採用的介入及詮釋其手法和程度都存在很大差異。這部分是治療師所屬學派的問題，部分是個人風格的問題，因此無法置評。但是，有一種觀點是明確且經常提到的：當患者對詮釋產生了殘暴的阻抗時，則表示該詮釋需要停止。然而，更多的理解是，此種迫害性質是患者用以排除壞客體的方法，從而保護他自己的好客體。如此一來，這類帶逼迫意味的詮釋就被認為有實際作用，並導引出對治療師與患者關係的新認識（Fordham, 1974b）。因此，單以具逼迫性為由而改變策略似乎不合理。

過渡客體和過渡性現象的理論有不同的取向。若某些退行的患者引用一些性質複雜的近似神話類的素材，另一些退行的患者呈現出較不複雜而且欠缺組織的資料，單是設計出詮釋方法便已耗費掉大量精力，在交流方面根本無以為繼。當聆聽這些患者時，很明顯會得知他們對自身的想法、感覺、幻想或夢的意義都不感興趣，他們可能會以混淆視聽的方式告知，彷彿在阻止對方理解。他們這樣做是為了維持他們不穩定但仍被需要的全能感，因為過渡性現象尚未以遊戲的形式建立。這類患者實際上並**不是**在遊戲；他們的行為只是一個開始這樣做的初步嘗試。然後重要的是，治療師只需掌控形勢，不要干擾他們。但也可能有一種詮釋方法是透過充當涵容者（container）來發揮掌控作用的，為此，似乎介入的種類和形式才是重要的——這是我在研究詮釋（Fordham, 1975）以及思考自性防禦（defences of the self）（Fordham, 1974b）後得出的結論。因此，與其說治療師是否進行詮釋，不如說他是否干擾（影響）著患者建
77 立遊戲—幻覺（play-illusion），那是患者在進一步區分現實和他的主體自我時需要經過的步驟。

上述情況最明顯的是當帶有妄想性移情的性質，讓分析師分裂成為一個妄想中的的真實人物和一個不真實的詮釋者時，此時就有必要在治療中加入不同程度的遊戲行為。

我想在結束之前留下註腳。治療師們可能會對分析師的死板感到焦慮。然而，重要的是，治療師詮釋要明確，如果患者不接受他說的話，也不要打退堂鼓。但話說回來，分析師要是變得太靈活，可能反而會弄巧成拙（通常我們使用死板一詞時，都會提到靈活做為反差）。也有可能是，該焦慮直覺上是指遊戲指引出的領域，而非分析工作本身。

小結

積極想像的研究引發了文獻論述的熱潮，但其性質尚未得到充分闡明，特別是它在兒童時期的起源仍是模糊的。最近關於過渡客體和過渡性現象的研究提供了填補這知識缺口的工具。

我們定義了過渡客體和過渡性現象，並把它們的形跡與積極想像連結起來，其中我們利用榮格自身如何開始對抗無意識的紀錄做為例子。結果顯示，過渡性材料是積極想像的根源，因此與分離有關，尤其是與母親的分離有關。

然後，我們也詳細說明了積極想像，以及當前應如何處理的想法，同時延伸到探討患者退行到嬰兒期，並開始顯示早期類似遊戲性質的過渡行為。最後就是，患者對抱持的需求甚於治療師的積極介入，治療師更要避免干擾。

後記

由於我起初把積極想像與過渡性現象相關聯，我得出了一些修改的結論。

在過渡客體和過渡性現象的文獻有兩個趨勢。其一指出，所有健康的嬰兒的成長都應該呈現出這樣的現象；因此得出的結論是，如果他們不這樣發展，那就是心理病理的跡象。另一趨勢是，過渡性材料本身就被認為是病理跡象。

關於這些素材能有多準確地對應其意義也存在著爭論，因此難 78
以一概而論。以我的經驗，過渡性問題並不常見，但是一旦發現，它普遍都是很有特色的。

　　但採取哪種觀點與本文的論點無關。

第二部

自我與自性

自性做為具想像力的建構[1]

1 最初刊登於 1979 年《分析心理學期刊》第二十四卷第 1 期。

81 正如我們所見，榮格蒐集、彙整了大量有關自性的超自然圖像，最初在神話或傳說中觀察到，接著在他自身的積極想像，他也發現他的患者創造出它們。並行的研究使他總結出，上帝的整體表徵了自性，並且可以在諸如墨丘利（Mercurius）、哲學樹（philosophical tree）和哲人石（philosophical stone）之類的煉金術象徵上研究同樣的資料。而他在神話方面的其他研究使他得出了兒童意象特別發人深省的結論。此外，他還研究了東方的神祕主義，自性體現在神話和哲學的語境中。當他著書時，該概念在心理學方面並沒有長足的進展；榮格只能找到幾位作者的參考來源，例如威廉・詹姆斯。時移勢易，要是今天的話，他的境況一定有天壤之別。榮格的作品是一項廣泛的研究，揭示了所有不同象徵形式的共同特徵：它們提及某種形式的完整性（wholeness），尤其是人類與宇宙的完整性。

除了跨文化的研究之外，榮格亦建立了歷史相關的論點：藍伯特（Lambert, 1977）把這個領域的文獻資料集中起來，並根據榮格的命題進行詳細闡述，因此我僅需在此考量幾個概念。榮格認為西方的人類曾經（且仍然）在發展自性的意識。例如，他認為這點呈現在人們對神的形象的演變中。他發現「聖母升天」學說特別具有指標意義，因為它似乎使三位一體（trinity）的形象變成了四分一體（quaternity）。科學對意識的發展有著深邃的影響，這不僅因為它為人類提供了更多可控制環境的知識和可能性，亦因為它使心理狀態（states of mind）在神話和教條（dogma）中的投射不再有效。

82 此外，科技則是另一個重要推手，這使得人們愈來愈熱衷於掌控自己的生殖能力、掠食性衝動、貪婪和顯然無法駕馭的破壞力。剛起步的心理學似乎是人類發現來幫助人們發展自我的新工具。藉由這些經過琢磨的技術，我們能獲得更多在精神、本能和個人天性與社會有關的知識。

許多論文和書籍都闡述了榮格那目光遠大的構想，其中以〈答約伯〉最為生動和戲劇性。在這些著作中，我們能夠深刻了解，人們可以透過他們與原型意像的互動而令其更為強大，從而導致個人和社會的個體化。榮格藉由表明它源自無意識的原型形式來解釋他的觀點，從而定義了一個研究領域，而沒有斷言任何結論。

榮格立論的批判性評斷

人們對於榮格的立論有著各種各樣的評斷：某些人視它為一種啟發，促使他們致力於發現一切與人類有關的工作。而對另一些人來說，因為當中想像性的和非理性的特質會煽動宗教幻想，損害現實思想，所以應將他的論點推翻。

榮格從來都沒有摒棄理性思考，而且他聲稱他的概念是根據臨床經驗及從患者的親身經歷而來的；它們經得起驗證，是科學的。然而，他的立論備受攻擊，人們指摘他不但為自己製造錯覺，更把它移到他的患者和追隨者身上，從而發起宗教崇拜。因此，如果經驗材料的效度也不可信，那麼他開發的整個理論結構就會崩潰。榮格意識到這個可能性，於是以一個消極但又不失謹慎的方法，努力不懈地驗證他的材料。他擱置了發表他有關曼陀羅的研究長達二十年，以避免他所掌握的這些資訊會讓患者誤以為人們期望他們要這樣做。他甚至把他其中一名患者轉介給一名經驗不足且非定居於瑞士的分析師，使他能夠推測患者會做什麼樣的夢（該患者確實夢到如榮格所推測的夢境），而推翻受他影響的說法。這名患者就是在《心理學與煉金術》中夢系列所提到的研究對象，同時引用在本書第一章中。

做為科學程序，兩者其實都是膚淺的：首先，我們知道患者產
83 生的素材不會因為他去找別的分析師就會不一樣，換個方式說，即使他不去看任何分析師，他其實都會產生同樣的內容。其次，這表明他高估了移情的影響，並擔心他可能會無意間濫用了它。

毫無疑問，榮格的影響力很大，而這也拜背景設置所致，在此我想以個人觀感說明。在一個湖泊環抱及可遠眺群山的美麗小鎮，兩者相輝映的情況下，成就了做夢與想像的最佳場所。事實上，以希臘的阿斯克勒庇俄斯（Aesculapius，古希臘神話中的醫神）精湛醫術引致的狂熱崇拜，來媲美榮格在蘇黎世時所催生的天才般的精神狀態，這樣的例子也屢見不鮮。此外，就是榮格教導他的學生—患者的那些充滿著豐富的象徵意義、鼓舞人心的研討課程。最後，是在個人分析治療中對於擴大法（amplification）更為私密的運用。綜合種種，人們有理由懷疑榮格的方法更多地取決於灌輸，而不是科學方法的應用。

這些概念雖然都值得我們謹記，可是也不能高估這些對榮格方法的批評言論，尤其認為它們全都是來自推論。再者，榮格的方法的效果可以用不同的方式來詮釋：合併運用的影響是促進了夢和幻想的產生，而不是強加於那些落入其「魔咒」的人，而這種效果導致了「完整性的製造」的經驗。還需要記住的是，這種影響只針

對少數的人，尤其是那些因為所謂「我們當時的問題」而去蘇黎世的人。總是有一些人不會使用提供給他們的資源，很快就放棄了，但或許更有趣的是，有一些人堅持不懈，即使沒有創造出什麼驚天動地的夢或原型圖像，仍能朝著個體化方向發展。他們是除了普遍存在的資料以外的最好證明，表明了創造出聞名的夢與圖像是需要一些先決條件的。最後，這些素材可能總是與患者這個人，還有他的個人和文化背景有關，而這不一定像榮格或他的一個學生（貝恩斯在《靈魂的神話學》〔*The Mythology of the Soul*, 1955〕描述的第一個案例）所指的那樣，這說明了患者的文化背景可以變得多麼重要。

但是榮格的方法和影響可能會導致錯誤的結果。就我截至目前所記得的，榮格學派的學者曾提出這樣的問題：我們如何確定該體驗是真實的還是虛幻的？即使在某種意義上是負面的，但起碼今天我們有一個標準可以使用。有一類患者性格之上有很強的虛假自我組織，對他們來說，經歷會變得不真實。他們藉著妄想移情產生了他們認為是他們所需要的東西，而這種移情特別難修通，因為即使榮格日夜鑽研，他還是不知道該如何分析它。這些患者飽受煎熬，
要嘛從一位分析師轉到另一位分析師，要嘛最終陷入宗教崇拜。今 84
天，人們對假我（false self）有了更深的了解，因此我們可以滲透到其嬰兒期根源，比較能夠處理這種情況。因此，一旦確定屬於那個群體，榮格的教學與擴大法就可以依據它們的意圖執行，從而為患者提供所需要的象徵性功能。

象徵性思維的特質

象徵學是一門複雜的學科，我不會視為一個整體來考量，只會選擇象徵性的原型意象這個部分。它就是不遵循理性思維規則的那種。儘管原型意像被認為是思考模式的一種，但它的結構相對寬鬆，並且會按相似性過早下結論。憑藉忽略不相似和強調相似之處，意象可以整合各種不同的元素。當一個象徵性的意象能正面地發揮其功能時，它會變成合成的，彷彿成為一個收納不快情感的容器，而這是它的超越功能（transcendent function）（e.g. Fordham, 1957a）。它的活動可以促進文化和精神生活，並進入科學探索的領域，正如包立（Pauli, 1955）或許已在他的文章〈原型思想對克卜勒科學理論的影響〉（“The influence of archetypal ideas on the scientific theories of Kepler”）中提出的那樣。然而，它的效果並不總是那麼美好，而過程亦有可能導致混淆，產生煉金術中經常出現的神祕色彩。它會以什麼方式運行，很大程度上取決於人使用象徵性過程的能力。如果他能與其聯繫而不被吞沒，他就能夠吸收它，導引他的個人發展，並增強他可能擁有的任何科學、藝術或宗教天賦的效力。

神祕感

當象徵的體驗與自性密切相關時，通常都帶有一種神祕感，而這點始終備受重視。人們認為象徵代表的本質超越我們的理解，因此我們尋求的東西無法在象徵性表達中發現。正是這種想像力中的神祕元素為與其產生共鳴的人帶來信仰。

這個錯誤並不是榮格故意造成的。終其一生，榮格一直堅持著
分析心理學的科學性質，這意味著神祕只是對探索的一項挑戰，而
不是無法解決的結局。我將於本書第三部談到榮格的信仰，並討論
他與佛洛伊德的不同之處，從而反映榮格的這一觀點不亞於佛洛伊 85
德，他批評宗教可能造成幻覺，但表明他以更微妙的方式處理，以
便可以從宗教的幻覺中擷取出宗教的價值（需注意，這點佛洛伊德
並沒有否定）。現在先讓我們從另一個角度看神祕感這個議題。

神祕感（the sense of mystery）和畏怯（awe）也許不是超然的。當人們開始探索自己時，便可能把兩者都喚起。然後他會對自己的發現感到驚訝，並開始理解他原來可以感知、思考或感覺到更多東西。有些人對這種覺悟感到相對滿意，但也有一些人不以為然，並開始另闢蹊徑，令自己更加意識到自己。正因如此，他們可能會觸及到那股終究不可知和本質神祕的自性感。

這種情況就發生在榮格與佛洛伊德分開之後。他開始帶自己進入另一個世界，而那個世界可以說是打壓和迫使他要經常拚命地努力控制和支撐自己。富有想像力的他從兒童時期起，不論在夢境、遊戲、幻覺與妄想，都製造著象徵性意象。加上研究神話與世界各地的宗教的關係，當他進入自己的心靈時，他會看到一系列複雜而生動的圖像，這導致了一個定義為「於特定意象中得到自性實現」的結果，而他的這個圖像就是曼陀羅。

那些神祕感或畏怯感沒有令榮格卻步，反之他將兩者視為「認識」的挑戰。因此，他自始至終保留和應用科學性的方法去建構自性的概念說明，定義它為意識及無意識的整體。我已於第一章討論

過這些定義，以及他偏向稱自性為原型的因由。然而這兩個定義顯然是矛盾的，因為後者的定義是屬於無意識結構的類別之中。就目前的目的而言，我們還是先遵從第一個主張，並將自性定義為包括心靈（psychic）與軀體（somatic）方面的一整個人（whole person）。為此，我們必先跳出意識與無意識的類別，才能成為一個使神祕體驗說得通的概念，因為終究人的完整性（wholeness）是無法完全表達的，或許永遠不可能。我這麼說是因為儘管有資料表明心理（mental）與生理（physical）的形態可以利用一種共通語言來連繫，如史坦巧妙地在不太常提及的領域——免疫學中提出這一點（見第八章），但心靈與軀體通常被表現為不可調和的對立，以及從某種意義上最能表達無意識內容的象徵，因為它可引伸到它們結合在一起的狀態。榮格在《神祕合體》探討這些象徵，他發現煉金術士關注這個問題，並將其解決方案定義為「精神合一」（*unio mentalis*）與「一個世界」（*unus mundus*）之間的神祕結合。這種
86 觀點給我們留下了可利用想像力建構的空間，換言之，象徵材料即使不充足，它都可視為用來理解心理動力自性（psychodynamic self）本質的最佳可行方法。

然而，這點怎麼強調都不為過：象徵只能表達自性的一部分，而我們推斷，該部分或多或少與它的整體性有關。一個象徵性的表達永遠不能代表整個自性，因為為了形成圖像，自性必須分開以產生兩個局部系統，一個系統創建圖像（這被廣泛地稱為無意識），另一個系統記錄並與之互動（自我）。這是指與自性有關的圖像，但它們僅代表自性的一部分，當它們變得超自然，並引起畏怯的感覺時，我們估計，這就是它們最接近能代表整個自性的時候。

意象的建構

現在我將探討圖像到底是如何建構的。我已表明情感和理智過程都與此有關。從我在他處詳細說明過的兒童分析案例（Fordham, 1976）開始談起，我相信這樣能最有效地闡述那個想法。

案例

七歲的艾倫（Alan）很喜歡玩水。水代表嬰兒的尿液，由他自身感受就如製造洪流：這也代表雨，猶如上帝小便，因此嬰兒如上帝般優秀。雨－尿這概念是危險的，因為如果在危機中，它會引起尿失禁，而這狀況也在我面談的時候發生過一、兩次。上帝〔他以為〕讓洪水氾濫來淹沒人類，尤如嬰兒想像他們能把父母（特別是母親）淹沒一樣。但是，尿液也可以是佳品，就像牛奶般被喝掉；另一方面，它可以是邪惡的，充滿有毒的細菌，會導致死亡。所以，上帝可以是好的，也可以是壞的。

> 他利用水來營造世界上最大的海，「比泰晤士河或大西洋還要大。」然後，在海上有「風暴跟洪水」；相反，水也可以是柔軟的或可塑形的，所以變成了他摩挲和撫摸的母親。它是母親的母乳，它成為了嬰兒內在的海洋；嬰兒吸吮這個水樣的乳房，從而讓他擁有一個袖珍乳房（minick breast），其可能是無限數量的嬰兒並讓受損的父母復原。（Fordham, 1976, p. 206）

在這序列下，不同的物體都是相等的，亦即尿液＝雨＝奶
＝水，因為它們都具有相似性。此外，小孩的心思經常因為對立
87 面的並置而由一條思路跳到第二條，然後基於這個跳躍而得出結
論。這種思維模式因應它出現的情境而被冠上不同的稱號：全能感
（omnipotent）、無定向的（undirected）、類比的（analogic），和
神話般的（mythopoeic）。

正是從身體意象，藉由納入類似材料，發展出其他抽象和非人格形態。因此，艾倫的幻想材料已經蘊含一些別人告訴他及他所同化的想法：上帝、洪水、泰晤士河及大西洋這些都與每天生活中的圖像交織，如胸部、奶、尿、嬰兒等。

因此，艾倫的材料展示了一個複雜意象的呈現過程。它還具有煉金術士也記載的特質。在此，我收集了我的《自性與自閉》一書及榮格的一些著作資料（Fordham, 1976）。我的論點是，如果艾倫能活在適當的環境，他其實很可能成為煉金術士。事實上他成為科學家了。

探尋艾倫建立的「身體－神話」、它與兒童生活的關係，以及其嬰兒期根源的探究，已經遠遠超前，讓兒童分析師可以開始建構它是如何發展的樣貌。在這種情況下，我們可向精神分析師求助，尤其是其象徵等同先於象徵主義的克萊恩學派（Kleinians），而象徵主義強調思想的發展這個想法具有啟發性。另一方面，縱向研究也把嬰兒行為的模式一直追蹤到童年。透過這種方式，可以顯示出一個簡單的模式，從而發展成為豐富的象徵性遊戲（e.g. Hoxeter, 1977）。

另一個例子是溫尼考特提出的方法，他提出了過渡客體和過渡

性現象中某些形式的原型意象起源，這方面的內容我已在本書第四章討論過。

艾倫的象徵性思維能力是非常可觀的，而且它通常只會湧現在不安的兒童身上。但它會出現在很多不同類型的兒童身上，儘管其數量取決於眾多因素。在正常的兒童中，其數量是有限的，而在孤僻型的兒童中，它可以是豐富的，特別是當他們處於躁狂的狀態時。

那麼這些兒童本質的分別是什麼呢？我們可以從精神病學層面表達，但也可以利用自性表徵（self-representations）的理論去解釋。在孤僻型的兒童身上，自性表徵不穩固，甚至是支離破碎的，因此他會製造一些連結把他零散的自性連繫起來。具有健全自性表徵的正常兒童就毫不費勁，因為其自性並不零散。如是者，我們就能理解為何孤僻型的兒童需要如此大量使用象徵思考：他試圖透過強調相似性和平衡對立面，來將零散的自性湊在一起，從而防止某種災難的發生——或許是一種不存在感，但無法明確知道那到底是 88
什麼。

現在回到自性終究不可被描繪的觀點，我們也許可以從另一個方向去探討。一名健康的小孩顯露出自我，所以他表現出自信的樣子：他感到自己是個重要的人，別人會考慮他的願望和成就，並且他的憤怒會影響到周遭對他負責的人。基本上，他可以相信這些人，即使他們得做一些他不喜歡（或多少有些暴力地反對）的事情。他有愛的能力，不會傷腦筋去製造虛構的世界，裡面充滿有助於他聚合的象徵。簡而言之，從成人的角度來看，他假設了自己的存在並給出了相當現實的看法，但對他認為自己是什麼樣的人的描述有限。他覺得自己位居於時間與空間之間，具有生理、心理甚至精神上的一系列特徵。

平凡人的自性表徵

一個簡單的實證方法也可以同等地應用於成年人群之中，就是簡單地詢問普通人通常如何表達對自己的看法。他們的觀點可以被審查並歸類，以形成一個自我評估（self-assessment）清單。然後，就有不同類型的自己出現：生理的、道德的、倫理的、個人的、社交的等等。

乍看之下，這些與我們一直在討論的內容形成了鮮明的對比，他們都不像那些看似無法接近的神祕自性或象徵性的自性。但是，它們就真的這麼不一樣嗎？讓我們想想榮格學派分析師經常提到的自性定義吧。人格面具（persona）是什麼？這不是一個人在其社交環境中為人所認識的那個人（即社交自我 social self）嗎？還有智慧老人，他不是在自我評估清單中歸類為道德的、倫理的自性嗎？還有其他沒被納入清單中的自性，但它們可能是。那何不多加一個疑問——那個你不想讓其他人知道的那種人格又是什麼？那指的不就是陰影嗎？如果我們更有技巧地、低調地提出這個問題，可能連阿尼姆斯（animus）和阿尼瑪（anima）都給問出來了。這個人必須相當精明，才能問出一個男人自知的內在女性模樣，或是一個女人自知藏在內心的男性模樣，但這是可能的。根據分析心理學家的說法，在這種意義上還有許多其他的自性，通常不這樣稱呼它們，而是藉由稱呼它們為集體無意識的原型來表示。我認為要透過問卷調

查接觸到這些更是困難得多。它們比較模糊和定義不清，並且似乎 89
自相矛盾，因此混沌的意象似乎比其他任何意象更容易涵蓋它們。

我們已走了很長的一段路，從據說影響歷史進程的大原型形式，從神祕且無法定義的自性，到較為平實的層面，這跟由分析心理學家通常處理的複雜人格而產生的自性這樣的宏大概念相當不一致。但是從自性的部分形成「我自己」（myself）的感覺，對過著普通生活的一般人來說是必不可少的，因為他可以有建設性地利用感官輸入來與其他自性（或人）以及現實世界中的客體區分，從而形成可靠的圖像。

自性的各部分能以不同的方式凝聚在一起，然後會出現一種認同感或與宇宙的整體性和連續性。它可以用圖像來表示，也可以是普通人假設的無圖像狀態，或者是神祕主義者告知我們的狀態，以及後來他們賦予的名稱，例如與上帝的結合（union with God）、涅槃／極樂世界（nirvana）、終極真理（ultimate truth）、神我（purusha，古印度哲學概念，為瀰漫在宇宙中的自我）、靈魂（atman）或開悟的禪（zen states of enlightment）等。聲稱要達到這種絕對複雜的、毫無稚氣的狀態，當然需要一般社會生活無法提供的特殊條件。然而，較不那麼絕對的狀態和相對的整體狀態還是能夠實現，並藉著假期、性愛和愛情增強，此外，我們向來相信母親和嬰兒的關係可以很大程度地達到這個狀態。

自性的形態

我已假定了兩種形式的自性：完整自性及部分自性。它們是來自兩種自性功能——整合與去整合的結果。顯然，去整合後的自性可以變得充分和穩定，可以在自我評估清單中顯示出來。因此，儘管兩者之間存在波動，兩種形式的自性均趨於穩定，以嬰兒期較多，成年人較少。

這個模式是抽象的，它沒有偏頗某一類自性體驗；不論自性是整合的還是去整合的，它都有其區別文化的地位。我們的社會偏向於呈現去整合的狀態是因為，我們現時的文化要求人對各種情況下的自己進行操作性評估，並做出相應行動，如果大家都忙於整合，這種文化就沒什麼空間了。所以整體自我／自性的穩定性很難實現。也許那在任何文化中都很困難，但東方比較內斂的文化似乎更看重這點。不過，對具有神靈和宗教信仰的普通百姓而言似乎並沒有這個約束。

90 我現在想要把模型應用到嬰兒期，而這會引導到個體化這個議題。思考從兒童回溯到嬰兒期的觀察所得，並應用整合的思想，這意味著嬰兒從一種合一（unity）的狀態開始，屬自性的最初統一。這個概念讓人們能以一種史無前例的方式看到許多非常明顯的事實，因為在榮格學派的人眼中，嬰兒以往無論如何都被認為是母親的一部分。原初自性（primary self）的假設引導我們到一個頗為不一樣的方向：胎兒可被視為本來就與母親分離，新生嬰兒亦然。如是者，與母親的關係就隨著逐漸的成長與成熟取得了進展。它由涉及從他最初整合狀態分化的行為開始。

嬰兒的合一代表他的個體性（individuality），而引人入勝的一個思考點是，它能提供以下發展個體化的推動力：正因為一旦個體化發生後，最初始的整全（primary wholeness）就再也不能逆轉，它反而有股驅力欲重拾其不可能。然而，透過睡眠或幸福愉快的經歷能靠近它；其後它能以無所不能、充滿希望、理想的和整體的意象所代表。但是只有在這個情況下才能尋求其原始條件，因此，當自性表徵被發展為一種創造性的想像行為時，個體化便得以促進。做為精神動力學原則，這種表述可能是合理的，但是當我們開始應用它時，就會遇到困難。

我利用佛洛伊德從原初自戀（primary narcissism）中巧妙推導出自我理想（ego ideal）的內容（Fordham, 1971），為這個議題做一類比。我發現特別有趣的想法是，由於早期的原初自戀狀態無法恢復，但持續被渴求，因此它導致了一種理想的建構，而該理想是指原始狀態，但它不會重複。個體化雖然被認為是一個過程，但也被認為是永遠無法達到的理想狀態。

但是嬰兒的生命中是否存在一個可以稱為原初自戀的持續時期？滿足、統一、融合或幸福的狀態扎根於嬰兒早期生命的自然「階段」，這個觀點非常根深柢固。諾伊曼（Neumann, 1973）詳細闡述「原始關係」（primal relationship）這個概念，指出嬰兒期有一個階段因為沒有自我，所以沒有衝突；而母親的供給是如此之好，以致沒有任何衝突，而嬰兒也總是很滿足。它應該是理想的後期發展的必要條件。它在生命的頭一年維持，並因著「自守」（automorphic）趨向的作用而消失，導致與全能的偉大母親（Great Mother）分離。自我發展使衝突開始出現。該假設包括一個相當奇怪的想法，即母親會成為嬰兒的自性。

諾伊曼的論點因著佛洛伊德的原初自戀階段的障礙而蒙受 91
損害，儘管他竭盡全力將自己與這種觀念劃清界線（Neumann,

1973）。兒童和成人可能會偶爾經歷無衝突狀態，而且嬰兒似乎會比成人更常經歷這個狀態，但這也要看個別的狀況。當然，嬰兒與母親的關係是他最早接觸的一段關係，但是這種關係發展非常迅速，通常是衝突的，而且本質上是複雜的。母親成為嬰兒的自性這一論點只不過是一種理性的綺想，它很少或根本沒有考慮到審慎的理論工作，包括對幼兒的分析、母嬰的觀察，以及母嬰關係的觀察和實驗研究。所有這些都被擱置一旁，而以泛論取代。

個體化

榮格最初視個體化為人們在人生後期所經歷的自我實現（self-realization）過程。正如本章開頭所言，它與文化發展息息相關，而與童年時期不相關，一般並不認為孩子會以同樣的方式個體化。他指出，孩子需要以適應自己出身的社會環境為目的，來發展他的自我，而父母和教育者有責任培養社會上的這些要求。在他們的幫助下，孩子可以進行自我準備，以實現謀生、結婚和生子的有限目標。變得完整和實現自性的目標被移到往後的階段。榮格提出這個論點讓人費解，因為他自己在這方面不曾有嚴重的問題，基於他的天賦，他能在社會上找到立足之處，終其一生都能夠自行選擇和追求自己的興趣，即使他有很大一部分都隱而不宣（第二號人格），但它一直存在。在他人生的後期，如果我們相信雅可比（Jacobi, 1976）的論點，榮格修正了他的想法，但雅可比的著作很大程度上仍遵循了先前的說法：人生的前半部分需要適應，而後半部分則需要內向的自省和適當的個體化，彷彿對衰老的調適以及社會對老年人的要求都不包含在內一樣。

在《做為個體的兒童》中，我提出另一種看法：小孩在與社會建立聯繫之前就開始個體化，其後社會會施加影響，以強調自性的某些面向，而不是整體的自性。因此，孩子會專注於自己的某些部分，如果其他部分的使用較少，不一定會損害其個體性（individuality）。哪些部分的自性會發展，視乎文化模式、集體意識及其相關的集體無意識而定。請記住，適應（adapting）與順應 92
（conforming）是不同的。

小孩或嬰兒當然會受到其出生地的文化影響，但它是透過父母採取的撫養方式和風格而帶動。該風格由孩子出生那刻起，透過嬰孩的照顧與供給，以至他父母自身的行為及如何培養小孩的行為舉止而延續下去。然後，小孩的老師會繼續這個過程，從學校的生活引導他進一步進入社會生活。然而，如果他是健康的，他會以一個獨立個體去面對這種種，而不只是單純地被他的教育碾壓成文化常模。在孩子的成熟過程中，他會遇到內向自省的時期，他會著色、描畫、將物質塑造成形狀，以各種熟悉的方式運用他的想像力。因此在這些方面，他就像個性鮮明的成年人。

當然，他是不一樣的，而其差異主要來自他所聚焦的興趣：它是針對物體和人的，並從他與實際物件的關係中成長而來，且逐漸融合形成完整的人。那個涉及許多具有目的性的內省和大量智力活動的「自性的實現」並不存在。它更具玩樂性質，因此對於孩子來說，成為古老意義上的哲學性或形成個人的生活哲學是毫無意義的。

如果我要在眾多的差異中單選一項具有決定性的差異，我會選認同作用所涉及的不同形態。因為小孩的身分認同是基於他的父母。如果我們提及這位小孩，然後以專業、父母角色、理想職業、政治或宗教哲學去識別他的身分，這是很荒謬的。然而，那些對於以後的個人生活不再具有意義的認同曾發揮它們的作用，也正是它們讓人們發現，個體化解決了他們的難題。當社會（或稱為集體）認同破裂時，且退行（regression）發生在底層的原初身分時，他們不會再成為孩子，而是透過與孩子原型建立關係而變得孩子氣。

一旦以這種方式確定了差異，我們就可以看出，嬰兒、兒童、青少年和成年後的個體化基本過程是相同的。它是從原初身分狀態和與該狀態進行分離的神奇思考（magic thinking）的進程，結果是釋放了具創造力性的想像力，引領了自我的成熟，藉由言說表達，意識的擴展於是發生。

如果我們考慮這在嬰兒早期和兒童早期如何發生，則需要增
加一個額外的步驟，因為嬰兒狀態首先是整合的一種。嬰兒出生後
93 不久便會進行去整合，因為嬰兒發展了接近和依附行為，這使他與
母親建立了聯繫，形成了一種對母親的體驗。這種體驗充滿了無所
不能的感覺和原型的幻想。當他做到這一點時，他已經達到了原初
身分的狀態，這構成了成年人成熟身分認同的基礎。它的圖像比我
所舉例的艾倫（和他煉金術般的幻想）更具物理性，而且不那麼複
雜，但本質上是相同的。脫離了此一狀態，不論那人是幾歲，個體
化都能夠展開。

總結

我們考慮了幾組經驗，這些經驗傳達了成為自己的感受。它們是頗為個人的，而且很容易辨認出來，可以透過富有想像力的結構的發展而擴充，以涵蓋成為個人和宇宙的一部分的感覺。

這些體驗由童年早期開始，在成長的過程中會改變其形態和變得成熟。我也從這些體驗例子中介紹了一些抽象概念，其中以做為完整的人的自性之概念是最主要的。做為一種抽象概念，它使我們能進一步考慮人的本性，我很欣慰自己善盡職責提及那點，但我不打算進一步探討這個主題。因此，我可以藉由重複以下狹義的概念做為我本章的結論，而這個概念的立場也變得更加堅定：人需要發展自己的思維、感覺和觀念，以及他在不同情況下的狀態，以便他可以在與他人建立聯繫的時候找到自己的定位。此外，他將這些經歷擴展到物質生活和精神生活，並最終透過富有想像力的建構，找到一種將自己和宇宙聯繫起來的方式。

探索自性 ——— | 第六章 |
Explorations into the Self

「自我」與「自性」[1]

1 本章最初以〈自我與自性的關係〉（"The relation of the ego and the self"）為題名，刊登於 1964 年《英國醫學心理學雜誌》（*British Journal of Medical Psychology*）第三十七卷第 89 期，此處收錄內容已經增補校訂。

94 簡介

接下來我會探討一些精神分析的著作，所以關於我研究方法的初步評論將容後再談。

在研究精神分析，尋找尤其對分析心理學家有用的自我（ego）概念時，有必要牢記其方向是不同的，這顯現在歷史發展上而非當前趨勢上。例如，即使分析心理學家使用「還原」分析（reductive analysis），與精神分析師相比，他們更關注綜合（synthetic）的過程。這導致自我防禦（ego defenses）的不同方向，它們更常被認為是心靈結構，因此無法像某些精神分析師認為的那樣，是不能任意廢除的。涇渭分明式的二分法在今日已不可取，而且榮格派的防禦觀點已由精神分析學採納或獨立發展，而有些榮格學派的學者目前認為自我防禦，特別是潛抑（repression），是不可取且不應存在的。然而，兩派仍然存在明顯差別，因為對比「典型的」榮格學派的實務，精神分析基本上是在尋找症狀和個人特徵的嬰兒期根源。

結果，這個慣用語法就不一樣了：精神分析不那麼重視那些敬畏意象（awe-inspiring imagery）。榮格在《分析心理學的兩篇文章》（*Two Essays on Analytical Psychology*, 1926）中比較了還原詮釋和綜合詮釋，且十分詳細地說明了其來龍去脈。從佛洛伊德在《夢的解析》（*The Interpretation of Dreams*）中引用漢斯・薩克（Hans Sach）對「俾斯麥的夢」（“A dream of Bismarck’s”）的分析中，可以找到許多來自精神分析層面的神聖意象（Freud, 1900-1, p. 378）。

難題不時出現。最近由精神分析師所做有關自戀型人格障礙與 95
引進自體理論的研究，與我在同一領域的研究結果有一些驚人的相似之處，但是我沒有想到那些情況被描述成原發的自戀（primarily narcissistic）。目前許多特徵顯然是自戀的，如寇哈特所描述的誇大自體（grandiose self）和鏡映移情（mirror transference）。這點我表示同意，但是我偏向把自戀詮釋為內傾型精神官能症（introversion neurosis）的一種表現，並得出這樣的結論：自戀是來自對經常被讚揚的集體無意識原型意象的認同。力比多（libido）的本質長期備受爭議，我不想再次爭論，但想指出，精神分析學家是由於力比多的性理論而能夠使用自戀的擴展理論。因此，任何引發力比多的行為都是自戀的。對榮格而言，力比多並非完全是有關性的，因此不能以同樣擴展的意境來應用自戀。

對於自我的概念也有不同的看法。在精神分析中，所有材料或多或少是來自本我（id）的原始驅力（inchoate drives），是自我的狀態，被分為自我（ego）、超我（super-ego），以及近年添加的自體。因此，自我可以是無意識，亦可以是有意識的。相反地，榮格把自我定義為意識的中心（至少一開始），而它並沒有延伸到無意識中，除非它的一部分可以被潛抑。

我刻意做出壁壘分明的對比，其對比對這兩派的思想主要是歷史性的。而兩者都不能保證理論的一致性，再者，其混淆更是令人為之驚奇。儘管如此，歷史仍健在，仍然為我們的思考工作增添色彩，如果我們不加保留它，情況可能會比現在還要混亂得多。

然而，我同意的是，即使其慣用語或有不同，我們通常都能從兩個學派的材料和表述中找到共同的模式。在後來的精神分析的發展中，其共同立場更為明顯，特別是當英國精神分析學派的成員研究邊緣型人格（border-line）和精神病（psychotic disorders） 等相同的臨床領域時，更體現了這一點。

在研究我的調查脈絡時，我遵循榮格的方法，因為他比較了許多學派，並在其中尋找共同的原型模式。雖然我心中始終有自性理論和自性模型，但研究時，我採用的步驟也許不是完全跟著邏輯結構走。比較精神分析與分析心理學的文獻可補充細節，這是以比較方法來釐清模糊內容的舉措。雖然我們應該盡力限制模棱兩可或含糊不清的情況，但我認為沒有理由為它們偶爾的出現而懊惱。在
96 撰寫有關心靈，尤其是自性的文章時，人們試圖理解一種可能本質上晦澀難懂的系統，以致任何像制定清晰理論的陳述及精確地測試它們之類的事情，只會偶爾出現。這麼一說，我們好像就能理解為什麼精神分析學家在試圖建立連貫的理論後設心理學（theoretical metapsychology）時，常受雞同鴨講的雜音干擾，並導致與患者的分析經驗脫節，令臨床醫生氣餒。

通常人們會把佛洛伊德學派與榮格學派認同的思想和實務來對比。到目前為止，儘管我不再認為該區分是正確的，但我仍遵循該分類。精神分析已經以多種原創方式發展起來，我們將在下一章探討各種變化，包括自體理論。但這裡我們可能遺漏了梅蘭妮．克萊恩的作品，儘管克里福．史考特（Clifford Scott）、溫尼考特和瑪格麗特．利托（Margaret Little）都受到她的強大影響。

梅蘭妮．克萊恩跟榮格的方向一致，將伊底帕斯衝突（oedipal conflicts）的概念滲透到母嬰關係中，從而打開了佛洛伊德被排除在外的兒童內心世界。她的成就備受爭議，直到現在才得到更好的

評價和發展。正是她，在沒有使用很多「自性」這個詞的情況下，就能向心理分析學家介紹關於自性的心理學。而且，對我和倫敦分析心理學界的其他成員而言，與克萊恩學派的精神分析師一起進行的討論是最富有成果的。

本章分成三個部分：第一部分列舉了眾多根據實證資料建立自性概念的成果；第二部分探討自性（self）與自我（ego）的關係；第三部分提出所得概念可以如何用於闡明分析實務的方法。

由於在代表著單一概念或實體的材料中觀察到截然不同的內容，我只集中關注取得這些材料的不同方法，除非當要詳細探討這些方法時涉及一些頗為籠統的表述時，才會另作補充。

/ 部一 /

定義

威廉・詹姆斯（William James, 1950）在他的《心理學原理》（*The Principles of Psychology*）中，專門有一章談論「自我的意識」（Conciousness of the self）。在這章中，他根據哲學家的觀點，
再結合當前的心理學知識，來闡述該主題。當然他說的很多東西 97
都已經不合時宜，但他的一般性論點今日仍然隨處可見。他以高超的方式在廣闊的領域中定義了我們現時生活所遇到的各種自己（self），如物質的、社會的或精神上的。在這個不斷變化的環境中，存在著一個以生存的連續性和個人身分來表達的首要自性，他稱其為「純我」，是一個沒有惹爭議的術語上的轉變。

從此「自性」一詞具有截然不同但毗連的用法。當被實體化時，意思是當它以一個模型來表達時，是指將性格的各個部分組織成一個完整的實體，是人的個性、心靈和軀體之體現。日益意識到自性是過某種特定生活的目標，而且，由於每個生命都不一樣，因此一個人可以獨自意識到自性與眾不同的特徵。基於這個原因，第二個人無法斷言另一個人的自性，單靠經驗觀察是無法準確了解它的。

然而，所有這些既定的自性觀念，只要被認為是近似的，而且不妨礙分析師的行為或誤導他們相信這些觀念是真的，都不必被阻止。因此，分析師的行為通常符合這樣的假設，即對於任何特定患者他們無法斷言什麼是絕對正確或錯誤的。較為玄妙地說，是指他們工作會遵循「只有自性知道什麼對那個人最好」的原則。

溫尼考特使用真我與假我這個詞，也似乎符合上述想法。真我代表一個人的真實本性，並且可以在他的生活方式中體驗。如果我沒有理解錯誤，真我不需要剖析，因此也無法簡化。乍看之下，真我與假我之間的區分遵循了榮格在自性與人格面具之間的分野。然而，溫尼考特較重視假我，視其為一種病態的形成，而分析心理學家則認為，人格面具是自性中的一個子系統，有助於適應社會生活的要求。只有當自我與人格面具變得一樣的時候，這種情況才被認為是病態的。

克里福．史考特的身體圖式概念亦屬此研究領域。他定義了一個涵蓋宇宙和人類個別處境總體情況的實體：

> 讓我們假設，我們或多或少都有對感覺、感知、概

> 念、情愛、記憶、身體表面到深層的圖像，以及身體表面到宇宙界限的圖像的意識整合。讓我們假設這個整合不僅有關界限內的事情，還包括界限以外的事物以及其界限本身。
>
> ……這個整合是一個圖式，或用另一個詞表達，是一 98
> 幅「設計圖」；由於界限或接合點不是處於外圍而是中心位置，因此，也許是為了切合我們的需要，它最好的稱謂可能是身體圖式。（Scott, 1949, p. 142）

他舉了一個患者為例，他稱圖式為「我的謎」（my enigma）：

> 他〔35 歲，〕被養育成為一名羅馬天主教徒。當他 25 歲時，他失去了他的靈魂，而他感覺比較好。他覺得他能夠把他的經驗稱為心理的或生理的。當他 30 歲時，他不再感到身心之間有任何本質的區別。他感到他處理工作、孩子、成人方面的能力有所改善。他思想、身體和靈魂上的到位，他稱其為「我的謎」——成長與發展的謎。而他的成長仍持續進行中。（ibid., pp. 142-3）

患者提到了「成長與發展」。史考特明確指出了關於自性的著作中經常發現的宇宙元素。為了說明這一點，他列舉了許多與身體圖式相關的學科：胚胎學、神經學、理論心理學、超心理學、宗教、精神醫學、精神分析和詩歌等，而我相信他還能補充更多。

榮格的實證研究

榮格以一種近似溫尼考特關於真我的經驗主義式寫作方式，推進了其自性的研究。他的結論也接近於史考特，當中提出自性是一個具有中心、界限和宇宙次元的圖式，它亦環抱心靈一驅體，由始至終都屬一個謎。但榮格宣稱的要比溫尼考特或史考特更多。他不單制定了關於自性的概念，還從經驗上研究如何使自性變得具有意識。鑑於此目標，他觀察了患者，其中採用配置或結構形式的象徵性圖像清楚地指出單一整全性（single totality）（見第一章）。

榮格抽取材料的方法

由於榮格的表述都是來自他經驗中的抽象內容，因此我們不能評估它的信度，或在未了解他用什麼方法取得材料前便評估。我在本書第一章已經提到其中的一些考量，現在我們再深入一點討論。

他研究夢境的排序，並從中抽取了反覆出現的原型主題。其次，他運用了積極想像（Jung, 1916; also Fordham, 1958a）。

積極想像是建立在患者能力上的一種方法，受眾通常是中年患
99 者，並且表現出明顯的孤僻型或憂鬱傾向，把其內心世界視為客觀存在般看待。他們刻意想像一件物體，然後透過繪畫或模塑呈現，姑且不論表達方式為何，其目的都是為了建立一個內在的主體—客體關係。如果始終如一地進行，此方法將導致個體化。

在榮格關於他的方法的討論中，還有一種趨勢是我認為非常重要的，儘管它有反映在技術的通用化上，但可惜沒有得到應有的重視（*vide* fordham, 1967b）。他認為，「醫生『預判』的習慣

對心理治療師不利，在任何徹底的分析中，患者和治療師都會發現自己處於彼此的無意識的關係中。」（Jung, 1946, p. 176）而榮格同意一位分析治療師必須熟悉「方法」這一點後，在《榮格自傳：回憶·夢·反思》中提出：「整體而言，人們必須防止理論假設……它們沒有出現在我的分析之中，同時我亦是故意不跟隨系統走的。」（Jung, 1963）他的分析過程非常互動，並涉及分析師的無意識。此外，他還試圖透過給予患者分析自己的方法和減少分析師與患者會面的頻率，從而減少分析師的影響。儘管我批評了某些應用，但我相信榮格做了很多工作，去引介治療師一方「不知道」的概念。當然，這種態度可以從佛洛伊德的「自由懸浮的注意力」（free floating attention）或者在他建議分析師在分析時將無意識用作認知工具中看到，但是我認為所有這些都基於一個基本的未知——對整體性定義中所表達的自性的未知。那個狀態永遠無法掌握，我們只能觀察到它的表現形式和分解物；因此，那個「未知」就構成了自性。

顯然，榮格發表了大量關於心靈知識的研究及其研究的方法，我覺得這些對他的分析和其他治療企圖不可能毫無影響。隨著分析的進行，它無可避免地成了一個知識寶庫。它並不完整，任何特定的患者或多或少都會產生超出寶庫能力範圍的材料。我所指的未知的行為有時候可能只是小心翼翼地擱置或將逐步揚棄它。榮格旨在以積極想像來誘導這種態度，這使人們想起了克里斯（Kris）所說的「良好的分析時光」。

在這個「良好的分析時光」中，自我會同時退行及觀察，直到分析師「可以將他必須提供的問題提出來，患者自己可以總結，

從而使患者的參與度發揮到最大」（Kris, 1956, p. 451 ff.）。克里
100 斯接著說：「我相信，當我們說到提供詮釋時，所涉及的原則是相當明確的，我們期望自我在暫時和部分退行狀態下把能控制的部分擴展成為可觀察的部分。」他提出：「這種能觀察的客體就是**自性**[2]！」

所有這一切都發生在精神分析設置的人際互動情境中，這與榮格嘗試發起一種以個人孤立地進行觀察的方法不同。我從精神分析師的經驗中舉一個例子的目的是要表明不同的方法可以相互交叉應用。雖然嚴格來說，結果不能與獲取結果的方法分開，但是如果可以使用不同的方法進行可比較的觀察，則將具有其特殊意義。

克里斯警告我們自我觀察的陷阱：

> 〔它〕可能會變成強迫性嚴謹（obsessional scrupulosity）或自戀性內省（narcissistic introspection）「對鏡像的自我傾慕」的症狀……但〔自性〕觀察做為一種可能具有自我批判和自愛元素的自主功能，其本質卻以其獨立超脫為特徵，或者，正如人們可能會這樣說，人們是透過自身的能力實現他對自己的看法的客觀性。這是一個永遠無法實現的目標……但是……至少有超脫的傾向才是最重要的。

有人指摘榮格的方法導致了克里斯提到的錯誤，而且確實有一

2 雖然克里斯不是指像榮格詳述的象徵性材料，艾格里斯（Aigrisse, 1962）指出在某個沿著精神分析的路線來治療的病例中，可以找到曼陀羅的象徵。她每週見她的患者兩次，並利用自由聯想來分析童年時期的記憶。

些文獻顯示了這些錯誤。這裡需要說明的是，如果他觀察夢和幻想的方法開啟了強迫性嚴謹或自戀入神的大門，這也不是榮格會允許的結果，除非那只是曇花一現的心理狀態。

我認為除了這些危險之外，我們還有一些需要考慮的問題，這是由於榮格研究的客觀素材不能在他設定的條件下被自我所同化。

（1）可能是他的方法增加了人格解體（depersonalization）的傾向，因此這些客體從根本上就不是客觀的，而是受到自我異化的結果。（vide Federn, 1953）

（2）該方法可能助長自我分裂甚至崩解。

眾所周知，積極想像有時會引起精神病反應，但是發生這種情 101
況的案例總是有證據顯示先前有精神病或有潛在的精神病。榮格的個案材料通常呈現出的是相對片段的描述，這很大程度上是由於他以材料做為一個整體並從中個別抽取原型內容的方法所致。

榮格的研究特點是把臨床觀察與人種學相似之處結合。他用以下方式闡明了歷史的維度：他找出重複和沒有重複出現的元素，從而定義內心世界更穩定的元素，然後將重複出現的主題與其歷史相似之處聯繫起來，這也是為何他的臨床素材會設置在歷史先例的長河中。當結合這一方面與他強調的及時的前瞻和持續發展，我們就很容易理解他對其材料所顯示的複雜結構感興趣。它們從分析還原（analytic reduction）得出的更簡單的客體關係與它們嬰兒期和童年的起源形成了鮮明的對比。這裡有一點需要提出的是，可能部分原因是由於他持續的、前瞻性的興趣，榮格的研究在任何意義上都不是分析性的，也沒有打算這樣做。他一再堅持他的目的是研究心靈的綜合過程（Jung, 1953）。

正是為了實現這一目標，他減少會談的頻率，並減少他詮釋工作的力度，來限制分析師的影響。兩種程序的目的都是為了增加患者對自己某些方面的積極興趣，而這些方面是可以客觀看待、並在最少他人協助的情況下獨自處理的。因此他謹記，自性的實現最終是一個私有的、不可溝通的狀態，甚至連分析師的出現都可能干擾那個狀態。

然而，現在他對綜合治療和分析治療之間的劃分並不像他最初闡述時那樣令人信服，並且無法維持偶爾暗示的嚴格標準，我們以把治療可分為兩部分的想法來舉例：第一部分是還原性的（reductive），第二部分是綜合性的（synthetic）。此外，他的治療程序與當代的「精神分析」詮釋技巧在原理上並沒有像最初所認為的那麼不同。舉例來說，他的目的是把經驗跟其他人所記錄的、能比較的經驗聯繫起來，從而減輕焦慮，以及引入教育方法（如精選的閱讀書目和研討會），從而提供有關圖像的資訊，但這些圖像會變得有意識並可能引起混淆。他推薦了當今和過去被使用的神話和宗教儀式，以便向患者表明他的經歷並不孤單，其他人都撐過來
102 了。原則上，這也是詮釋的目的，但是不同之處在於，透過包含了移情作用的特意詮釋，而使其更針對個人。[3]

上述的反思或許從榮格的著作稍微離題了，因此我要再澄清一下自己的立場。我認為榮格率先發展出一種可以有系統地觀察和體

---

3 詮釋意味著分析師過去曾經經歷過，而現在能夠處理患者擔心自己無法撐過的當前經歷。在教育、學習與詮釋方面顯然存在很大的差異，但是透過更仔細地比較這兩種程序，很可能成為一個有待開發的研究領域。

驗自性的方法。

整合與去整合

榮格的材料有兩個特徵令我特別感興趣：

（1）儘管資料顯示出內在的一致性，它們的內容差異仍很大：任何東西，小至一個點，到複雜的結構，都可以代表自性的原型，而且只有在組織達到一定合理程度的情況下，這些象徵才會顯示上述特徵。因此，它們代表或多或少有意識的組織狀態或穩定狀態。

（2）象徵所示的整合狀態是周期性的。

穩定狀態之間發生了什麼？什麼樣的動態過程，以及它如何使其內容隨著複雜性的增加而變化？這兩個問題表示，自性概念需要按照我幾年前首先提出的思路來修訂（Fordham, 1955）。我概述了一個想法，即自性的唯一功能就是組織和整合；它亦會把自己劃分，而這個過程我稱它為「去整合」。因此我在這領域開闢了一個新的觀點；自性不再被視為靜態結構，它的穩定狀態是動態程序中的一個階段：整合之後是去整合（分化），然後引致另一場新的整合。這個程序會於人的一生不斷重複，成為成熟發展的根源。

當我闡述這個過程理論時，我亦認為整合的穩定狀態是趨向貧瘠，也因此它們現在是充分允許融入新元素的。瑪莉安・糜爾納（Marion Milner）在她 1957 年的著作《論無法繪畫》（*On Not Being Able to Paint*）中提出的創意活動研究，以及埃倫茨威格（Ehrenzweig）的文章〈創意投降〉（“Creative surrender”）使我確認了我的想法。兩者都含有我想要表達的一些概念。

103 / 部二 /

自我與自性

在榮格研究生涯的較早時期，他定義自我（ego）是意識的中心。這個概念是他基於實驗證據的情結理論（theory of complexes）的一部分（Jung, 1906-1909）。

在他後來的經驗研究中，特別是在運用積極想像時，他發現區分自我與原型是至關重要的，因為有需要保持原型體驗的客觀性，從而保持自我界限並避免自我膨脹，例如愈來愈受到外界關注的誇大自體（尤其是寇哈特）。因此，他斷言自性（self）與自我（ego）的不同之處在於自性包括了自我所沒有的無意識過程——與後來相矛盾的表述——並提到他對有意識和無意識之間的「對抗」概念，藉此他一再且不時強調地突顯自己的定義。他盡可能地與自己的觀察保持一致，同時亦想著把自我看成一個主觀的個人準則，與客觀的原型和自性形成強烈對比。

在這種情況下，我們可能理解到他關於自性「是完全在個人領域以外」的主張（Jung, 1954b, p. 30）。然而，這一陳述也結合了他對研究具有社會、歷史和人類學寓意的宗教經驗的興趣。

但是，隨著他研究的發展，他的想法也改變了。他發現有一些原型的形態，特別是陰影，包含了已經分裂且需要重新融入自我的自我結構（ego structure）。後來他繼續研究，並發現自我的無意識部分。實際上，他在他重要的著作《神祕合體》（1955-1956, p. 117）中，已形成了一個基本上不一樣的概念（見 90-91 頁）。在現象學上自我與自性是相同的，由於自性是意識和無意識成分的結合，因此自我也必須由這兩個要素組成。於是，這裡深化了自我的概念，但他仍然堅持認為，自性是要與自我區分的，就像是神（自性）按照自己的形象造了人（自我）的感覺。儘管語境上有所不同，但該概念與佛洛伊德的表述（where Id was Ego shall be）基本上沒有太大差別。

榮格展示了以象徵形態反映人格的綜合過程：他清楚地描述了他的方法並展示了其結果，但是他對個人經歷和原型經歷之間關係的描述含糊不清或不足（*vide* Chapter 1, pp. 16f; Williams, 1963a）。
這是促使我研究精神分析師的工作的動機之一：也許他們可以幫助 104
填補榮格留下的空缺。我們已經提到了溫尼考特和史考特的工作，但費登的研究更打動我，因為他的研究與我的目的更是息息相關。

還記得嗎？榮格是從思覺失調症的研究進入自性主題的。費登也研究了同一領域，並在開始擔任精神科醫師後才成為精神分析師的。他研究了「Ich Gefühl」的經驗意義，其翻譯為「自我感覺」（ego feeling）或「自性感覺」（self feeling）。在這些研究中，自我的概念更為全面，其中任何不包含本我的事物（包括或多或少的非結構性的驅力／欲望）都屬自我或後來的超我（super-ego）。費登的研究是精神分析師首次嘗試以經驗為基礎來研究自性，而其結果與榮格的發現不同。在費登的研究中，他沒有發現任何類似積極想像的東西，而且他似乎沒有如榮格那樣認為從思覺失調症中發現的象徵主義具有治療意義，儘管佛洛伊德得出的概念是

「妄想的形成被視為是病理的產物，實際上是對復原的嘗試，是重建的過程」（Freud, 1911, p. 71）。這謎團留給了榮格，和隨他之後的佩里（Perry, 1957），把精神病表現視為積極想像的一種扭曲形式，以弄清它的某些含義。費登一貫主張以強化自我來對抗疾病的過程來預防明確的思覺失調症。因此，他將興趣集中在自我界限（ego boundaries）及其人格解體（depersonalization）和隔絕（estrangement）（也稱為去現實化〔derealization〕）的關係上。這與分析心理學家的觀察結果串起了關聯；他們認識到，隨著原型——尤其是自性的中心原型——逐漸進入意識狀態，人們會升起陌生或神祕的感受。然而，費登強調它們的負面含義，並如精神分析後設心理學（psychoanalytic metapsychology）所要求的，根據自戀貫注（narcissistic cathexes）來研究：這方面榮格的文獻占優勢，因為它更具動力性和解釋性；而且也是因為費登沒有包含中央原型的概念，這彷彿說明了，這種原型在研究精神病患時似乎很有價值。

榮格關於論及自我分裂的自性觀察以及消除與兩個實體合作的必要性的想法是很值得我們思考的。為此，我們必須證明自性的概念是不必要的。而上文已表明，根據經驗層面，這個解答並不成立。如果拿榮格和費登的研究來比較，該結論會更加明顯。費登區分了兩種隔絕，一種是適用於外部客體，另一種是適用於內部客體，但他僅根據前者發展自己的觀察和思想。這與他對思覺失調症引發的象徵意義的負面評價有關，且毫無疑問，他貶低了分析心理學家如此詳細研究的內心世界。儘管如此，他同意保留自我界限的必要。

費登最終陷入了後設心理學中的自我貫注（ego cathexes）以及原初自戀和次級自戀議題的結局也是可預期的。如果我們的心裡是接受理論可以代表原型形態的話（見 32-33 頁），那麼他的理論似乎很可能在不經意間描繪出所考慮的內在歷程。此一形式是抽象的，因此他難以辨識出其背後意象的重要性。 105

最近人們對自我心理學的相關興趣擴展，這似乎也帶動了人們對與自我不同的自性產生興趣。哈特曼（Hartmann）是參與區分兩者的精神分析師之一。他說：

> ……在使用自戀一詞時，人們似乎常常將兩種不同的對立面混為一談。一個是指與客體形成對比區別的自體（一個屬於自己的人），第二個是與人格的其他子結構形成對比的自我（做為一個心靈系統）。然而，客體貫注（object cathexis）的對立面不是自我貫注（ego cathexis），而是屬於自己這個人的貫注，即自體貫注……（Hartmann, 1950, p. 84）

於是，他便開始區分自我與自體，而其他人也跟隨著他的步伐。毫無疑問，這個基礎讓桑德勒（Sandler, 1962）定義了具有以下特徵的自體圖式（self schema）：

（1）它與自我不一樣；
（2）它包含意識及無意識的元素；
（3）它具有形狀，能夠在表徵世界呈現並改變；

（4）它的形狀會逐漸建立起來。

怎樣才能展示自體呢？史匹格爾（Spiegel, 1959）根據實驗資料介紹了一些理論。他認為合併感知材料的想法可能有用，並表示：

> 在心智生活的開始，不同的緊張狀態和釋放狀態是彼此接替的，例如：飢餓、口渴、性慾張力的發散、腑臟膀胱緊張；這些狀態以心理表徵的形式留下了痕跡。合併的功能為這些狀態的每一個個別表徵建立了平均的表徵，因此，它們具有時間上的永久性和連續性……在正常個體中，這些平均表徵表示相互關聯，並發展成為一個穩定的參照架構，我們將其命名為「自體」。（Spiegel, 1959, p. 96）

儘管他認為合併過程僅是自我的一個功能，無意識中原型的作用也可能對這過程有幫助。這些原型可能被認為是按照平均線排列
106 和組織的感知素材，而非如完形心理學家所建議的那樣。[4]

做為本部分的總結，我們已清楚了解，許多研究者即使不是非常了解自性是什麼，但他們都同意，並且建立了以臨床或實驗數據來定義它的方法。他們都討論了自我與自性的關係。我假設他們都將自性視為單獨實體。我們也有可能透過引用幾個接近的實體去提

4 值得一提，史匹格爾借鑒了赫爾森（Helson）的研究，他提出了「一種神經系統模型來說明合併」（Spiegel, 1959, p. 96, n. 7）。榮格（1958a, pp. 370ff.）也考慮到自性做為中心原型是具有神經學基礎的。

出另一種論點，但我將略過這一點。

/ 部三 /

分析性觀察

自從我由榮格的觀點接觸自性，便開始積極應用他的思想和觀察於分析實務上，從而包含由嬰兒時期開始的個人元素和發展歷程。榮格對這兩項不甚關注，而我試圖應用他於移情情境觀察所得的論點來補充他的研究內容。我的目標不是探討患者報告的象徵意象的問題，而是定義可以直接觀察的材料。順帶一提，我們可能會注意到榮格（1946）本人在他對自性及其表現的研究中已經包括了移情，但是他主要研究的仍是煉金術和社會結構方面。

退行

現在要跟大家探討的一個影響因素是榮格有時候對退行的樂觀態度。他甚至說：「退行的傾向只是代表患者正在尋找**自己**……」（Jung, 1930a, p. 33）。

他這番話連同他有關〈兒童原型〉（“The child archetype”）一文，特別是「兒童原型做為開始和終結」（“The child as beginning and end”）（Jung, 1951a, pp. 117ff.）的章節，讓我覺得退行的一個目標可能是要認清在探討視為中心原型的自性時所得的穩定狀態。

要找到穩定狀態的例子並不困難：克里斯所說的「良好的分 107
析時光」是其中之一，但他的描述可能不夠完整，所以我補充一下。在一場好的分析工作期間或以後，通常都會對患者帶來好的改變。以前曾造成強烈焦慮的事件以過往的自性陰影來傾吐。童年記憶改變，因此會令一些未曾提及過或否認掉的父母的片段內容再度浮現。患者似乎更加獨立，能夠與分析師建立聯繫、建立自己的身分，同時其界限變得更加明確和更具有彈性。當它初次出現時，它的狀態顯然是不穩定的，而且有明顯跡象顯示未來的去整合會發生。但當穩定狀態來臨時，特別是在分析人格精神錯亂的部分時，它是尤關重要，因為當它一旦實現了，患者便保留了感覺完整的記憶，當以後出現崩解時，都能比較易於處理。

穩定狀態經常依賴退行而達到，是一個患者能夠處理的情感平衡。因此，當一個雙體（兩個人）關係（two-body relationship）進一步退行時，那些以戀母情結形態呈現，帶有大量迫害性質的焦慮和理想化的材料，可能已變得相對不重要。在此，戀母情結的矛盾尚未解決，而是從性器期退行到口腔期時給中止了，在該階段中，客體關係是正面的，因為好的客體蓋過了壞的客體。這是一個相對成功的發展階段，是處理不良客體的理想出發點。

完整（wholeness）的狀態可能會在身旁無人的時候發生。我估計榮格可能找到了一個非分析性的方法使這些狀態盡顯價值，因為他會展示給患者看如何跟他們自己相處、獨處，並發現這做法有其成效。完整的狀態也可以在有另外一個人存在時出現。如果另外那個人的狀態足夠穩定，關係就得以建立。當這一點做到了，嬰兒或患者就可以繼續處理三個人或四個人的關係了。當四體關係（自己、母親、父親，和一個手足）的設定都變得可能的話，我們通常會假定他對其他更複雜的客體關係困難相對較小。可是，今天的研究表明，一個團體不僅僅是一個家庭，它會帶來不同的衝突情況。

如果某種自性的實現以及某種關係變得可能，那麼分析也是可能的；如果實現了這一目標，對於那些發展較不完整的狀態也有很多可以做的事，在這種狀態下，患者需要獨自一人（或一個小組），只要分析師願意被視為不存在。

自我和自性的層面 108

我閱讀費登的書籍（1953）時，腦海想著榮格的論點，思路就會愈來愈明確，知道這涉及了兩個層面，一個與自我有關，另一個與自性有關。如果從自我層面看待「Ich Gefühl」（我覺得），自性就會屬於自我的一部分；但如果從自性的角度出發時，它就成為中央原型的體現，而自我是它的一部分。接下來我想以不同角度進一步考慮退行這個議題，從而探討一下這兩個層面的主題。

當利托發表她的論文〈論基本合一〉」（“On basic unity” Little, 1960）時，她描述退行至與分析師融合狀態的處理，在這種狀態下，患者需要退行，也必須被接納退行。有其他作者（納赫特和維德曼）（Nacht and Vidermann, 1960）以她這篇文章來做後續研究，斷言退行到這個狀態必須嚴格地管制，因為它將導致想要與分析師融合而摒棄自我。對於透過融合退行至合一狀態，有以上兩種態度。起初它們似乎並不兼容，但可以從上述提及的兩個層面來觀察。

為了進一步闡明兩篇論文對兩個層面反映的意義，我先提一下自性的原始的整合（primary integrate）或原始狀態的假定。它與史考特的患者的狀態相呼應（見本書 169 頁），當中身心之間沒有重大的區別。為了衍生出心靈結構，我推斷自性是會去整合的；至於何時出現第一次的去整合，這個問題目前仍未有定案。然而，為了增進對子宮內生活的知識，我們可思考人出生前到底會發生什麼事。出生這件事本身就帶來大量會導致焦慮的刺激；呼吸、哭泣等行為肯定暗示了早期的去整合狀態。我們能夠猜測，嬰兒會在他接受第一次餵哺時重新整合，其中會出現進一步釋放（去整合）的本能。

我主觀認為原初整合是一個無現象的狀態。我利用這個概念去理解自閉症兒童，並假設他們基於過分整合以致難以接近。他們表達自己的能力是原始的，因此被認為是受到那個無法觸及的人格的堅硬核心所影響，沒有任何手段可以表達核心的內容。

我能舉一個例子來闡明我的觀點：一位自閉型的小孩在數年間都沒有長足的進展，而我接觸他十年了，但令我驚訝的是，他總是堅持要來見我，卻從來不發一言。這我只能自信地說，在兩次場合我對他講過的話或做過的事影響了他。兩次的經歷都是頗戲劇性
109 的，是基於這樣的詮釋：其中一次是阻止他發燒，另外一次是成功讓他放鬆，使他以帶有愛意的眼神直視我。

另一個例子是關於一位成年的患者，她在開始接受分析的很多年前因為一個嚴重的疾病而差點喪命，她說她感到生病時的空虛充滿了無形的力量，但卻難以言喻。她訴說了一種我推測是藏於孩子病理穩定性的根源的狀態。

瑪格麗特．利托重塑了以下對健康的合一（healthy unity）的解釋：

一個人的生存和尋找客體及與該客體建立關係的能力取決於合一的存在……從這裡，分化（differentiation）、重新同化或整合的節奏就來了。它提供了「靜止的中心」，使行動和感知得以實現。這是在一個人體持續生活、擁有身分、能夠斷言或聲明與自己真實相同的「我」的必要條件。（Little, 1960, p. 125）

那個重要的陳述看起來與自性的整合和去整合的觀念一致，但是當她透過將心理狀態歸因於原始的「母嬰合一」來解釋時，我會質疑她這方面的說明。母親與嬰孩的關係過於複雜，以致無法考慮一種在任何心理病理結構中都起決定性作用的心理狀態。

我較早的研究和推測均發表在《做為個體的兒童》和《自性與自閉》中。在這些著作中，我接受了一個原始的身分（primary identity）的階段，因為當時我沒有充分考慮到克萊恩和比昂的研究，亦沒有掌握重要的母嬰觀察資料。就母嬰觀察與成人和兒童分析過程中的建構之間的相關性，得出以下結論：假設的階段或立場是描述嬰兒可能經歷的心理狀態的部分成功嘗試，僅此而已。因此，母嬰的合一狀態對於描述所觀察的母嬰的心境並不是特別有用。

很久以前，康德就提出了一種先驗自我，威廉．詹姆斯也曾談論到它，並引用康德的話：「在我們對自己的了解的基礎上，只存在『簡單而十分空洞的想法：一個我們甚至不能說是了解的——『我』。」（James, 1950, p. 362）用自性取代「我」，達到了我心中的想法：沒有現象的原始自性整合。它是嬰兒期的第一個表現，在哲學和宗教中也有類似的象徵，例如在摩耶（Maya）[5]的東方學說中。

最初的無現象的自我普遍認為是由去整合而發展出來的，本能釋放就是它的一種體現。儘管沒有嬰兒期研究的證據，但通常被認為是它導致了與母親的原始統整（primary identity with the
110 mother）。它首先發生在母乳餵哺的早期階段：最初的整合體現在口腔與乳房的統合上。

因此去整合的本質可以視作分解整合內容和解散先前建立的合一而帶來進展的一部分。由此可見，在正常的發展過程中，與母親的「妄想性」原始統整狀態——或合一——只能是短暫的，而在嬰兒內部形成新的整合和新的動態平衡則對應原始的自性單位，但比後者更為分化。從某種意義上說，這是部分的原始自性變成了自我的一種發展。

回到利托（1960）與納赫特和維德曼（1960）截然不同的態度上面吧。顯然，從自我的心理學層面而言，原始統整只能給予自我其後摒棄所有曾經建立過的內容的機會（這是納赫特和維德曼的觀點〔1960〕）。從自性的層面而言，則對退行抱有不同的態度。如果與母親之間的原始統整是一種發展，是一個早期的去整合，它就會是一個持續的過程，是一個躍進，成為一般的去整合模式。這個概念與利托的研究成果及某些個案需要與其分析師退行到「基本合一」（basic unity）的想法相呼應。[6]

5　譯註：源自梵文，也可譯為幻影、錯覺，具有多重意思，是印度宗教與哲學的重要部分。印度教認為，世界是「梵」經由幻力創造出來的，因而是不真實的，只是一種幻象。這個概念對以後吠檀多思想的發展有重要影響。

6　基本合一（basic unity）也稱為原始性身分（primary identity），這概念是全球性的。某些患者可據我理解，利托的論點是，如果從未達到過與母親之間的原始統整，就無法進行分析性工作。如果原始統整已經實現，但隨後的所有事情都不能穩定地保持平衡，那麼在成長和發展過程能夠令人滿意地進行之前，就有必要退行到原始統整的狀態，但這意味著分析師要準備好被患者忽視，並在某種意義上被與患者合一的妄想所取代。由於某些思覺失調症兒童已經能夠讓分析師做為他們的一部分去運作，因此可以假定其中一些人已經實現了與母親的原始統整。這就解釋了為什麼當給予他們愈來愈常用以表達自己的形式（詮釋）時，他們會變得較能接近（see Fordham, 1976）。我還是認為這點是有趣的，但毋須再三解釋了。

反移情

在較早的一篇論文中，我說過自性「控制了我所有關於反移情的思維」（Fordham, 1960a, p. 6）。我現在想要做一些註記，從 111
而擴充我這方面的意見。我的言論考慮了以下想法：在理論及其相應技術的基礎上分析，可能意味著被限制在抽象系統中的分析師會「發現」患者適合這樣的系統。這種概念並非完全不存在於分析和以分析為導向的心理治療中，而且，當基於「科學」考量時，它還能給治療師一種無所不能的光芒。

那個分析的概念從屬於人們認為詮釋可能及應該是正確的日子（在許多地方仍然存在）。若詮釋不正確，人們就會慣性懷疑分析師的反移情活動。

以經歷一種相對固定的狀態，但這狀態並不單純。如果將其做為涵蓋嬰兒早期所有心智狀態的術語來研究的話，就會出現複雜的情形。

的確，分析實務範圍廣泛，而在其中，分析師也許能夠充分理解患者，讓患者從分析師的介入過程中受益，從而使患者的聯想或其他行為流程產生變化，表明他的阻抗愈來愈少及更易處理（see Wisdom, 1967）。這些標準雖然很參差，但對它的觀察仍是很重要的，然而，相信分析師所說的都是正確的，這樣是冒險且不太合理的；若他與患者合作，從而決定他的詮釋是否有用，那麼他的立場就比較安全。分析師和患者之間的狀態包含兩個人格之間的互動。分析師的理論和技術以概括的形式遞送，印證了過去他自身的某部分有用，因此可以服務於患者。理論並非被理解為分析師依據他的技術而得出的自主非人格結構，而是被視為分析師自己的自性或部分的自性的抽象表達，大前提是他要視患者為一個整體去連結。

根據這個思維，分析技術和理論的教導依賴人類性格的共同原型基礎，並且依賴在發展過程中所得的認同而建立，具有相似性質的結構。但是，還需要考慮自性的個別特徵：這證實了任何分析或心理治療理論都不完整，並且呈現出撇除個別特徵所得的常見經驗匯集。在分析本身，個別特徵得以恢復，因此每個分析都是獨特的，並且正如榮格所言，它需要一個新的理論。

到目前為止，這些思想都是基於榮格的辯證過程學說，對當前分析心理學中已接受的看法的詮釋。而自性做為去整合與整合系統的概念又為此增加了什麼？它暗示了分析患者的過程取決於分析師
112 是否已經歷充足的整合和去整合狀態，從而能在尚未能意會的基本條件下，降低他在應對自性發生變化時的焦慮的可控程度。我們現在可以考量反移情。

幻覺或妄想的反移情（Fordham, 1960b）不是取決於自性的去

整合，而是取決於自我的崩解。相比之下，在沒有任何反移情幻象（countertransference illusions）的理想分析中，當分析師將自性的無意識部分投入到服務患者時，都會出現短暫的退行。如果自性進行去整合，只要自性是與自我兩者有所區別，則沒有必要從自我來分裂。「共鳴性反移情」（syntonic countertransference） 這一術語與這種虛幻的反移情 （illusionary countertransference） 的狀態是不一樣的。共鳴性反移情取決於自性邊界的消解而不需自我的崩解；接著整合會尾隨去整合而出現。自我有別於自性，它在這個過程中變得充盈而強健，而其界限沒有受到嚴重干擾。在這種情況下，自我充當了無意識狀態的記錄儀器，並且可以做為與患者溝通的媒介。

該結論與臨床經驗相符，即分析師進行正常的投射，從而使他能進入患者的世界，或分析師內攝患者的部分，都是安全的。其後上述的每一個過程都會再撤回或驅逐，而分析師無需施加與意識過程有關的控制（see Fordham, 1960a; Money-Kyrle, 1956）。在這裡還可以補充一點，這些過程是有效的，因為一名優秀的分析師將無可避免地將其詮釋與自己的情感過程聯繫起來，從而使他有可能分擔到患者的情感而不會對自己造成危險。

上述過程可藉由在分析師受訓過程中發生的一系列頻繁事件來說明。新手分析師一開始時可能信心滿滿，然而在他的督導分析師幫助下，才發現他的詮釋不夠準確，揭示出的幻想不是與患者有關，而是與他自己有關。因此，它們揭示出一種虛幻的反移情——他的自我分裂的結果。隨之而來的是幻滅和沮喪的時期，使新手分析師變得過於謹慎。最終，他發現自己可以逐漸愈來愈多地信賴自己對患者的反應，而無須施加意識控制，從而重獲信心。然後，當

投射和內攝發生時，結果就很準確，那部分的自性可靠且真實的表
現亦可以用來分析患者。這位新手分析師在他的工作中變得更自
在，並且可以以一種從一開始就可能實現，但現在需要重新獲得的
方式「讓自己放開」。然而，現在由於他不再產生錯覺，所以他的
113. 詮釋也變得愈來愈有用。與此同時，他亦變得更有能力接受和消化
他督導的想法和意見，從而調整自己的分析風格。

分析治療的推動

認為自性可以推動分析治療這個說法不盡是不合適的。試想，是什麼讓患者決定要擺脫、改變或更寬容地看待自己的某些部分？乍看之下，它們的變化很大；它們不單是困擾或不滿的問題，也不是單純因為罪疚或羞恥就能激勵他們改變。而且，其原因與患者在治療開始時的動機也不同。這就好比一個因他完全不同意的理由被拉去接受治療的小孩一樣，但其背後或許有著他的祕密意圖。

倘若分析展開的方向正確，患者感到被理解，他便會發展出良好的治療聯盟，當中通常具有移情元素，從而具有動力繼續他的分析，凡對他有意義的，都能夠得以持續或增強。他的症狀會減少甚至消失，但他可能會繼續接受分析，對治療師來說，那表示移情變得很重要：症狀中的內容變得與他相關，並有需要加以識別。當分析繼續，患者會在他正在苦苦掙扎的困境中提出需要幫助。但他是如何挑出哪些事情對他而言是重要的呢？在這一切中，移情的互動及其詮釋都十分舉足輕重。

榮格發現，儘管有些患者的移情已獲得充分的了解，他們還是會「堅持不懈」，不會離開，他認為他們是在挑戰分析師：情況

是，他們都試圖帶出一個「完整的個體」，雖然不清楚該個體意味著分析師或患者還是兩者。基於我的目的，我斷言這點並不重要，只要患者和分析師意識到提出的需求。

分析師的一個慣例是概化他們所發現的特徵。這後來可能會被
證明是沒有道理的，但又常被證實是富有成果的。因此我將延伸一
個最初由榮格開始，但後來被其他人深深體驗到的觀察。以這種方
式，我認為，發掘「完整的個體」的努力是個人發現自己的基本組
成部分的趨勢，而按照他的「真實本性」生活這一點比其他任何事
情都重要。這是否可能就是患者選擇探究的原因及接受治療的動力
呢？不論那個「意會」他同意與否，終究他還是想知道。儘管我將 114
在下一章討論治療結果這主題，現在我先簡要地提及它。

令人氣餒的是，自性的個人特徵把其所有動力活動的預估都排除在概化過程以外，使估計的治療結果永遠只能達致近似程度。但是，除非它使一般陳述變得荒謬，否則我認為我們毋須受這結論影響而卻步，並忽略個體成分。

然後我們假設我們承認自性是個一般參考框架，其結果能夠被引用。做為動力系統，我們必須將穩定性和不穩定性都當作必要變量。目前定義為穩定狀態的常態（normality），不能再做為評估令人滿意的治療結果的標準；相反地，任何評估都必須包括患者協商異常和正常狀態的能力（see Fordham, 1960a）。只有及時進行縱向評估才能滿足這個更嚴格的要求，提供患者在任何特定時間的狀態的橫斷面評估必定不足。

心理健康[1]

1 最初以〈自我、自性與心理健康〉（"Ego, self and mental health"）一文刊登於 1962 年《英國醫學心理學雜誌》第三十五卷第 3 期。

115 心理健康的概念比心理疾病的概念少，而後者轉變了精神病院的模式。患者飽受心靈痛苦，而其痛苦經常透過身體呈現出來。又或者，他們會挑戰普遍的行為規範，又或是充斥著很多奇怪得令人側目或令人生畏的點子、想像等。

若把上述行為視為偏離「規範」，而不是犯罪和道德缺陷（一種或另一種精神所為），將能夠開啟其科學性研究的大門，以及能夠更加人道和理性地對待患者，讓他們能從法律約束和道德譴責中解脫出來，並受到醫學界的保護。

當然，對心理疾病的認識意味著對心理健康的認識，而任何社群中，大多數人都認為自己的心理是健康的。要維持心理健康就是要保持正常，因而經常被認為：任何心理缺陷的暗示都會引起怨憤——心理健康的標準變成了一種社會上的判斷。無論對這種看法是否存有偏見，它都強調了心理健康在很大程度上取決於判斷，並且該判斷有可能是錯誤的，繼而帶來嚴重的後果。社會標準對此缺乏深度，因而成為一種偏見。將其與身體狀況來比較，就像是說一個具有某些症狀或惡性疾病的人確信自己無恙而不去檢查一樣。

學者們制定了更深入的健康標準。其中之一是由佛洛伊德提出的，他說神經症（譯註：即今日之精神官能症）的治療是將心理痛苦換成可忍受的不快。榮格則引進個體化的概念，設定了一個不同
116 且更為複雜的參考框架。梅蘭妮·克萊恩後來認為，對於那些抵達憂鬱位置的人來說，這是可能的。

榮格及克萊恩都強調內在心理過程的運作是決定性的。克萊恩可能說得更具體一些，而榮格可以說是更個人化一些：一個健康的人按照他的真實本性生活，當中以意象和適合自己的內在感覺來表

達。這一結論可能會跨越心理健康的一般估計。例如，精神病患者的妄想系統內容表達了原型主題，儘管其心靈或多或少崩解了，但仍應被視為正常的表現；此外，他認為患者保留其神經質會比利用（無論是否透過心理治療）巧妙的技術來「治癒」（或移除）他的神經症更為可取。如此結論的前提，是詳細探討患者的心靈結構。

榮格並不是第一位提出這樣具挑戰性的結論，因為佛洛伊德也有想過偏執妄想或可被認為是個人嘗試與現實重新建立聯繫。若是如此就更難分辨心理健康與心理疾病，而且可以說，還否定了整個心理疾病的概念（Schafer, 1976）。這一發展使某些分析師質疑他們決定何時達到治療可能性的能力。他們認為，分析的結果不能僅由分析師來決定，在某些情況下，最後還可能必須由患者來做決定。該結論與個體化概念和不可知的自性本質相符。

所有這些並不能免除分析師掙扎於定義其認為的心理健康應為何。我嘗試在本章探索自我和自性的概念是否在這方面對他們有幫助。自我和自性做為理論實體，它們都定義了對可區分的心理結構和功能進行規範的方式，而這提供了一個機會，從而回顧一下它們相互作用的一些初步構想。

自我的概念不僅與意識和感知有關，亦與心靈內容的結構有關；它是一個在無意識中具有情感根源的系統。如果將其定義為意識中心（即意識系統的中心），這就強調了自我可以實現的相對獨立性。《榮格全集》中使用「意識心靈」（conscious mind）一詞表示它所指的結構狀態。然而，意識不是自我的唯一屬性，它也是潛抑的媒介，並且還可以與防禦系統的概念結合，以抵禦外部和內部威脅。

117 因為自我的某些部分本質上是無意識的，即具有陰影的這一發現使第一個定義難以自圓其說。在使用該術語時，榮格遵循以下論點：隱喻最能表達無意識的內容。自我與它的陰影之間的關係對於整個心靈有機體的穩定性是很重要的，因為如果兩者分離，自我就會被嚴重削弱；同樣地，如果自我不能與陰影分毫不差地分開，它就不能履行其整合功能，做為以意識為主要特徵的心靈系統的組織者。陰影延伸到無意識的深處，並且由於它具有原型基礎，所以自我必須是所有其他心靈系統的一部分，並與之直接或間接地聯繫。

在嬰兒早期，心靈是相對同質的，雖然其結構是可察覺的，但是心智生活會逐漸以各種方式變化。例如，外在和內在世界的差別會漸漸形成；是由發展好的自我來區分兩者，並分別對兩者施以控制、中介和調節影響。然而，基於這些自我與原型之間的基本區別，自我做為產生意識的部分只能整合外在世界，而再也無法將原型整合到自身中。意識自我和原型這兩個功能系統因此被視為整個有機體的一部分，兩者以互補的方式互相連繫著。

拒絕認為自我不能同化原型這點帶出了一個問題：這些原型本身是相互關聯的嗎？如果是，是如何辦到的呢？這個問題的一部分不難解答：由於它們遵循本能規律，它們大多都必須是自我調節的，但如果原型不只是本能，並且似乎是因果性、不可預測，但又有意義的聯繫的根源，那麼它們的活動就不僅僅是當代意義所講的本能了。談到原型之間聯繫的可能方式時，我們馬上想到服從中央組織系統的等級制度的可能性，正如榮格把自性稱為秩序的中心原型時所建議的那樣。這聽起來幾乎像自我，因為它是心靈的重要組織原則。那麼，它們兩者的關係是什麼呢？撲朔迷離。然而，榮格說：

> 在我看來，「自性」一詞似乎適用於無意識的基層，其意識的實際代表就是自我。自我做為自性的支援，就像被動方與主動方，或者是客體與主體的關係一樣，因為從自性放射出來的決定因素均四面八方地圍繞著自我，因此高於自我。自性就像無意識的〔原型〕，是先驗的存在，自我從其演化而來。也就是說，它是對自我的無意識預示。（Jung, 1958a, p. 259）

這個陳述符合並預示了我自己更詳細的假設，即嬰兒期的原初 118
整合可能被認為是自性的原始狀態。這會引致去整合，而本能體驗就是其結果之一。這種經驗或多或少會導致強烈的知覺投入，從而促進自我發展。自性的整合進一步確保了嬰兒的豐富經驗得到消化和整合。

透過這種過程，可以想到，自性被分化為具有特定功能的獨立結構。這些結構獲得授權，並在生物體與環境的相互作用中得到發展。但是，所有這些發展中的系統都仍屬於整體裡的部分，附屬於自性，與自性所有部分緊密相連。榮格形容的自性意象象徵著一個中央整合系統。該理論的基本原理類似於我們對人體各個器官從受精卵中分化出來的認識，它們都隸屬於控制系統，其中以中樞神經系統和內分泌腺最為重要。

延伸我剛才引用的反思例子，榮格認為自我也可以掌管自性（即使不是所有形式的自性），但愈來愈多的自我仍然維持著從屬自性的關係。自我的成長是個體化的特徵。如是者，自我的發展及它對其他心靈系統的控制的擴展似乎是一項幾乎具有無限可能性的成就。這種表述顯然符合心理健康的概念，這些概念不僅涉及適應規範，而且涉及自我方面及內在世界方面之間的創造性互動。這些動態的過程導致每個過程的反覆修改，尤其是在去整合和整合這兩個過程的循環發展中，人格以一個整體被審視，並繼續有新的發展。

任何心理健康的概念都必須包含對周期性不穩定系統中的變量和突發可能的考量。何謂健康，何謂不健康，將取決於自性對自我的結構和原型的動態分化，以及它們在整個生物體內的整合。這兩個過程導致了自我的發展，而它的成長必然涉及騷亂的周期性經歷，感覺是危險甚至混亂的。但是，這些狀態需要成功地越過，如果它們能健康地運作，就可以提供創造力。只有整合的時期能夠相對穩定，並且可以在有機體得以適應和有效地影響環境的時候進行
119 添加、調整。由去整合而產生的狀態起初通常是不適應的，因為它們是在內部或外部精神動力學的壓力下需要有新的發展時出現的。因此，心理健康的考量必須與外部不適應者以及適應社會需求的狀態有關，並與內部成長過程，即大家所知的個體化有關。

探索自性 ——————————— | 第八章 |
Explorations into the Self

臨床研究 [1]

---

1 最初以〈分析實務中的自我與自性〉（"Ego and self in analytic practice"）一文刊登於 1964 年《心理學期刊》（拉合爾）（*The Journal of Psychology*）（Lahore）第一卷第 1 期，並做了修改。（據我所知，此期刊已停刊。）

120 思考自性的一種方法是透過象徵意象。但是由於自性構成了心靈的整全（totality），因此另一種方法是盤點它的各個部分，為未知和不可知的事物添加一個「X」。因此，我們可以表明，自性的合一的內涵比單純把去整合所得部分加總起來還多；宇宙中所有已知的，或從精神上來說未知的（無意識的）部分，但凡可以被感知和知悉的，都包括在內。我們通常可以斷言，透過由去整合形成之個體從他已知和未知面向所感受的內在世界，以及他已知和未知面向的外在世界，組成了自體。這與自我有著明顯的差異，也比較全面，亦正如我說過的那樣，成為自己的感覺（自我感）只是一種自性表徵。

當思考自性時，我們不可能不參考那些本質上與理性自我截然不同的無意識和矛盾元素。它們被指不具有人類通常熟悉的時空特性，而且很可能在心靈和軀體之間沒有明顯的區別。這些顯而易見的結論都是基於推斷的，但是它們對於考慮共時性材料很有用（詳見第九章）。非理性但有意義的巧合經歷取決於自我當中的能量下沉。當意識門檻因此而降低時，積極的原型就變得顯著，並足以干擾時空感知：那麼另一個順序就似乎可以接管，有時清楚可辨，有時只能推斷。以下的例子包含了自我和共時性的元素——後者被推論為暗示著自性的星宿。

121 案例

當我受邀向一群精神分析師發表一篇有關自我與自性的關係的論文時，我立即興奮地接受了。就我看來，這樣的邀請似乎是不可能的：因為我是一位榮格學派的分析師，一位資深的精神分析師朋友曾經告訴我，在不久之前，他曾在倫敦的英國精神分析學會（the Institute of Psychoanalysis）某次科學會議上，試圖提及榮格的工作。他告訴我，那隨之而來的沉默清楚表明要他不要再這樣做了！在接受邀請時，我已在研究他們要求的主題，正在完成撰寫有關個體化的章節，準備交給出版商刊登到他們的一本書中。在這項工作的途中，溫尼考特向我發送了一篇〈關於獨處〉（“On being alone”）的論文草稿，該文稿為我研究與自性和個體化相關的整合狀態提供了線索。他的想法有部分被吸收，也導致我將其想法納入另一篇我認為很重要的、有關反移情的文章中。在那篇文章中，我提及一名有強烈獨處感受的女士的個案，這個我們稍後會再提到。那時，我的思維已把獨處的感覺與積極想像的出現連結起來，如果持續下去，可能會促使自性象徵的出現。

於是，我發現我需要一些臨床的素材來展開討論。翌日，一位我已分析好一段日子的患者來到我的辦公室，並一直保持沉默——她沒什麼話可聊。但隨著會談展開，她似乎有所改變；該改變不是沉默本身，因她開始說起話來了，但其內容是空洞的——在此有著一些我無法定義的東西。

當我利用她說的第一句話來指出這點時，她告訴我以下這個夢：「我在水上浮著，那是在海面上；我沒穿衣服，身上什麼東西也沒有，我的私處像一朵花，不過沒有花那麼美豔。」我立刻感到這就是我要找的材料，在沒有等待聯想的情況下我直接這樣詮釋夢：「這個夢中似乎有著一股妳以前曾經體驗過的獨處感，是妳與妳愛的男人性交並得到滿足的高潮後所經歷的。」

這患者有點驚訝，並回應說：「你是怎樣知道的？」接著她繼續提到我的心態，表示有時候我正中要點，這是其中一次，但不常發生；今天我在一個很好的狀態，自信滿滿，而她也很喜歡這個狀態。回想起來，我相信這個詮釋只有部分正確，令人吃驚的是，我迴避了移情的意涵。

122 一朵花的意象在我腦海與我由連接過程中產生的自性相關聯；我想到了真實的性交的象徵本質。它也與溫尼考特的論文以及我被邀發表的文章銜接。我確定這是我演講中要講的素材。我也許藉此一提，我沒有斷言這個序列的真假，而是描述它的要素。要得出結論並進一步分析它們，就要強調自我的活動。然而，在這案例中，不用太過尋根究柢我們便能看到該連接：我所說的是穿刺性的、有關陽具的詮釋，從而進入她含有「外陰部」的感知。它是一個在與異性合一中產生的整體性的連接。

某事物將這所有事件連接成一個序列，彷彿具有一個在我控制範圍以外的統一性。這個事物就是自性的含義。這就好像我內心世界的某些部分並沒有與外界和其他人分開；它們兩者都是整體的一部分，而不僅僅只有我自己。

如果我認為這種經歷是由我獨力完成而非參與其中，又或者我認為外界的人會受制於**我**自己而不是**自性**的體現，這種經歷事件的方式就會是魔幻或自戀的。該序列包含有意義的重合（共時性）。在其中，它們是**自性**的一部分，是藏在外在世界和內在世界背後或超越它們的統一事件。這些內在和外在世界隨年月被建構，因此許多主要是自我結構。

分析心理學家通常根據複雜的程序或意象工作；他們之所以

這樣做，是因為他們主要對意象所代表的客體之間的相互關係感興趣。

我們都理解自性有兩種狀態：去整合的以及整合的。兩者被認為是依序發生，因此令自性成為一個有節律的動力系統。檢視自性的好處因此是：當你開始製作一個圖表，裡面有相對靜態的部分系統（自我），以及具有整合和去整合節奏的動態系統，就比較可能解釋自我如何會出現或多或少無可避免的迫害或所謂的分裂過程。這些情況會發生，是因為當去整合過程活躍時，自我不一定總能成功與自性分開，然後自性對自我而言就像是一個外來侵略者，彷彿要準備把它撕成碎片，因此對所謂的破壞性過程產生焦慮。

我現在將繼續描述一個案例，以說明前幾章所闡述的篇幅的價值。在這個案例中，自我功能占主導，但是我的患者和我自己都感到彼此在違反個人誠信。患者所發生或被推論的事情不能與我的內心世界分隔開。

我在分析一名三十多歲的女性時，早期階段進展得頗順利：她
記載了外在世界的事件。她告訴我她精於分析夢境（她曾接受過分 123
析）。其中，移情作用不是十分明顯，因為她表示她在進行「榮格式分析」，因此不需要移情部分（其實這點並不正確）。漸漸地，她的材料開始減少，而且有些時段她沒話可說。顯然她還沒有說出她所想的全部，她花了一段時間才能說出以下宣告：她說她已經完全康復，所以不再需要任何分析。她更進而說分析**已經**結束。其後她依然繼續參與會談，雖然當中有一、兩次她又說她不會再來了。她言行不一。然後就是一連串對我為人正派的表述，說我是一位很好的分析師，直到最後她道出了自己確信的真相：她十分肯定我愛

上她了，但囿於我的個人和專業操守而沒有向她表白。

她沒有再詳細描述她的夢，她甚少談及兩次會談之間所發生過的事或她的往事，反正後者她從來都很少告訴我。整個過程她都只集中在她肯定我內心正在發生的衝突上。某種程度上是因為我沒什麼話，我的每個肢體語言都被她自行詮釋；另一方面，幾乎我講的每一句話都被她理解成投射或隱藏的愛。我明白到正在發生的是投射性認同。

讓我換個場景，說說她的行為使我的內心發生了什麼吧。我的患者的態度令我感到與她非常有距離，亦令我思索我到底能做些什麼。結果答案是「很少」，甚至是「沒有」什麼可做。告訴她我不愛她沒有用，因為她會詮釋成基於我的操守的關係。試圖把投射與她的個人史聯繫起來又不是一件好事，因為資料實在太稀少。指正這是她的感受之主觀本性也不奏效，但話雖如此，我們稍後亦會看到，並非所有詮釋都是枉費心思的。漸漸地，事情開始露出端倪：根據她的說法，我身陷一個危機，而且我需要她，因此她出於她對我「成熟的」愛，持續來見我；她強調她這樣做是成熟的表現。逐漸地我發現唯一需要的詮釋，是去澄清移情投射（transference projection）；任何她沒有公開告訴我或未達到意識層面的投射都獲得詮釋。

這種情況——一種普遍的情況——使我處於最大的壓力之下，因為我幾乎是一個人陷入到底發生什麼事情的迷思之中。在這種情況下，患者根本沒有表示感激，亦沒有認同所做的事情是管用的。不承認有改善，也看不到任何改變。這有可能會導致分析師陷入幻覺並出錯。

當患者對我的詮釋接近事實標準時，我幾乎要相信她所說的 124
是真的。確實她有好幾個陳述異常準確，不是關於我的感覺（因為全都不切題），而是有關事實的陳述方面。例如，她能夠正確地推測出我的出生月份；她對占星術有興趣，斷言我是「獅子座型」的人，然後判定我的出生月份是八月。她的某些陳述自然是收集有關我的訊息的結果，但以為她的想法和詮釋對我來說有著重要意義就錯了，儘管它們看起來是正確的。這是患者讓我承受的壓力源頭之一，這很容易導致「共享的瘋狂」（folies à deux）[2]。我的迫害感受來自我相信自己沒有成功地成為人們認為的分析師，又或者因為我所說的一切都沒有被接受；其次就是我搶劫患者的感覺反覆出現，某種程度上是因為她支付了近半的薪水來看她認為已經結束的「分析」。

在這些情況下，我傾向於建立自己是兩個人的感覺，就如實際情況，她把自己的一切投射在我的身體，占據了我的身體。這使我與它分離，然後聆聽、關注、嘗試找出隱藏的東西，甚至有時候會惱怒自己。我反躬自省並知道，去整合是因為我的身體被患者侵占的感覺，並導致了我捨棄我的身體的幻想，並將我有意識的自性拋出到外在空間或房間裡。漸漸地，我開始意識到，大大提升自己獨處以及同時與患者在一起的能力有其重要性。當這種情況發生時，我的幻想便有效了。

現在，我想探討一下我對自己充滿自信的經歷，而其後我稱它為共鳴性反移情（syntonic countertransference）。該患者過去常

2 譯註：法文 folies à deux，英文翻譯為 shared delusion，即共享的妄想。形容一個有精神病症狀的人，將妄想的信念影響到另一個人完全相信的程度。

常以質問我的形式來展開會談，但基於某些原因，我總是不回應她。我的不回應令她更加挑釁，我亦沒有針對那些問題進行詮釋。接著她會很冗長地講述她希望我會到她的住處，她希望我會與她一起去看戲，我為何不外出散步，為何我不聽聽音樂……無休止地所謂有吸引力的可能性通通端在我面前，並且總是以發問形式呈現。我沒有回答，然後不管任何意義及分析理論，對於她愈來愈刻意的嘗試，或更正確地說的是誘惑，我居然開始想「有何不可？」；這些情況根本是沒有可能發生的，主要是因為她給我營造的整體印象除了正確的事實之外，無一與我相似，根本沒有我熟知的事情。因此，當她問我要不要跟她一起做某些事情時，我覺得她一點都不像在問我。

125 隨著時間過去，我愈來愈直率地向她指出為什麼她從來都不提及她的過去；她最終為了討好「我」而開始談論它。我繼續向她指出，自從她將我們視為情侶以來，她可能會去做情侶間經常做的事情；不僅談論現在發生的事情，而且談論過去，談論他們的生活就如現在一樣。有一天，她來到講述以下的一些記憶：她描述她爸爸坐在椅子上，她以前會去看他。她知道，他很喜歡她，但他甚少與她有公然的接觸。她來自一個富裕的家庭，而她大部分時間都是與傭人在一起，特別是她的保姆，她會向她提及她爸爸。那位保姆曾經建議她如何遊說她爸爸跟她出去，因為他從來都沒有這樣做過。因此，她曾經提出任何可以想到的建議，以期誘使他與她一起來並享受她的陪伴，她「知道」他會的，但他從未回答。這讓我知道我為何從不回答——我正正表現得跟他一樣。當我指出她對我做的事情與她對她爸爸做的事情的相似性之後，那些問題幾乎就再也沒出現了。當她再這樣的時候，我提醒她這點，她就勃然大怒。我想提出的觀點不是明確的詮釋而是事實：在她維持這樣數個月的時間裡，我知道我的行為舉止不尋常的事實。

我花了很長時間才發現這點。我之前並沒有機會詮釋，我欠缺可以進行詮釋的材料；但如果我沒有懷疑我為何不回應她的問題，我就可能會錯過我的反應中的重要線索。我想我們都同意，有許多陳腔濫調的詮釋可能會扼殺掉這些感覺。當她的回憶浮現時，我可以肯定地詮釋，否則就不可能實現。

乍看之下，看似這個階段的分析導致了另一個階段，並且使我對投影幕（projection screen）的含義有了新的想法。我成為了一個屏幕，透過對她的投射做盡量少的辯解讓我沿著它走，我盡量保持沉默，並集中注意力於她話語之間的間隙。其實在最初撰寫本文之前的一年多，我寫過分析師做為當前精神分析的投影幕的論題對一致拒絕它的分析心理學家們來說毫無吸引力，因為自性的概念使它變得站不住腳。這位患者讓我發現它的吸引力，因為觀看這些投射是件愉快的事，發現自己在其中的角色是多麼地不重要，沒有什麼對它造成改變，而一切都變成是為了投射過程的目的。但是，這與古典精神分析的投影幕概念有本質的區別，在投影幕中，分析師被動地反映了患者內在的過程，正如歐內斯特・瓊斯（Ernest Jones）所言，目的是「獲得最純粹的移情」。我的行為不是一項政策，它 126
是透過分析成長出來的態度；它是被探索出來、也是患者無意識中需要的；它因此取決於需求，它並不是一項既定的技術；或者換句話說，這是辯證關係的一部分。我認為這是真實的，儘管患者認為我因為不與她交往而毀了她的生活，或者我由於相同的原因導致她內在患病。她需要把這些幻想帶到意識層面上。

當前在分析心理學上對投影幕技術的反對意見，是由分析師**不是**自己此一概念而起的。漸漸地與患者獨處時我有機會做回**自己**，為此我十分欣慰，儘管這一定一直是最主要的感覺，但我逐漸意識到它對患者以及我自己都很重要。獨自一人的感覺包括與自己的一體性，和宇宙的一體性，並當有需要時能隨時準備接受患者或自己進入彼此的心靈。獨處可以引發很多發生在分析師身上的經驗；如果它失去了，投射就會變得無法忍受，分裂就會發生，正如我所描述的，由一變成二。

崩解和孤獨會帶來顯著的後果，之前我已提過其中一些，現在就補充餘下的。遭受迫害的感覺主要是源自她抱怨無法從我身上得到任何東西。她傾向成為被我攻擊的迫害者；我意識到了這一點，並加以控制，但是我的敵意可能在聲調中顯示出來。攻擊的另一種做法是不同程度上的撤退。但是如果我成功地涵容這些迫害，我就能進行內部的去整合。

另一個方法是與患者產生共鳴，即與她一起感受，並部分地意識到她的需求，嘗試滿足其需求。還有一個是在迫害或沒有迫害的情況下使之絕望。這個情況的徵兆就是對缺乏進展感到沒有希望；患者沒有改善，她不是在進行「分析」，我感覺自己是位糟糕的分析師，並且在很多方面都不足。這同樣導致，在迫害最小的情況下，以減少費用、改變或減少出席分析次數等做為補償的欲望。而我拒絕這些。

直接意會到需要與患者獨處的情況導致了一種整合狀態，但我亦需要準備好迎接去整合的發生。孤獨意味著在自我控制以外的整合狀態下與自性聯繫，但這狀態無法永遠維持下去，而且去整合過程會出現。這些也是在自我控制以外的，如果去整合的表現不是有意識的，那麼我列舉的各種可能性就會變成現實。去整合的一種表現是堅定地進行詮釋。我做出這假定是因為我與我的自性聯繫上 127
了，從而滿足了患者的需求。

我描述過一種反應，該反應包含如克萊恩所述的偏執—分裂位置和憂鬱位置的基本特徵。我略去了我的患者能被輕易推斷出的口腔施虐（oral sadism）不提，因為我想強調，除非它們最先是由分析師與每名患者的經驗中得知，否則無法在患者身上分析它們。我發現一旦分析師經常經歷這些經驗，他日後再處理它們時就不用太費勁，但是在我看來，患者的經驗和分析者的經驗是建立在一種終極的統一之上的，而在分析心理學中，這種統一被稱為自性。這是分析師要分析的基本原因之一。分析的目的是創造可以實現這種統一的條件。

話雖如此，我們必須重新回到起點，並回顧一下自我具有界限，因此分析的主要部分通常是基於分析者和患者之間所存在的界限。在完成分析之後，它們也仍然是必不可少的，但是在分析的過程中，一個悖論就產生了：自我變得愈來愈像自性，它變得愈來愈有意識的能力，它自己有其界限，如曼陀羅的圖像所表明一樣。因此，我們得出了直觀隱喻的根源：

「人（自我）是按照上帝的形象（自性）創造的。」

但也可以反過來說，是上帝在這個過程中成為了人。

對榮格有關共時性論點的詮釋[1]

1 最初刊登於 1962 年《英國醫學心理學雜誌》第三十五卷第 3 期。

128 上一章我們提到了共時性（synchronicity），並提出了一個例子來說明其中一些特性。我們需要進一步討論這個議題。

今天，許多科學家已經充分明白，單憑因果關係的概念不足以解釋他們所屬的學科，而且機率理論（probability theory）和敏銳的未來觸角（預測）更為重要。在這一發展過程中，生物學家發揮了主導作用（e.g. Bronowski, 1960）。但是科學家不願考慮整體情況。他們選擇單一或少量的數據，將其隔離以排除不想要的變量。因此，他們得以在可控制的條件下來實驗。

這樣做並沒有辦法提供評估當情況不可控時的方法，並且顯然是隨機的事件在這情況中佔了主導地位。這裡我想起了托爾斯泰（Tolstoy）對戰爭的描述，當中，不可預見的事件是如此頻繁，以致戰鬥的進行似乎是由它們決定的，而不是由深思熟慮的行動計畫所決定。大局在面臨急速變化時逸出了理性秩序。

榮格對這種總體情勢（total situation）以及無法想像的事件非常感興趣。毫無疑問，他認為這些與自性在宇宙維度上有關。他的科學知識受到了挑戰，於是他研究那些無法找到原因，但又對個人而言具有重大意義，或者具有某種深遠影響的事件的具體實例，來為自己解困。起初，他將這些歸類為非理性事實：由於因果關係原理無法解釋它們，他試圖將其納入自己的思想，並在必要時發明新
129 的方法。共時性就是他發明的概念之一。這是一種思考非理性資訊的方法：它穿透及理順了總體情勢。因此，它被認為與因果思想背道而馳，因在因果思想中，總體情勢的某些部分被孤立以供審查。

共時性的定義如下：它是一種非因果的連接原理，基於兩個或多個不相關的事件之間富有意義的聯繫——其一為心理事件，而另

一為物理事件。它的連接是自發和不可預測的，而且乍看之下好像是出於偶然。但是，它會變得令人不可思議，因為這些事件對於經歷它們的人或人們而言意義重大。該用詞指出事件之間在時間上存在對應關係，但是有一些例子顯示並非一定如此。因此在討論的尾聲時，榮格把共時性視為自然界中一般「因果排序」的特殊例子，也就不足為奇了。此外，他在一個註腳中提到，所考慮的資訊可能會「在沒有人類心靈參與的情況下發生……在這種情況下，我們不應該說**意義**，而是等價或一致性」（Jung, 1960, p. 502）。另一方面，雖然並沒有明確指出，但它或許可以應用於兩個心靈系統之間的有意義巧合，其中所謂的思想移情（thought transference）就是一個例子。

我們的主題的歷史由榮格在 1900 年左右開始收集非理性資料的驚人例子時開始；他的第一個公開案例（Jung, 1902），歇斯底里的媒介（hysterical medium），似乎提供了關於她力量的驚人證據。然後，榮格似乎一直在思考能量和魔法方面的問題，因為她似乎沒有採取任何破壞性的行動就折斷一把雕刻刀，劈開了舊的胡桃木桌子，而且還離事發地點有一段距離。然後有一次，在與佛洛伊德的討論中，發生了一起可怕的巨響，「彷彿整個書架都要掉下來了」（Bennet, 1961, p. 34）。根據班納特（E. A. Bennet），兩個男人都聽到了這個聲音，而且榮格正確地預言它將再次發生，與他後來的論文大相逕庭。佛洛伊德則試圖建立更合理的結論。

榮格雖然繼續收集這些素材，而且在他的文獻中可以找到許多例子，但他有好幾年時間沒有發表這些類似的資料。但值得留意的是，他在 1919 年向心靈研究協會（the Society of Psychical

Research）朗讀了一篇有關〈相信靈魂的心理學基礎〉」（“The psychological foundations of belief in spirits”）的論文。當時他指靈魂是無意識的原型內容的投射。直到 1930 年，他才首次使用「共時性」一詞，亦只寫在〈衛禮賢訃告〉中，漢學家衛禮賢是曾和他一同合作編寫瑜伽短篇著作、《金花的祕密》譯者。

他為由卡莉．貝恩斯（Cary Baynes）所譯的《易經》新版寫序
130（Jung, 1950d）時是他首次大肆提到這個議題。當中，他向神明請示了這本書的受歡迎情況，並記錄了他對卦象的解讀。

到 1952 年，他終於有信心並認為時機成熟，便詳細地於與包立（Pauli）的文章一同出版的短篇著作中表明他的立場，在該本著作中，榮格的文章名為〈共時性：非因果的連接原理〉（“Synchronicity: an acausal connecting principle”），而包立的文章名為〈原型思想對克卜勒理論的影響〉（“The influence of archetypal ideas on Kepler’s theories”）。毫無疑問，這兩種權威的結合旨在暗示無意識過程與科學研究之間的關係比通常所認為的更為密切，因為榮格在自己的文章中介紹了一種概念圖式，並與瑞士物理學家包立討論過。這次討論為共時性做為因果關係的補充給予了一個地位。無疑地，在闡述他的思想時，理論微觀物理學家的結論對榮格有相當大的影響。

撇除這些介紹性言論必然引起的複雜思考，我們普遍同意自身和周遭發生的大量事件都僅發生一次，因此無法進行對照研究。其中很多都是真正事出有因，而其餘的通常都是偶然正確或錯誤的詮釋。少數的這些「偶然」事件可能會在超自然或意義層面上變得相當顯著，其中包括所謂的超心理學現象。如果我沒有理解錯誤，榮

格的表述主要（但不完全是）旨在加深我們對超心理學的理解，並將其與他的原型理論聯繫起來。藉由這麼做，他加入這個行列：致力於排除牽絆著幻想、幻覺、妄想和詐欺的議題中的魔法。他這樣做，是冒著其材料會被誤解是由原型投射到偶然發生事件而取得的風險。

超心理學的真實表現經常與一個超自然世界聯繫在一起，在這個超自然世界中，鬼怪、靈魂、騷靈（poltergeist）等本身就強烈暗示著原型活動。由於這些元素被定義為心靈的五臟六腑，榮格無法避免地傾向於從心靈的角度而非某超自然或超心理學面向來思考這個難題。

認為超心理學（parapsychology）是一門與心理學截然不同的學科，其中一個原因是因為實物可以做為它呈現的媒介；無論如何，這發生在萊恩（Rhine）1948 年的實驗中，榮格接受了結果——我認為是錯誤的——做為支持他理據的內容，而拒絕當前對這些結果的解釋。他的辯論如下：即使萊恩的研究結果有統計上的顯著性，也不能表明能量在超心理學情況下的運作。相信大家還記得，萊恩的受試者在距離紙牌或骰子數百英里以外做出了驚人的預測。而且，該預測可以在翻牌前很長一段時間就形成。當在寫下這些材料 131
時，榮格最為強調的是：

> 如果在空間實驗中我們不得不承認能量並不會隨著距離的增加而減少，那麼時間實驗將使我們完全無法設想感知和未來事件之間存在任何能量關係。我們必須一開始就放棄對能量的所有解釋，這等於說不能從因果關係的角

> 度考慮此類事件，因為因果關係以空間和時間的存在為前提，但現時所有觀察卻都基於活動中的身體。（Jung, 1960, pp. 433-434）

儘管我同意這一論點，我不能理解為何榮格利用萊恩的實驗做為非因果模式的有力證據。他對統計的本質沒有足夠的重視，因此他論文的這一部分是在無視其基本論點的情況下發展的：萊恩的數據據稱具有統計上的顯著性，這個顯著性讓某個起因更有可能出現。由於紙牌和骰子是隨機的，因此造成實驗數據的起因必須在心靈上，因此很容易假設其具有某些不可思議的力量。因為無法解釋這些證據，所以發明了諸如超感知覺（extrasensory perception）之類的術語，試圖協助解決困窘。因此，沒有恰當的理論來解釋數據，當然就容易被蒙蔽了。

我在別處曾詳細探討過榮格那取名頗為不當的〈占星學實驗〉（Fordham, 1957d），榮格在當中使用了涉及統計的巧妙論證。我曾為此爭辯過，榮格支持我的論點，即如果希望尋找有意義的巧合，最好是從統計上不顯著的數據中尋找它們，從而令因果法則不可行。

簡略檢視榮格對統計學的看法之後，我們就可以考慮他如何將共時性整合到他的一般理論中，尤其是他對自我與原型之間的相互關係的思維中。值得反思的是，儘管榮格沒有像今天現存的模式一樣明確地發展一種客體關係理論，但榮格實際上是該領域的先驅，而客體關係的研究是他的研究主要特徵。共時性是他在該領域立場的延伸，亦是研究有意義的、獨立存在的主—客體關係的重要媒

介。一旦發現沒有任何可想到的起因，客體方面的目的性行為就變
得很重要，因為，如榮格所言，這使無意識中的情感過程有機會表
達自己。結果，原型變得活躍並且能夠被體驗，因為它們的獨立性
可以經由投射獲得允許。簡而言之，自我防禦被放鬆或破壞了，當
榮格說「心理水平降低」（abaissement du niveau mental）是讓共時
性出現的必要條件，他指的就是這個意思。為了支持他的觀點，他 132
舉例說明了資料出現的情感狀態，並說「時空連續體停止有效運行
並變得或多或少錯位」，藉此建立他的論點。在這種情況下，他與
現象保持密切的聯繫，因此成功地避免了通常難以理解的解釋，包
括原型導致共時性的想法。但是，正如他所說，時空連續體如何變
得相對化？

外在事件與原型本身之間存在一種對應關係，這關係與處於外在世界中的物質客體形成了一個明顯具有意義的關連。頗為肯定的一點是，是原型意象使對應變得有意義，但是共時性根本上是對應方，而不是由投射的原型意象所產生。榮格的論點也可以用另一種否定的方式陳述：無意識的過程沒有像有意識的思維般考慮到時空，也沒有因果關係。時空和因果關係因此成為自我結構和功能的特徵，而不是原型活動的特徵。[2]

儘管榮格顯然不認為原型意象就是共時性本身的起因，但他似乎曾經將其視為透過象徵性感知來記錄共時性的一種手段。這意味著投射不僅是一種幻覺，還是應對與此不同的無意識事件的一種方

2 當考慮此論點時，請務必記住，此處使用的原型是一個抽象概念。任何原型活動的表現都需要時間和空間。原型是「永恆的」（timeless）這一概念是基於個體在退行或受原型活動影響下所經歷的時空干擾的趨勢。

式。但是，在我看來，榮格論文中的重要元素並沒有這種可能性，而是因為它使整個超心理學學科可以根據自我與原型客體之間的關係來分析。研究個人資訊的大門也因此而打開。

我們現在可以考慮一些臨床材料，並簡要研究這種可能顯示出共時性的狀態。這些例子還將用於說明什麼是共時性，什麼不是，以及共時性如何在背後起作用，從而影響分析師與患者之間的互動。

令人驚訝的是，如果我們看看榮格給我們的共時性的描述，只有一項曾發生在一名患者中。他說，她當時特別難以分析，但是有一天，她在談論一個夢，夢中她得到了金色的聖甲蟲。突然，他聽到窗邊傳來一陣聲響，那裡有隻真的甲蟲，而且是在蘇黎世相當罕見的金綠色甲蟲。他向患者展示了這一點，並突破了她的理性防衛。這個有趣的例子在榮格的著作中是獨一無二的。顯然，它需要
133 更深入的討論，而我已在他處提及（1957d），指出這沒有考慮到移情的含義。可能是榮格的行為的移情效應創造了一種原本不會存在的意義。

這裡可能存在著分析觀察的相對稀有性的原因。一個主要的分析目標是提高自我的力量；雖然「心理水平降低」可能會出現，亦即雖然自我防衛會放鬆，它們還是受相對可控的條件所管理，這些控制可體現在定期的出席、分析師的持續存在、他的房間，以及最後基於他在密切關注患者所說或所做的事情而採取的介入。在大多數分析中，這些都足以確保可充分控制退行，在榮格看來，無意識的元素不會在變得有意識的短時間內突破。

因此，我們可以預期共時性會更明顯出現於對分析顯示出崩解

惡化或精神病的患者，或當一個良好的分析中有一項或多於一項的條件未被滿足時。例如，當遇到反移情的困難時，共時性就會變得明顯；在瑟維多（Servadio, 1955）的一篇文章中，提到一個所謂的超感知覺；巴林（Balint, 1955）指出，這種經歷是在分析師的心神盤據到分析以外的事情而無法專注於他的患者時出現的。患者會感覺到正在發生的事情，並試圖給分析者帶來震撼以填補這隔閡。

在以下的案例展示出一些使分析師和患者之間關係出現裂痕的困難。這些困難源於患者做出的投射性認同，當中引起了我難以處理的反移情。我將討論這些因素是否足以說明問題，或者共時性是否也未發揮作用。

第一位患者開始專注看著我壁爐架上的一些裝飾品。在幾次會談之間，這些裝飾品一直被移動或改變位置，患者開始認為我是故意這樣做，以測試、玩弄並刺激他的被動同性戀傾向。的確，這些物件被移動過，但我無法控制它們，因為這是清潔工弄的，我多次要求她東西要放回原位，她似乎都沒照做。後來，我想在會談前確保這些裝飾品沒有改動位置，但我卻記不起上一次會談時它們的位置為何，因此那恐怖的迫害感揮之不去，這使得分析工作非常困難。這裡沒有出現任何共時性。但是有一次，這些物件的表現開始激起反移情，我不難相信是某種精神或類似的東西在故意惡作劇，並假設他（或她）進入並控制了清潔工——那會讓人聯想到一個原 134
型意象，透過它可以感知一件共時事件。觀察得出，透過去整合得出的結論比我實際在局限自己的情況下對各個組成部分進行分析所涵蓋的總體情勢要好。這種精神可以被認為是單一存在的，顯然意圖透過利用清潔工來使我和患者產生混亂——而該結論仍在因果解釋的範圍之內。

如果我從觀察整體模式開始，而且能夠看穿這些神奇的投射，我可能就能達到共時性，其精神就可以是象徵性感知。但我應該需要經過更深遠的去整合過程才能讓共時性變得有意識。回想起來，我不能這樣做，是因為害怕患者的投射性認同會讓我崩解。

還有一個例子，我的皮瑟斯暖爐會積聚氣體，並會定期把氣體往煙囪外排出，過程會發出聲響。不只一名患者確信這些聲響在他們分析過程中遇到壓力時便會出現，或有時是由於我發洩情緒，又或是暖爐自發的、有意義的活動，是在與我們交談。在這些情況下，我無法判斷爐子是否真的比其他時候更頻繁地運作，但榮格的論文提醒著我不要介懷，並集中精力在移情－反移情配置中的模式的含義。一位患者顯然認為這是有意義的巧合，即共時性，而她想要我也相信這點；相反地，我懷疑她利用共時性的概念做為一種武器。

這兩個例子都說明了可以用來暗示共時性的材料類型，但是在這兩個案例中，我都沒有假設它們是與涉及的當事人分開的實體活動的結果，意思是我沒有沉迷於超心理學的猜測。在第一個案例中，物體以任意方式移動的原因之一是清潔工，而第二個案例中，發出聲響的原因是氣體的積累和排放。心靈內在的原因可以從患者和我身上追蹤到，但是當整個模式簡化為物理和心理機制時，似乎會流失一些東西。所省略的內容，在某種程度上，以幻想意象（即精神）來表達；它儘管包含一個解釋性要素，但卻更多地考慮了整體情況。從這個角度看，我傾向糾纏於總體的情勢——反移情——變得愈來愈顯著，因為我做為患者的分析師是整體模式的一部分。

在這些例子中，精神狀態是暫時的，而且發生在非精神病患 135
者的分析過程中。1963 年，瑪麗・威廉斯（Mary Williams）記錄了一個思覺失調症患者的觀察結果，該患者告訴了她騷靈的活動（Williams, 1963b）。威廉斯太太和患者在分析的關鍵時期都聽到了噪音，而且有一次櫥櫃門還打開了，但在那之前或之後從未發生過這樣的情況。

噪音通常不會被察覺，但會保持在意識閾限以下。如果由於各種原因降低了意識的閾限（如在退行狀態），這可能會變得有意識，並能對其進行投射。然而，櫥櫃門的開啟無法用這種方式解釋。它沒有起因，但具有含義。該患者「知道」那是騷靈現象，而威廉斯太太說她開始遭到阻抗。

這些例子都說明了物體的行為與投射的無意識內容聯繫起來的方式，這一點透過對投射進行整合的進一步分析得到了證實。然後，隱含或明顯的共時性停止了，並變得不可思議。

所有這些案例引伸了一個疑問：這些事件是否可以用整合與去整合、投射與內攝來解釋？榮格會說不可以；這一切背後都有基本的、有意義的統一，我們需要放棄因果關係的思維方式來掌握這一點。當然，他很可能因我未能提供引人注目的例子而責備我。但是我無意這樣做，儘管我在早前針對這個主題的文章中已經這樣做了。在這裡，我偏向想強調因果和共時思考所涉及的不同態度。

我們是否認為榮格和其他人所列舉的例子是不尋常的？還是我們認為共時性是一種常見但被忽視的客體關係？榮格清楚地相信他是在觀察通常是無意識的尋常事件，而對於分析素材的研究可能會把它們顯示出來。除了我概述的內容外，分析性會談還有許多令人費解的特質。分析師做出了自發的反應，當時或隨後無視所有理性意義證明那些反應是有用的；它們很可能是源自於有意義的巧合。此外，當分析師和患者聽到會談室外的異常事件時，可能具有高度意義。

如果不了解榮格論點的運用方式，就無法清楚說明榮格的論點。

（1）在《伊雍》中，他利用他理解占星學為共時性的產物的研究，來展示它如何影響或揭示共時性對基督教發展及其異端運動的影響；

136 （2）共時性的想法是許多中國思想的基本假設，以道家和《易經》（英文譯名為 *Book of Changes* 或 *I Ching*）等非凡著作表達。[3] 在這些領域中，都採用某種模式的思維方式，其中看不到因果鏈；

（3）然後是心身醫學，及心身結構是否不基於共時性這個更廣泛的問題。至少，榮格到目前為止都暗示這與其有關。這意味著必須放棄所有關於由某一身體事件引起另一心靈事件的想法，反之亦然，而且我們應該對尋找兩者之間有意義的對應關係感到滿足。例如，這論文也許誤導人們認為麻痹性痴呆（General Paralysis of the Insane）[4] 的精神症狀是由於腦部損傷

---

3 《易經》是有組織的符號陳述的彙編，其中添加了評註。它們可以進行獨立研究，也可以用於預言目的。

4 譯註：麻痹性痴呆（General Paralysis of the Insane）簡稱 GPI，一種嚴重的神經性精神病，早先被認為是先天缺陷，十九世紀中葉後醫界始確定為由梅毒造成的慢性腦膜炎，其初期表現主要是神經衰弱、情緒波動等，晚期為產生幻覺、失憶等。

引起的——需要兩者皆備才能診斷發病，但情況甲不會導致情況乙發生，而是兩者共時發生。

我希望，對榮格如此大膽、原始、甚至革命性的論文的簡短敘述，加上我自己的反思，能將其推薦給其他有志者作進一步探究。它顯然需要進一步研究，因其概念基礎很可能需要根據進一步分析來修訂。例如，榮格所說的因果關係並不總是很清晰，而這一思想近幾年來亦受到哲學家和科學家的廣泛討論。此外，他的例子並不總是能清楚地展示他所包含的意義觀念。

在本章完結前，我還想要提出一個疑問。對患者困擾之成因的研究在他的分析治療中起著一定的作用，但是這些原因具有太多的言外之意，令其無法成為非常可靠的工具：例如，當發現其起因是在嬰兒期時，這可以用作暗示患者應該停止他現在的行為方式（「不要再像個嬰兒」）。此外，意義遠比起因重要；儘管現有一個排除社交或性交的框架在運作，我們也不像科學家那樣規畫會談。這就是通常對非常分散的材料收集的含義，它導致出現由患者自己發現或在詮釋中告知他的有意識的表達。而且有趣的一點是，大多數分析師的表述都不是使他們的結論適合於統計研究的那種。這些反思令人對共時性概念備感信服——其實我們在有意義的巧合的基礎上開展了很多工作，只是我們不願意承認罷了。

反移情[1]

1 最初以〈分析心理學與移情〉（"Analytical psychology and transference"）刊登於 1979 年《當代精神分析》（*Contemporary Psychoanalysis*）第十五卷第 4 期。該期刊是威廉．阿蘭森．懷特精神分析學會（William Alanson White Psychoanalytic Society）與研究中心旗下的期刊。其後獲得《當代精神分析》同意重新印行。此外，它亦刊登於 1979 年由紐約阿蘭森出版社出版的《反移情：治療師對治療的貢獻》（*Countertransference: the Therapist's Contribution to Treatment*, Epstein, L. and Feiner, A. H.）。本章已進行修訂。

137 在本章中，我將以兩個牽連的人（自性）之間的辯證過程，來探討榮格的分析實務概念中的反移情主題。他隱晦地表示他提倡開放系統的觀點。封閉的系統是具有明確定義的限制或界限的系統；兩個人可能互相與對方有著關連，但以不同的獨立實體在運作。在他們的對話中，詞語具有約定的含義，或者，如果在交流中存在分歧，則可以參考其中一個心靈系統來澄清。另一方面，開放系統是沒有固定界限的系統，其結果是患者和分析師這兩個系統之間的互動、相互影響，以及相互改變。因此，困難或困惑需要在得以確認之前把**兩個**心靈系統都改變過來。

精神分析學的發展似乎使精神分析師接近分析心理學家正在研究的概念，特別是在倫敦。我已經廣泛使用了精神分析師的研究內容，並且意識到我的許多主張在我想到它們之前就已經被人考慮過了。然而，我不會在此引用他們的特定著作，但想藉此機會向下列學者致謝：比昂、海曼（Heimann）、克勞伯（Klauber）、朗斯（Langs）、利托、梅爾徹（Meltzer）、孟尼－凱爾（Money-Kyrle）、拉克（Racker）、席爾斯（Searles）及溫尼考特（有關完整的回顧，請見 Langs, 1976）。

榮格非常重視患者的個體性。他相信每個分析在根本上皆有所不同：

138 > 心理治療和分析與個別的人一樣具有多樣性。我盡可能個別地治療我的患者，因為問題的解決方法往往都是不一樣的……一個對我來說不合適的解方可能對其他人而言恰好合適。（Jung, 1963, p. 130）

我認為該陳述表明自性在分析實務中的核心重要性。他對方法的重視不如對互動的重視。在後來的幾年中，他甚至採取了一種匪夷所思的方法：

> 理所當然地，醫生必須熟悉所謂的方法。但是他必須防止陷入任何特定的常規老套。一般而言，他必須慎防理論上的假設。今天它們可能是有效的，明天可能是別的假設占上風。在我的分析中，我刻意地使自己變得欠缺組織。我們需要為每個患者提供不同的語言。（ibid., p. 131）

這些言論是榮格最後關於心理治療的陳述，但是多年來，它們的精神影響了分析心理治療的發展，而我認為此影響是有損害性的。我認為這嚴重阻礙了分析情勢的研究，因為若然一位患者的情況不適用於其他患者，那麼從原則上而言，對患者病情的描述就似乎沒有意義了。因此，榮格的陳述導致對任何一般性技術理論的嫌惡，因為在這種觀點下，任何此類理論都只會引起誤解，並被視為是對「患者是獨特個體」的一種理智化防禦。

然而，如果細心研究榮格的論述，就會出現另一種情況。儘管榮格一直對理論性的抽象法持懷疑態度，但這並不能阻止他發展許多理論，例如心理類型、原型和集體無意識的理論。再者，他是這些理論的應用大師，正如在他對夢的分析研究中表明。「塔維斯托克演講集」（1935b）揭示了他擴展象徵性夢境材料的方法。榮格在研究煉金術時所使用的程序旨在將象徵置於其歷史和文化脈絡中來闡明。該方法源於「象徵材料始終存在一個神祕的半陰影」的概念，而且希望使它盡可能明確，同時保留意象的背景。因此，榮格最後的論述不應被視為否定心理療法理論上的指引價值，而應被視為一個建議，務必為自性保留一點空間。

榮格開始發展分析情勢的概念應該是當他強調有需要為分析師進行分析之時（見 Fordham, 1957a, 1969, 1974b, 1978）。他認為，決定性的治療因素是分析師做為一個人的影響力，這概念是建立在一種看似理所當然的想法上——沒有分析師可以幫助患者取得比他（患者）自己更大的進步。

139 我對這個說法不甚滿意，因為它似乎貶低了分析師從情感和心智角度向患者學習的能力。我認為，任何良好的分析都可以充實分析師的精神生活，如果他不了解患者，則他可以在患者處理似乎難以理解的事情時，充當一個容器。

本著這個立場，榮格認為移情通常可能是分析師與患者之間互動的結果。他認為，移情雖然在日常生活中無處不在，但在分析情境中，它會加劇對分析師行為的反應。分析師的真實態度和個性在移情的形式和強度中起重要作用。此外，他認為，當分析師無法同理患者時，就會產生強烈的移情，表示患者為縮小隔閡付出的努力。榮格進一步認為，移情也可以代表患者努力適應分析師，而分析師具有父母的特質，可以充當橋梁，使患者可以從退行狀態回到現實。

與我的論文更相關的一個概念是，榮格認定分析師有能力內攝患者的心理病理學，並感到困惑或迷失方向。

> 醫生能自願及有意識地接收患者的心靈痛苦，使自己暴露於無意識的壓倒性內容，因此也暴露於他們的誘導行為……患者將激活了的無意識內容帶給醫生，從而在他之內構建相應的無意識材料……醫生和患者因此發現自己處於以共同的無意識為基礎的關係中……〔而且〕無意識的感染伴隨治療的可能性，同時也不能低估把疾病轉移到醫生身上的可能性。（Jung, 1946, pp. 175-176）

所有這些想法都與原型理論有關，這表明所有人類都有著一個共同的基底。我們可以想像每個人的原型實際上是相同的。正是這種原型活動使分析師對他們的患者在吸收和「接管」部分變得敏感。

在榮格的著作中，還有許多其他的觀點暗示著他的互動方式：

（1）他認為，患者的阻抗不僅可以被認為是精神內在方面的，而且與治療師的衝突有關（Jung, 1951a, p. 115; see also Lambert 1981）；

（2）他暗示患者可能在理解方面超前分析師，並引領治療師發揮適當的功能。在一篇他去世後才刊載的演講內容中，榮格描述了他由於無法理解正在發生的事情而變得沮喪。隨著他的 140
患者病情日益加深，他主動提出將患者轉介給其他人。令他驚訝的是，她說她認為一切都很好，並補充說如果榮格不了解她的夢是不要緊的。榮格繼續治療，並有跡象表明他向她學習，因為當中她向他介紹了瑜伽的研究；

（3）他明確表示，在與患者的關係中，他會不時公開表達強烈的情感，而他這樣做是因為他認為患者需要這些情感。

在榮格的著作中，儘管他似乎經常以當前的定義提到反移情，但他幾乎沒有提到它。除了他認為分析師吸收了患者的心理病理學的想法外，他還認為在分析的過程中，對分析師的考量要與患者一樣多。如果患者要改變或轉化自己，則分析師也必須準備這樣做，並且以前應該在自己的分析中也經歷過此過程的本質。

我以前曾主張發展分析實務理論，認為這種理論將促進互動，而不是在患者身上強加理念體系。只要仔細關注與患者的交流，便可以保有分析情勢的個人特質；分析者對患者的參與的理解可以透過分析師對自己的分析及其轉化能力來促進。反移情的概念在這方面很有用，因為它與榮格思想中的明顯主觀性有關，並有助於區分其有效和無效面向（Fordham, 1957c）。反移情理論是由古典精神分析學發展出來。它最早的觀點是，分析師可以根據自己的嬰兒期精神官能症的殘留，或他們與患者無關的個人生活中的干擾，對患者產生幻想。這些資訊將由分析師處理，就像他可能會處理患者的移情一樣。意即，它們必須分析和掌握其精神內在。對於古典精神分析師而言，這一切都與移情和反移情起源於具有穩固界限的獨立個人的無意識概念有關，也就是說，它們不是彼此互動的開放系統。

雖然我們可能很容易地想到，移情及反移情的錯覺是由本質封閉的系統進行的投射或置換（displacement）而散發出來，但同時亦可能存在無意識的互動。開放系統模型和封閉系統模型之間的差異或對比，並不一定意味著它們是對立的（每個模型都有其相關性）。當中的差異可能與分析階段有關，甚至與不同患者的需求有關。

分析心理學家已經廣泛研究邊緣型案例以及一定數目的精神病 141
患者。此外，榮格的特別貢獻之一就是他鼓勵對已踏入生命後半階段的人士進行治療。對於較年長的患者，他以包括大量的個人互動或坦率的教育充當其治療的方式。

無論是嚴重還是輕度的干擾，分析師對患者的情感反應都可能具有一定的有效性。我曾提出，由於某些患者對他們的分析師造成影響，後者會傾向內攝患者的無意識幻想或過去的客體。因此，我推測分析師可以在自己內在對患者進行進一步研究。患者對分析師的這種影響，我最初將其稱為**共鳴性反移情**（Fordham, 1957e）。與應由分析師掌控並解決的反移情幻象不同，共鳴性反移情提供了有關患者的有價值的資訊，它的概念源自榮格對分析師可以內攝患者的心理病理學的觀察以及此舉具有治療潛力的想法。因此，分析師可能會發現自己的行為方式與他所了解的情況不符，但與他對患者的了解卻是有所共鳴。穆迪（Moody, 1955）觀察到，分析師的這種回應可能會對分析治療的進展產生重大影響。普拉特（Plaut, 1956）研究了患者對他的影響，並表明分析師可能會像他所說的那樣「體現出原型意象」，然後他與患者一起解決這種情況。

後來我開始認為，類似的東西可能也蘊含在反移情幻象中。這個想法是克雷默（Kraemer）在一篇論文中提出的，他描述了一名憂鬱症患者的案例，該患者接受了治療師的治療，但由於治療陷入僵局，於是那名治療師找他（克雷默）來分析自己。克雷默的治療師患者對她的患者產生了反移情的愛慕，亦因為她以正面的角度夢到了他，因此她實際上不可以再替患者進行分析工作。儘管患者強烈反對，她仍堅持對患者表達自己的正向情感。這種行為顯然需要分析，而治療師自己也知道。然而，一些憂鬱症患者往往會引起分析師的愛慕之情，而且可以想像，如果治療師的衝動沒有構成妨礙，其感覺是可以提高患者的治療功效。

儘管其他防禦系統也已進入其形成過程，但這兩種形式的反移情都植根於投射及／或內攝過程。例如，分析師可能會認同他內攝的內容，然後在無意中為患者發揮作用，這實際上是使患者精神官能症發作的有效方法。或者，分析師將粗暴或巧妙地強迫抱怨的患
142 者與他的投射一致。這些是偏離治療過程的方法，但只在它們變得欠缺彈性、仍然維持在無意識，和不被用作構建詮釋或介入的訊息來源時，才會變得具有破壞性。

問題仍然停留在如何利用反移情材料這一點。反移情幻象可能具有一個有用的特點：它揭示了分析師易犯錯誤的程度。儘管理想情況下，幻象不會持續很長時間，但似乎確實把分析師與患者置於同一水平。此外，它還提醒分析師不情願介入其中的傾向。當反移情干擾到分析師的態度或技術時，分析師必須努力尋求解決方案。這些情況可能非常微妙。出現較輕微的反移情幻象似乎並不重要。有些可能來自分析師在分析之外的生活，因此他將不可避免地經歷壓力期，進而影響他的工作。他可以公然地堅持前進，但是隨著潛在的情緒變化，他的參與會受到影響。有時候這情況是沒被注意到的。當與其他人一起時，該影響會受到潛抑，或者可能在不用溝通的情況下被觀察或反映出來。然而，它會影響著患者聯想的過

程。我不認為這是一個適當的反移情，充其量它只是對患者做出的反應而已。但是，如果患者持續不斷地在分析師身上引發一種特定情緒，則這會被視為反移情，必須加以理解、詮釋，把它帶到意識層面。我之所以這樣說，是因為它們是人的特性，它們是意料之中的。否則，它們可能會成為病態反移情反應的跳板。

對技術的批評集中於與分析師的情感脫節，尤其是他對患者的愛與恨（及其衍生物）。如果分析師認為，有愛心、寬容、友善、諒解和長期忍耐足以滿足這種關係，那麼他便錯了。藉由證明患者的移情行為是由於他的發展史而不得不如此，並暗示它與當前的分析師有關，可以支持這種態度。另一種選擇是將「投射」引用到原型來源，這同樣與做為個人的患者或分析師無關。了解移情的成因後，分析師便開始詮釋，儘管它可能不會發生，接下來就是靜待修通過程自行完成。不幸的是，所有這些都可以掩蓋對患者的蔑視，透過日益增加的分裂加劇了患者的抽離，從而使患者在現實中變得孤立和沮喪。這種情況通常容易發生在較為嚴重的性格障礙、自戀型精神官能症和邊緣型病例中。然後，這些患者將攻擊整個分析框架（Fordham, 1978），並試圖以一種妄想的方式建立「人」的關 143
係。由於分析框架受到威脅，分析師可能會斷定患者無法醫治。然後他會終止治療，或執意繼續使用成效不彰的老方法。我懷疑正是這一點引起了榮格學派圈子中對技術的譴責。這樣的結果表明方法的描述是不完整的，因為它們沒有充分注意分析師在技術應用過程中經歷的情感狀態。比昂對「O」和「K」的轉化的描述給我留下了深刻的印象。當使用技術時，分析師在尋找 K 的轉化，其實他應該尋找 O 的轉化才對，但這意味著他要擺脫記憶和慾望。這些將演變成對治療和患者的先入之見，令他們不知道能做什麼、該做什麼或想什麼。

共鳴性反移情曾被視為能提供患者心理的線索，因為它定義了一種條件，從中分析師可以在患者不知情的情況下獲取有關患者的訊息，從而可以更輕鬆地了解患者的情感狀態。但是很快我們就明白，為了實現這一目標，內攝必須被重新投射，因為只有這樣才能將共鳴性反移情視為患者的一部分。**反移情幻象**導致相反的結論。在可以定義任何肯定的內容之前，必須撤銷並吸收該投射。因此，投射和內攝的概念以及對兩者的認同的更原始形式將以不同的角度來看待。那麼，難道不是在任何分析中都會有一系列的投射、內攝和它的認同來提供情感資訊？而這些資訊在轉化後，會加強分析師有意識地使用技能嗎？

看看面談本身：當一名患者進入房間之後，分析師的表現為何？他會馬上知道患者的狀態嗎？他可能知道，但他通常都會等患者向他訴說他的想法。但我們仍未解答以下問題：分析師在此過渡期間的心態如何？儘管每個患者的情況不同，但如果他放棄「預判」，他則要盡一切努力清空他在其他情況下對於患者的認識。透過這種方式，分析師每次都會好像從未見過患者般與其聯繫。分析師盡可能清空自己的思維以及擺脫記憶和慾望，然後等待觀察患者和他自己身上會發生什麼。由於他已經放棄了「預判」，因此他將盡一切努力讓他的觀察、思想和幻想透過與患者的溝通建立。然後，它們就能夠與分析師不費吹灰之力且自發地回想起的過去的晤談材料聯繫起來，從而提供詮釋等事宜。這樣，一連串的改變（轉化）就在分析師身上發生。

比昂曾詳盡介紹過我所描述的過程。有關內容非常複雜，因此 144
我只節錄其中一部分。一旦達到（「終極」的）O，它將首先導致朝向 K 方向的轉化（K 是感官經驗所產生的知識）。我將此公式轉譯為渴望先從無特徵的自性開始，但之後透過去整合過程發展出特徵。比昂斷言這涉及對其科學（而非宗教）意義上是有說服力的信賴，以及他的 O → K 論證涉及 O 的轉化（據我了解是導致自性的象徵化的意思）。

臨床案例

一名逾五十歲的患者在我進入候診室的時候從椅子上站起來。她看起來很明亮，眼睛像小女孩一樣閃閃發光。我對關於她的某種飢渴感感到困擾，並認為她想要我用擁抱和親吻打招呼。這似乎不合適，而我也不想這樣做。她躺在躺椅上，什麼也沒說。我感到愈來愈沮喪，並意識到自己的飢渴感。她沒打算用聯想來滿足我，而我伸手去拿煙斗。然後她開始說話，我便把我的煙斗放下。會談進行時，我可以舒服地聆聽。

如果我不清空頭腦，這些事件和思考就不會變得有意識。我已分析了這位患者一段時間，並很清楚這是怎麼回事。我本可以記錄她的每一個動作。她是有些自戀的個性，如果別人不欣賞自己的優點，她會很容易生氣。我十分了解她的童年，所以知道她為什麼在進行晤談時退行，而且可以毫無困難地詮釋。後來當此情況出現時，我甚至可能做出詮釋性的建構。簡而言之，如我沒有改變自己的心態，我可能會在隱蔽的反移情的基礎上繼續前進，以致我錯誤地建立了「預判」的狀態。如果我這樣做，我就不會感覺到會面中的任何情感內容，也會錯過我潛在的惱怒。同樣地，我的投射性認同，以及收回它從而發現我自己的飢渴的方式也不會出現。最後，我可能還沒有注意到她開始說話的原因是要和我的煙斗競爭。除了這裡已考慮的目標外，我的技術還有別的目標，它們包括：

（1）量身打造與患者的會面；

（2）以從「不知道」到「知道」的順序進行[2]。

145 分析師的錯誤

許多分析師的錯誤都可以言之有理地歸咎於反移情。但是為了對錯誤做出判斷，我們都希望知道什麼時候一個介入能充分正確地起作用，或什麼時候不能。確實，要對反移情進行任何程度的精煉，都需要一些這樣的判斷標準。

一些標準是根據患者的反應得出的，這些標準很重要（Wisdom, 1967）。但是來自分析師的觀點與本文的主題更為相關。分析師如何確定介入是相關的並且需要進行？他傾聽並得出了患者溝通中的無意識內容的假設——投射性認同和內攝性認同對刺激該內容起著至關重要的作用。儘管這個想法在現階段是暫定的，但它激發了人們對正在發生的事情產生興趣。隨著分析師繼續傾聽，他的想法可能由於錯誤而不得不放棄。如果得到確認，他會堅

2　可以參考比昂的頂點來考慮此情節。從 O 的進展導致出現了引起關注的 β 元素（水平面網格第 4 格）。結果是透過 α 元素於網格圖中上移一行而進行轉化，因此無法確定患者開始運作時的所在水平，但是我估計應該到達了 D 行（即「預想」preconception）。

信這是相關的，然後他可以將其傳達給患者。當分析師這樣做了，他會再次傾聽，以查看患者對這個貢獻怎麼運用（如果有的話）。有用的詮釋會反映患者的無意識。從這個意義上講，它可能是相關的但不完整。因此，它不會立即被接受，反而可能會被強烈拒絕，要到之後才能激發患者的反思或改變他們的聯想。最好把介入想成是辯證性交流的一部分。

重大錯誤通常但並非總是表示反移情的存在。但是當辯證過程受到干擾時則表示反移情的存在，特別是：

（1）當分析師在傾聽患者對介入的反應時遇到困難，以致他無法評估它是否被消化、接受或拒絕時；
（2）當他意識到自己無法掌握患者可能會給予他認為該介入是否適當的暗示時；
（3）當他錯過正在發生的事情，或當患者開始引導他做出相關或更好的闡述時察覺了反移情。

分析態度的偏差 146

文獻中有很多分析師強力表達自己情感的實例，我在他處討論過其中一些（Fordham, 1978）。它們都是非分析性的，做為對患者移情的回應，可能被歸類為反移情。它們通常具有侵略性，似乎常見於邊緣型、具有精神病特性的患者，或精神病患者。它們通常在患者威脅分析師的立場或自我定義時發生，可能透過持續的行動化，或是阻撓分析過程，或是攻擊分析框架。

其中一些回應似乎是與建立分析框架有關。榮格（1935）舉了一個很戲劇性的例子，一位強迫型的女士的習慣是會掌摑醫生的臉。他提到一個情景是當這位女士要脅要打他時：「『很好，妳是女士，我先讓妳打，女士優先！但接著換我打回去！』而我說到做到。她好像洩氣一樣跌倒在我眼前。『從來沒有人敢這樣跟我說話！』她抗議道。從那時起，治療開始見效。」一個由喬瓦基尼（Giovacchini, 1977）提出的例子也說明了這點。起初，他的精神病患者的妄想涉及喬瓦基尼的保護行動，但沒有任何效果，最終他的患者身陷囹圄。在隨後的治療過程中，喬瓦基尼告訴患者，他絕對「不會再捲入其中，如果他再惹什麼麻煩，他將只能依靠自己了。」

利托（1957）透過一名患者重複講述有關兒童的故事的案例，說明她所指的「R」——分析師的完全反應（total response）。利托告訴患者她「與〔患者〕一樣對兒童的行為感到厭倦。患者『不知道』，還繼續講另一個故事。」利托於是說：「我是認真的，我不要再聽這些了。」

無疑地，上述許多都是分析師不再重複的狀態。喬瓦基尼（1977）的推斷在描述另一位對他有過分要求的患者時也差不多。他變得憤怒，也這麼告訴他。「我感覺我已經忍無可忍了……但是我沒有再進一步感到苦惱，而患者也再沒有對我提出任何索求。毫無疑問地，他還是會要求，但是我現在相信我可以強化我的處境而不會感到不快。」（ibid., p. 438）在這段陳述中，暗示著這些交流涉及分析師的轉化。

患者 A

A 太太發展了妄想移情，並竭盡所能打破我的分析立場。她的問題清楚地表明了這一點，她足智多謀且氣勢十足地說：「您就不 147
能停止當分析師，成為一個人嗎？」我的反應趨於消極，使我的分析工作停滯不前，有時還會自虐地退卻。偶爾我發現自己在與患者進行投射性認同：這種分析方法根本無效，我開始透過她的眼睛看自己。

面對她一貫的負面反應，我內疚地反思到底哪裡出了錯。是否我診斷錯了？我是否不應該接收這位患者？是不是我技藝不精？是否我的詮釋經常犯錯或是引導的方向不對？我是否未能充分分析防禦？是不是詮釋過多，致使患者陷入絕望？很多諸如此類的想法（Fordham, 1974b）。在這段仔細的自我檢視時期，我感覺我較像患者而不是分析師。這個情況更因患者試圖分析我的狀態而加劇。有時候她是對的，例如，她相信我的嬰兒創傷浮現了，但她自我安慰說她認為我最終會成長到能夠幫助她的狀態。儘管分析看似完全無效，甚至有點破壞性，但她沒有表現出想要終止的跡象。我和我的患者經歷的漫長過程確實產生了令人滿意的治療效果，儘管我不得不展開它的尾聲。該分析可能沒有我原本期望的完整，在此期間，我學會了對這類患者保持更好的分析立場，以便在出現類似情況時，我不再傾向於以相同的方式來反應。

患者 B

B 太太擔心她到處都看到陽具的趨向，她顯然患有輕微的視幻覺，不被認為是臨床精神病患者，但這已使她擔心，唯恐自己瀕臨精神病。在此情境下，她告訴我一個夢境，夢中有長形物體在沙發上。她不確定那是糞便還是陽具。這個夢發生在很多年前，她告訴我她已把這個夢告訴之前的分析師，然後他們倆都認同是「糞便狀的陽具」。幾天之後，我有機會提醒她這件事。她堅稱自己沒有告訴過我任何這類的事情，而是我「癡人說夢」，那件事是我「點子多的頭腦」所虛構的。類似的情況在數個不同的場合之前也有發生過，患者除了否認之外，她還會斷言是我把她與其他人搞混了。這次她推斷我需要分析，並表明她準備好和樂意承擔這必要的工作。
148 像 A 太太一樣，她暗示只有完成這個步驟後，才能進行她自己的分析。

在以前的場合，因為找不到解決方法，我會繞過這個難題。但它又再出現在這案例中。這次我強調意見分歧的存在，很無奈地，這似乎不可能解決，我也沒有鍥而不捨地嘗試。她提出了進一步的異議，會面暫停了，這給了我時間進行反思。我沒有認真考慮過她是正確的可能性（就像我和 A 太太詳細地進行的那樣）。我茫然不知所措，直到我確信需要介入。我告訴她，我認為將陽具當作糞便的想法或感覺是恰當的，然後我會告訴她為什麼我這麼認為，強調著「我」一詞表示這些都是我的想法，而她不一定需要同意。簡單來說，對方可能會把這當作我「癡人說夢」的一部分。從童年開始，她的生活中就有很多次被陽具嚇到，或感到厭惡，覺得那是令人作嘔或令人討厭的物體，我詳盡地總結了這些內容。經過深思熟慮和更進一步的異議之後，她同意我的話感覺是真實的，但是她的思維不斷生出反對這種瘋狂主張的爭論。

這次交流的哪些元素與此討論相關？在我的患者斷言我對她有一種錯覺（對她來說就像她的「幻視」）的一段時間裡，不知所措的我強迫自己回想與 A 太太的反移情。這是深思的過程，而且消化得來。內攝性認同包含在這過程中，因此會對於她是否正確這一點有不確定性。回想起來，顯然我也以投射的方式認同患者的態度，這使我能夠尊重和同理她的觀點，並暫時認同這一觀點。儘管這些情感過程容易讓人感到困惑，但我仍然能夠反思。我必須積極干預的信念並沒有伴隨我將要說什麼話的知識。確實，當我開始講話時，我仍然受到我認為是反移情的影響。然而，當我開始講話時，我發現以這種方式展開主題驚人地容易，而事實亦證明，我的患者可以理解其含義，從而變換了她的移情。如果像以前那樣，我無法做出足夠的反應，那麼毫無疑問，我就會形成反移情，從而干擾了分析的進展。但是其餘的問題呢？我的患者引起的情緒是她攻擊的結果，而這些情緒奮力抵抗攻擊。它們是內攝，是暫時的困惑，之後，經過了我帶動的介入，引發了反思，同時也是自發
的互動。我有相當的驚喜和滿足感。我們有可能考慮到這一切是共 149
鳴性反移情的一部分，並根據我透過介入再次投影內攝內容從而使其概念化。這甚至可以解釋我的溝通的自發性。但「反移情」一詞是否有必要呢？它是具有投射、內攝及認同過程的互動。在這兩段臨床經驗之間，我進行了大量的「自我分析」。這令我的個人和社交生活獲益良多，由於這與患者有關，因此也促進了治療。還有其

他貢獻性活動：與同事討論、寫論文（Fordham, 1969）和閱讀文獻，使我發現我的經驗並不獨特。我最終還提出了關於自性防禦（defences of te self）的新假設（見第十一章）。我顯然開始進行一項研究計畫（或多或少基於衝動）。這樣的計畫起初很大程度上是個人的，需要我的情感狀態的轉化。在我看來，這是所有分析研究中必不可少的要素，而情感的複雜性也牽涉其中。一旦完成後，我需要找出它是否對精神分析的知識體系有所貢獻。

這項研究的其他結果是，我重新評估了一些患者對分析師自身情感狀態的表述的需求，並且進一步洞察了分析師做為一個小孩的概念。

結語

回顧反移情概念的發展，人們看到它經歷了各個階段。首先，它涵蓋了分析師產生的令人不快的素材，由他控制、分析和解決。它符合分析師希望實現客觀性，以便正確了解患者精神內在狀況的志向。他們自己的心理狀態被認為是本質上不相關的。佛洛伊德（1910）認為分析師將他的無意識用作感知的重要器官，以及榮格強調分析師個人影響力的重要性，這兩個觀點都沒有引起太多關注。接下來，內容擴展至涵蓋分析師的精神內在狀態。這產生了重要的後果：現在可以審查分析師的性格（不僅是他的心理病理學）。根據這種方法，分析情況受到了嚴格的審查，這導致了對分析師和患者之間發生的事情的更詳細描述。分析師具有抱持的能耐，同時也有與患者進行投射性認同和內攝性認同的能力。我們有

必要對患者自身，以及分析師和患者之間正在進行的過程有足夠的
了解。進一步研究如何驗證分析師的介入措施使人們了解到患者可 150
能會發現錯誤，並指導分析師做出更好的表述，從而促進分析師的
分析。

在我看來，所有這些問題都可以歸納到同一個議題之下——分析辯證法，而它們引領大家到分析狀況為兩個開放系統彼此互動的觀點。在該理論的發展過程中，擴展和概括了**移情**和**反移情**這兩個術語。如是者，分析師對患者的適當感受和情感被包含在內，使術語所指的原始概念有失去意義的危險。現在，整個分析情況被視為大量的錯覺、妄想、置換、投射與內攝。我建議，除了分析師的適當反應外，他的暫時性投射和置換不應再被稱為反移情，因為它們代表分析師對患者採取行動並對其做出反應。這些行為可能包含錯誤的感知、幻想、錯覺甚至是妄想，但分析師可以加以涵容，直至解決為止；然後就可以利用它們來設定適當的介入措施。只有在互動的系統受阻時，才需要一個特殊的標籤加以標識，而在我看來，這就是**反移情**這詞適用的時候。

我建議過將僵硬死板用作標示反移情的基準，但我必須對此進行限定。在分析中，在某些方面具有合理的刻板性：例如，投射的分析框架需要保持穩定，直到終結。此外，亦需要分析師的穩定風格。

我相信**反移情**理論已經發揮了其主要作用。它帶來了最理想的效果，那就是讓分析師走出自己的象牙塔，使他們有可能在分析性心理治療期間學以致用，不再紙上談兵。分析師的心理病理反應，相當於患者的移情，可以稱為**反移情**。我會稱其為交互辯證法的其

餘部分。

因此，分析師需要轉化他從他本人和患者那裡接收到的複雜資訊。

許多年前，榮格定義了這樣一個「轉化階段」。我發現，與患者進行的任何分析相遇都涉及轉化，無論只是僅僅一次的會談中，還是經歷數週或數月的時間。當它失效太長時間時，就可以從更深的意義上說它是一種反移情。為了促進轉化，分析師能接觸自性的能力很重要。比昂關於分析師放棄記憶和慾望的公式意味著，他從
151 沒有過去也沒有改變慾望的狀態開始，特別是想在社交或精神內在方向改變患者的慾望，然後他可以接收患者的影響並開始轉化它，希望他可到達能夠消化患者的材料並將其反饋，從而促進患者轉化的狀態。而反移情則在分析師未能使轉化發生的時候形成。

自性的防禦[1]

1 最初刊登於 1947 年《分析心理學期刊》第十九卷第 2 期。本章經過擴充及修改。

152 本章主要為描述性的內容。它定義了精神病式移情患者表現出的「全面防禦」（total defence）。在這情況下，分析師所說的一切顯然以（患者的）沉默、會談儀式化，或明顯的言語或其他攻擊，直接令分析程序失去效用。

自我防禦

在開始探究這種情況之前，先檢視一下防禦理論的歷史可能有用，這樣可以正確看待這個主題。防禦原本是在患者拒絕分析工作的時候才被假定。一旦引入移情分析，阻抗（resistance）就會升到另一個層次。儘管如此，他們仍然堅持：那些對分析師來說似乎很明顯的詮釋，尤其是那些關於本能和嬰兒慾望的，最初都會被患者拒絕。然而，據了解，只要分析師不讓步，而又有足夠的時間去嘗試修通的話，分析師仍可以消弭患者的阻抗：無意識的內容會從無意識中浮現並獲得接受。這些發現主要是基於對歇斯底里症患者的分析，它們仍然與精神官能式移情的許多分析相關：我們仍然關注被潛抑的內容，並努力把它們變得有意識；透過遵循和詮釋患者象徵化、置換、補償、轉換、反向作用（reaction formation）等的防禦性使用，令其無意識的內容變得有意識。

從那時起，自我心理學家在分析技術方面有了發展，特別是在
153 美國，他們認為，簡單來講，分析的基本特點就是防禦分析。如果執行得當，則本我中的無意識過程將能夠以令人滿意的方式使之吸收而變得有意識。該技術是微妙而有趣的，但是如果在沒有識別出建立的防禦機制背後的無意識過程的情況下使用該技術，患者將完

全不知道他的阻抗到底是怎麼一回事。

隨著時光流逝，人們發現了對不同類型的其他防禦的假設。它們在強迫（obsessional）狀態下被觀察到，稱為「隔絕」（isolation）和「抵銷」（undoing）。在這裡，被防禦的情感元素是有意識的，但由於它與人格其餘部分隔離，所以其顯著性無法掌握。

最後，還有針對不良客體的更原始的防禦措施；它們針對部分或完整客體的分裂、投射性認同和理想化。就部分客體而言，它沒有無意識，而是或多或少地進行了猛烈的嘗試去攻擊並消除不良客體——它們可以說是達到了殲滅（annihilation）的程度。這最後一組防禦系統才是我要討論的，因為這正是需要動用全面防禦的一個領域。

精神病式移情

在研究妄想移情時，我首先對精神病式移情（transference psychoses）產生了興趣，因為我意識到患者從未接受過對他說的話的表面價值，而是以在任何特定時間掌控的投射性認同來重新詮釋它。換言之，一般對話中的詞語其本身意義已得不到一致認同。

首先，我會以一般基礎的做法開始，這通常足以說出是什麼投射，並建議分析之後如何進行，即使我無法證明它是如何在期望中產生的。然而，由於詮釋本身會受到二度詮釋，所以這個做法不奏效，於是我發現，可以理解為這意味著分析師為了防衛自己，免於正視關於自己的真相，而試圖將自己的焦慮感強加給患者。在此主題的一種變化是，在患者的角度看來，分析師運用他的技術做為隱藏自己的保護盾，因此移情的詮釋失去其效力。

某種程度上基於這種情況，困惑出現了，而使我不只一次感到震驚的是情況會變得更糟，如果常理被推翻或參考內容被當作現實，那麼患者就會被說服，如一位患者所形容的，他的分析師瘋了！

154 該症候群可以有更為戲劇性的發展，以致會談充滿負面情緒和困惑，直到整個辯證似乎快要崩潰為止。這時期可能充斥著詆毀分析師的介入行為，每當分析師講話時，最後都會引發大聲抱怨、尖叫或流淚：患者似乎會盡其所能阻止分析師的介入變得有意義，或者有選擇地或同時地扭曲這意義，從而製造未被識別的混亂。幾乎所有事物都被說成反的、顛倒或輕微扭曲，使直接溝通變得不可能。

不合常理的破壞性目標充斥著整個畫面：對於什麼是好的和好客體轉換成壞客體（或相反）的攻擊，幻想分析師在掩飾自己並剝削患者，幻想他生病了，或他本身已變態或幼稚得需要患者來刷他的情感存在感；所有這些都是移情的顯著特徵。與此同時，患者為維護分析師的妄想的真實面目或促進其成長而做出的努力，可能導致在分析之外構建一個被破壞或變態的世界。父母由於該移情狀態而受到詆毀，他們的失敗可能會被嚴苛地認定為是造成患者病情的原因。該詆毀會延伸到親友、兄弟姐妹、社會政治及宗教。

所有這些都可以理解為是試圖破壞分析師好人形象的攻擊，並將分裂的破壞性過程投射到過去、社會和宇宙中。因此，在我所關注對分析師的攻擊的議題下，將他分為一個壞的技術機器和一個好的隱藏部分；雖然破壞性目標的恐懼大大增加了，但這是患者為了自己披露並獲取的目標，令治療向前邁出一步。

這種情況的一個相關因素是時間意義上的干擾。這裡沒有真正的歷史維度，因此過去和現在是一樣的。儘管這個情況可以參考過去，並且在妄想消退的時期獲得理解，但這是事物的情感狀態。然而，它們欠缺說服力，被視為學術細節看待；而且即使歷史相關的參考被接納，都是因為它符合了患者的妄想系統。當溢出了這個範圍，它就會被否定；分析師就會被說是「做錯了」，並且可能需要重複回憶和修正。

它的特點是，隨著對移情的分析在任何漸進分析中進行，任何已揭示的童年記憶都不會改變和擴展。內容屏幕的記憶不易獲得，因此它們在情感上是與已知的分析情境隔絕的。

我認為過去和現在是一脈相承的，患者將利用這一點，以向分 155
析師施加最大的情感壓力，企圖將他分裂或讓他耗竭，有時還會扭轉分析的局面，令分析師「成為」患者。我們可以在此基礎上將重建視為分析師逃避自己嬰兒期自性的恐懼。

反移情

分析師所承受的壓力可能產生典型的影響：

（1）分析師可被引導參與困惑的境況，不管情不情願，也是無可避免的。

（2）對於無法幫助患者，他可能會陷入受虐狂的默認狀態，並感到受迫害和罪疚；他可能會覺得自己在搶劫，特別是如果患者相對貧困的情況下。這可能導致在沿著患者試圖達到的目標時分裂。如果他的罪疚感變得過於強烈，他甚至可能會嘗試中止分析，就如榮格（1973b）提過的典型情況，他曾經試過一次，但沒有成功。

（3）在幫助患者的過程中感到沮喪和能力不足時，分析師可以設法減輕這種情況：他可能或多或少地放棄分析，透過大量使用預兆（token）來屈服於患者的誘惑，或者讓患者在生理上愈來愈多地占有他。這開始可能導致性方面的關係。就此處發生的反移情而言，可能會引入性相關的行為，通常是多種形態的性行為（Meltzer, 1973），以挫敗患者的努力而誘發退行的發生。正如我所建議的，移情的內容旨在引起分析師的無助，這可能會使患者變成具有威脅性和迫害的猛獸。青春期的性活動或可遏止此類退行。

我強調這些影響，是因為它們可以成為患者試圖分裂分析師並強迫他進入他的圈套的指標。如果未偵測到此情況，患者就得逞，然後分析師可能會與已經發生的妄想共謀。因此，一個由分析師和患者組成的混合體被建立起來，而它可能難以解除：這就是一種惡性的反移情形態。

分析師的所有這些狀態都避免了他的無助、絕望和沮喪，因
156 此他可以開始考慮是否自己涵容的這些情緒並非患者自身所處的狀
態。患者會毫不留情地玩弄他可能在分析師身上找到的弱點，其作
用是破壞分析師的成熟、養育、感覺和創造力，這點再怎麼強調都

不夠。

技術失誤

牢記反移情的概念，去回顧有關精神病式移情是由於分析師的失誤是饒富趣味的：

（1）診斷錯誤；絕不應該對患者進行分析。

（2）技術出現問題，尤其是：

(a) 分析師直接針對患者的壞客體詮釋，把它們當作非常好的客體處理。結果，分析師成為「魔鬼的代言人」；

(b) 做為此錯誤程序的一部分，患者的防禦沒有得到充分考慮，甚至根本沒有被考慮；

(c) 對任何種類的詮釋都過分誇大，以致患者遭受惡性迫害，而這些使他陷入絕望；

(d) 分析師做出了許多錯誤的詮釋，以至於患者對他的信任受到破壞。

這些錯誤不能被排除；實際上，大部分情況在大多數分析中都是不時發生的，而且通常可以被發現和糾正：自我心理學在精神分析中的發展已為避免這種現象做出了很大的貢獻。

令有關技術失誤的論證變得不足的此類症候群特點是患者沒有離開；相反地，他經常公開地（但更多情況是以暗示）爭辯，他整個人生都仰賴持續的分析及其成功的結果。他還主張，即使他堅持認為要找出解決方案，分析師也必須先變成熟或治癒自己所患的疾病（出於患者的妄想）。因此，分析師的真正過錯幾乎不可能出現。

分析方法

在文獻中，已經證實了患者對分析師的影響，並就技術需要
157 而改變這個立場達成共識。利托（1981）、巴林（1968）及席爾斯（1965）均贊成改變（儘管後者的觀點是建立在偏向病理的框架內）。根據我的經驗（僅是我個人經驗之談，不包括其他人在內），我很難維持我的分析態度，因此對我來說，確定自己的立場變得更加必要。〈技術與反移情〉（Fordham, 1976b）主要的企圖是為了消化這些患者的壓力經歷：分析師在開展工作時，需要時刻意識到自己對患者的內在真實自我感覺。當這點明確了，患者向你發出停止做為分析師並做自己的要求，就可以視為正在解決的患者妄想系統的一部分。

因此，分析師需要保持分析態度，不要再試圖「做自己」，因為他能以坦誠表白或提供自己的資訊，來表現他已在展示真正的自己。另一方面，也不希望分析師因患者斷言是他造成痛苦、恐懼和畏怖，而變得過於消極或內疚。重要的是，患者聲稱分析師造成困惑，是施虐的、殘忍和具破壞性的，分析師要控制住對此產生的罪疚感。認清痛苦的一個特性也是重要的：這表明患者正在掙扎並表現生存的意願。患者甚至暗中珍視它，因此試圖把它從患者身上取走它是錯誤的。

最能說明問題的是，如果病情開始緩解，患者可能會說出他一

直以來如何暗中珍視並利用了分析師的介入，關於那些介入他一直都表現得極度消極，然後口頭上的連續性使他鬆了一口氣，表明分析師實際上並未構成損害。因此，一直以來，患者心中都有著一個與分析師的祕密同盟。這使我有機會提及對患者行為中積極面的詮釋需求：它們很容易被忽略，但最重要的就是不要忽略它們。同樣重要的是，切勿將患者當作真正的嬰兒對待，而應保持與自性的成人部分的應有接觸，並在即使接觸不到的情況下，都保持現狀繼續治療。我再次發現，每當患者康復時，他們都讚賞這種態度。

預兆

儘管預兆可能會帶來短期的正面影響，但我對它的長期積極影響深表懷疑：它們會防礙需要聚焦於分析中的妄想的非常情況。因此，我得出的結論是，即使是患者主動要求或懇求的情況下，也不應該給予任何預兆。他這樣做時，他意識到自己的需要，並且幾 158
乎要自己採取行動——這裡的問題不是其行為需要分析，而是與之相關的焦慮需要分析，從而可以有力地控制強迫性衝動。然而，這並沒有否認患者會在未經許可下，不時觸摸、抓住、打或咬分析師，並且可能會毀壞或偷走房間內的物品，因此很重要的一點是不要在周遭放置任何貴重的物品。然而，我相信，有時候殲滅感會反過來傷到患者，令他崩潰，此時分析師就可能需要有一些身體的接觸——但我到目前為止還沒有找到一個周詳的處理方法。

嬰兒期的根源

我不能說服自己，人生不好的開端將導致這種症候群。儘管經常有跡象表明一場或更多的早期災難，並且雖然它們看起來好像非常重要，但也無法擴展到涵蓋人生全景，況且往後在任何特定時間出現的創傷可能更為重要。然而，早期災難如受干擾的母乳餵養、疾病和住院創傷等可能更為相關。如果一個家庭合理地善待兒童，就會出現特殊情況；隨著孩子的成長，該家庭甚至可能變得異常富有和滿足。我遇過有早期創傷及隨後良好家庭生活之結合的其他案例，而這似乎令其特別難以從歷史意義上了解嬰兒期的根源。然而，也有例子看起來是手足的出生更為重要，這也許是因為母嬰過分親密，結果導致孩子的自性表徵不足。在這種情況下發生的過度投射性認同將提供自性表徵是錯誤的條件。結果，孩子母親的懷孕對兄姊的困擾比通常來得更大，而弟妹的出生更會是嚴重的創傷。此外，由於母親與大孩子的親密關係，父親無法履行深化與大孩
159 子的關係的任務：他被視為外人，所以孩子的成長進一步受到了損害。因此，接二連三的災難而造成創傷的積累就呈現了。

我發現不可能詳細梳理起源於嬰兒以及可以歸因於真實父母的內容，因為在很多情況下，孩子需求的力量會促使他去尋找父母的失敗，並把它們提高到驚人的比例，然後，如果後來證明他的家人不比其他人差，那麼這可能會怪罪於社會結構的錯（比較「憤怒的大隊」）。因此，我只能倒退到混合物的內容，因這似乎足以滿足分析目的。但是，該立場以自性中的構成元素為前提。

羨慕和嫉妒的肆虐，以及對投射性認同的巨大需求都顯而易

見。還有傲慢和全能感可以掩蓋空虛、無形的恐懼和畏怖的感覺。所有這些都內置於錯誤的成熟系統中，因此很難弄清什麼是次發退行（secondary regression）和什麼是原發退行；但盡可能做到這一點是重要的。

關於困惑方面，我必須重申，其中一個目標是毋庸置疑的；它是要保持嬰兒期的倒錯心態（perverted state of mind）。它利用扭曲的人體形象，從而可以將任何一個區域合併，取代或與其他任何區域關聯（所謂的區域混淆）。與榮格一致認為，比較穩定的妄想結構是可以修復的，並應該被理解為包含旨在重新建立關聯性的原型形式，儘管它看似是惡性形態的。

關於理論的補充

精神分析師在這個領域做了很多工作，其中以克萊恩、比昂、羅森費爾德（Rosenfeld）和梅爾徹最富有啟發性。顯然，所有這些患者都沒有發展出足夠的自體感覺，並且實際上他們大部分似乎已經將自己清空投入到分析師中。要做到這樣，患者啟動強大的防禦，以對抗他們在分析師身上看到的非自性部分（被患者視為技術、方法等）。這使我從自性及其對非自性客體的防禦來思考它們的狀況，這是史坦幾年前提出的一個主題（*vide infra* pp. 167 ff）。我不會在這裡提出這個理論上的建議，因為我打算集中於我所描述的更重要的臨床特徵。

在本文中，我旨在闡明一種特定的症候群。基於這一章中提到的經驗，我對寇哈特所採取的程序深表懷疑。他和他的同事的方法是基於自體所受到的損害嚴重到必須以分析師的積極同理能力修復它的觀點來實行。我相信對於我的材料他會解釋成是因為我缺乏同理心，並且沒有充分考慮到鏡映和理想化的誇大移情。也許是，但也逐漸變得明顯的就是，當我處理材料時，我能夠更好地代謝投射性認同；我也發展出詮釋能力，並取得了令人滿意的結果。因此，我認為即使分析妄想移情可能具有破壞性，但繼續分析下去是很有價值的。

我的著作是基於自性的最終意義是堅不可摧的觀點，因為它不
160 屬於感官體驗的領域。然而，它的分化物可能會分裂和扭曲：它們因此能以投射性認同來表達（經歷），這構成了妄想移情的基礎。在健康方面，人們的成長需要自性的創造性和破壞性去整合，所以即使我們處理病理問題，我們也必須解決一個問題：從更深的意義上講，它是否是良善的，以壞的部分維持不變為代價，讓自性好的部分得以修復。因此，僅做為反射體（鏡映移情）是不夠的，有必要以消化吸收（投射性認同）並代謝該材料，直到其詮釋是以患者能夠使用的形態回饋才行。在我看來，鏡子已經成為一個引人入勝的隱喻，容易被錯誤利用。例如，對嬰兒的研究表明，如果他們看到自己出現在一塊真的鏡子面前，他們會感到極大的疑惑；但是如果他們在其中看到母親的影像，就會感到親切和享受。這是他們在鏡中看到自己的一個新穎的體驗，而這方面值得研究。我的意思是，在這種情況下，母親在鏡中不會反射自我形象，而這對嬰兒來說是奇怪的。

榮格學派眼中的身與心[1]

1 最初以〈榮格學派眼中的身心關係〉（"Jungian views of the body-mind relationship"）刊登於 1974 年的《春泉》雜誌（*Spring*）。

161 在本章中，我將進一步探討自性的防禦。他們將以心靈和軀體的頂點為考量。

導致榮格成為精神科醫師的動機揭示了他醉心於人類的心理學而不是生理學的原因。如《榮格自傳：回憶・夢・反思》所記載，家庭和性情的巨大影響力促使他朝這個方向前進。因此，他對身體與心靈之間的關係的研究大部分都停止了，因他不再採用物理方法。而在現時的分析心理學中，對身體疾病的診斷通常是基於負面因素：如果找不到特定的症狀情結（symptom complex）之心理或精神成因，則很可能是生理上的原因。因此，分析心理學家對身心問題的貢獻很大程度上是推測性的。

在他早期的職業生涯，榮格與理克夏（Ricksher, 1907-1908）和彼得森（Peterson, 1907）合作，使用了一個電流計和一個呼吸描記器來記錄受試者在字詞聯想測試中的身體反應。他對該主題的其他貢獻是推測性的：他假設有一種「毒素」，是引致思覺失調症主要症狀的起因。此一假設令他飽受批評，尤其是來自精神分析師的。一陣躊躇之後，他最終還是支持心理發生論（psychogenesis），儘管出現了某種將心理轉化為軀體的行為。麥司卡林腦顯像劑（mescaline）的發現對恢復化學因子或「毒素」的觀念貢獻良多。

榮格一開始是否將身體和心靈視為兩個截然不同的獨立實體不得而知，但他從精神分析中採用的本能理論使我們清楚知道，他一開始就認為心靈本質上與軀體有關連；確實，他不時會以一或兩個
162 明顯的矛盾來闡明，心靈根植於有機基質之內。他從自己的原型理論發展出這個想法，做為無意識的結構或形式，組織材料並產生心

靈圖像和稱為行為模式的物理排放。榮格曾一度將原型視為本能的心靈表徵，但他的文筆往往把它們描述得彷彿純粹是心靈形式。後來他發展了雙極理論，使人們能更好地了解心靈與軀體的關係。他認為原型形式是按一定比例排列的，他以顏色按可見序列排列的光譜來比較；不同的顏色對應於不同的原型圖像。

原型形式分為兩個「精神類」的極點，其中一個是由本能（即身體過程）形成，另一個是精神（即心靈形式）。我想在此插入一點，儘管這些圖像似乎更直接地指稱軀體或心靈結構和過程，但無論它們是精神取向還是本能取向，所有原型都是具有情感的。因此，它們必須以某種或其他方式與生理過程相關。

光譜的比喻也很恰當，因為在任一端都有不可見的紅外線和紫外線與無意識的本身進行比較。這個類比的另一個面向是隱含一個單一的整合狀態——來自光譜的光。這個概念推斷出人的統一性可以分化出離散實體，即由大量不同圖像所表示的不同原型結構。

可能是基於光譜紅色端的原型意象頗為直接指向生理變化，榮格（1931）發表了一個關於兩個夢境的案例，從中他得出的結論是該意象涉及器官性疾病。一個年輕女孩向他提出她的夢境，女孩有介於歇斯底里症與漸進性肌萎縮症之間的鑑別診斷。他說儘管有歇斯底里的跡象，但也有生理疾病——結果證實他的判斷是正確的。

榮格（1931）的第二個案例也是成功的。他一名可能患有癲癇的患者向他訴說了一個夢，他說夢境表明身體具有病變，甚至認為它的位置在延腦中。儘管他在第一個案例中解釋了得出結論的原因，但在第二個案例中卻沒有這樣做。當他在 1935 年舉行的塔維斯托克講座中面對這個議題的挑戰時，從他沒有直接回應得知，如

果要得出結論，這將意味涉及複雜技術的描述。然後他漫談很多想法和比較研究，包括瑜伽，表示它開發了一種象徵性整理系統，涉
163 及身體的特定部分，或者如密宗系統中所稱的精微體。他也提到東方占卜法以及共時性的概念。這是針對一個含糊議題，在各種象徵系統中搜索想法和提示的範例，一個他用來擴大主題的方法，並用隱喻和類比代替邏輯思維。我想我們現在可以理解為什麼榮格沒有詳細地發表（除了一次例外）他以夢境診斷出身體疾病的想法：他的研究尚處於初步階段，他還沒有發現任何可以歸納的可靠資訊。然而，榮格在《塔維斯托克演講集》（1935b, p. 91）中，以強調的語氣帶出一段短短的段落，他提到一個原型夢中的「蟹蜥蜴」形象：「我認為……在諸如蛇、蜥蜴、螃蟹、乳齒象或類似動物等圖像的心靈事實之表徵，也代表了有機事實。」榮格不再發表有關這些有趣的資料，但是有些分析師有志推進榮格這一方面想法的發展，接下來我們將討論它們。

與榮格關係密切的海耶爾（H. G. Heyer）研究了心身醫學（psychosomatic medicine），並於 1933 年出版了《心靈的有機體》（*The Organism of the Mind*）一書，因此他是維特科夫（Wittkower）和其他人均有參加的運動的先鋒。海耶爾研究了患者在催眠建議的影響下所發生的生理變化：胃液分泌變化、胃的運動、血壓變化等。他還用比較豐富的隱喻設定了明確的目標，對此我不盡了解其原因。他說：「我們必須發現每個有機領域的心理等同物和心靈表達方法。抽象作用與大腦的較高中心、大腦一致；富有想像力的想法及隱喻對應下層的、無意識的『神奇』領域。」（Heyer, 1933, p. 86）他稱這些特定的「神奇」領域為「植物性的營養生命週期」

和「動物的循環生命週期」。參照圖像，他認為「……圖像世界被調頻為盲目的有機事件……儘管這些圖像看起來是心理層面上的，但它們在生理層面上起作用」（ibid., p. 87）。這措辭可以被轉譯為，意象是與情感相關的，而情感在身體及心靈方面都是有同等分量的，但是海耶爾像榮格一樣清楚地認為，某種心靈意象與身體之間的關係會比其他意象多，或甚至因應不同身體部位其比例也會有所不同。然而，他並非總是能夠提供令人信服的證據。

海耶爾對瑜伽非常感興趣，並將許多姿勢和呼吸技巧引入到他的練習。他特別重視他稱為「呼吸的氣動循環」（Pneumatic cycle of respiration）的第三中間域，因為呼吸立即受到節律性排放的控
制，並且還受到有意識的控制，以實現對整個生物體的影響：任何 164
觀看過瑜伽呼吸技術的人都無不被其對呼吸的控制程度以及在入定狀態下達到的身體意識狀態吸引住。但是海耶爾從未詳細說明身體部位或系統在心靈層面上如何表達自己。

其他一些榮格學派學者也為這項研究做出了貢獻。齊格勒（Zeigler, 1962）報告了一個患者做夢的案例，該患者當天晚上受冠狀動脈血栓折磨。他認為夢可以與身體狀態同步（synchronous）（不是共時），並且可以在兩者之間找到關聯。夢中包含的原型圖像是風引來了一個龐大的巨人，巨大如石，試圖把他勒死。齊格勒把這個夢與其他患者在發作期間和之後通常報告的經驗相比較。可惜他沒有嘗試對此患者進行分析性調查，因他認為患者接受分析的動機不強。

巴赫（Bach, 1969）對意象與多種身體疾病之間的相關性進行了最詳盡的研究。她發現，透過詳細分析患者的即興圖畫創作，她

便可以區分患有器質性疾病的人與精神性疾病的人。她稱她的發現對診斷和預後均具有重要意義。

她的相關性的性質是晦澀的，但是她發現將畫面以十字劃分四個部分，並依上半部分代表心靈狀態，下半部分代表本能或軀體經驗的假設去分析十分有用：右半部分是指當前或有意識的狀態，左半部分是指陰影或無意識的狀態，是一個暗示身體意象很重要的編排。這項研究看來可以用作統計評估。

愛莉達・埃文斯（Elida Evans, 1926）使用不同的方法並專注於單一疾病類別，她發表了一項針對 100 例經過密集心理治療進行評估的癌症病例的研究。她在治療上的觀點基本源自榮格。她發現她的患者在腫瘤形成之前失去了主要的精神貫注。她得出情感狀態影響腫瘤生長的結論，而克洛普費爾（Klopfer）對此做了進一步的研究（私人交流）。在羅夏克（Rorschach）檔案的幫助下，他成功地預測了特定患者的腫瘤生長速度。

另一位與榮格關係密切的分析師邁爾（C. A. Meier）於 1963 年發表了〈榮格心身醫學方法〉（A Jungian approach to psychosomatic medicine）一文，他熱衷於從心理與軀體之間存在因果關係這一想法中尋找出一條出路。他認為，心靈表現不是身體狀態的起因，反之亦然；心靈和軀體是對立的，就像精神和本能一樣，它們之間的衝突只能以發現使它們團結起來的象徵來解決。

165 由於所謂的象徵性療癒是希臘醫學的特徵，因此他行使這些程序來闡述自己的論點。患者先接受診斷，如果他適合這種療法，就要接受各種儀式，並在一個孤寂的地方睡覺；如果他夢到了正確的夢，夢中出現神像，那麼痊癒就會發生。儘管對患者進行了仔細的過濾，但似乎並沒有太費心將身體疾病與精神疾病或心理疾病區分開來。

這種實踐在康復領域中非常普遍，邁爾以此支持他的論點，想要尋找超越心靈和軀體對立面的象徵性公式。做為他的歷史方法的一部分，他認為「精微體」是最有價值的，這是一種在密宗瑜伽、也在古代晚期和早期基督教中出現的形象。他沒有提及（但我感覺他可能研究過）身體圖式或身體形象，這是與他所想到的意象最相關的當代概念。兩位榮格學派學者史考特（1956）和瑞德費恩（1966）為該主題提供了大量文獻。史考特特別討論了身體圖式（由赫德〔Head〕引入並由布雷恩〔Brain〕用作解釋失語症的一種手段）與身體形象之間的相互關係。史考特的兩個概念與自性和自我的分析有關。他認為圖式在生理疾病中是雜亂無章的，但在精神疾病中不是這個情況。瑞德費恩以身體形象的各個方面做為出發點，並得出了關於心靈狀態的身體位置的想法。他總結說：

> 在顳葉或腦中心系統……必須有一個按地形排列的系統，以保留情感體驗的身體形象，其「頭部」部分與「思想」相對應。當興奮的劑量充分到達這一部分時，具有自我意識的腦中心系統會振奮到功能紊亂的程度，從而以某種方式釋放了二次退行的行為模式。（Redfearn, 1966, p. 16）

將心靈狀態與神經生理學聯繫起來當然很引人入勝；我認為，將原型模式與行為學家正在研究的模式聯繫起來，我們可預期更進一步的啟發。這些研究者需要的是有組織的神經系統之遺緒，類似於無意識中的原型。我還建議原型可以按照類似神經系統的等級順序排列（Fordham, 1957d）。

然而，邁爾有另一建議，該建議源於榮格在塔維斯托克講座中答問時的巧妙回應，該回應內容被邁爾多番引用，特別是在他有關共時性的文章中。邁爾提出了心靈與軀體的關係可以全部或部分共時的想法。

166 共時性的想法是為了解釋超心理學資料而提出的。榮格認為它們不是由原始原型形式的活動引起，而是因為該活動使巧合變得有意義。因此，共時現象可以定義為：

> 觀察者的心靈狀態及同步發生的客觀外部事件之巧合，該事件與心靈狀態或內容相對應，但沒有證據顯示心靈狀態與外部事件之間存在著因果關係，甚至於無法想像這種關連時，就是共時現象。（Jung, 1951a, p. 526）

將這個想法轉換為整個心身過程，就是假設身體與心智之間的關係是隨意但有意義的。然而也有一些心靈狀態是，身體疾病的出現與其心靈狀態是沒有因果關係的，例如：當患有癌症恐懼症的患者患上癌症時，在此我們幾乎沒有證據支持心靈與軀體之間的「非因果關係」；這將與近幾十年來心靈與身體事件之間圓滿的相互關聯背道而馳。

無論其缺點為何，本文都將注意力集中在症狀的含義上，無論這些症狀的起源是被定義為生理上還是心理上的。我們普遍看到，發現可逆性身體疾病（例如歇斯底里症）的含義通常會有助於或能消除多種身體狀態下的症狀：焦慮所產生的生理表現包括過敏症、某些種類的皮膚炎、潰瘍性結腸炎、嬰兒濕疹，還有很多呼吸道傳染病（尤其在兒童身上），這些都是典型的例子。我提及這些是因為它們在任何分析實務中都很常見，此外還有很多例子可以添加。鑒於器質性疾病也是常見的，所以其含義也能發現出來，儘管它們通常不會對「不可逆」的身體疾病產生明顯的影響。因此，我們發現其意義似乎是當生理狀態可逆的時候最有效，也因如此，佛洛伊德引入了轉換（conversion）的概念。

根據榮格的說法，共時性是使有序變為失序的另一種方式。它不排除因果關係，而是補足了因果關係，因此，有意義的巧合這個想法有其價值了。然而，共時性理論的一個缺點是它仍然將身體視為心靈的「外部」或與其分離的事物。我們也許能為此想法說點什麼，但只能在我們認為不合理的情況時，如不尋常的人格解體症候群（depersonalization syndrome）或神祕狀態，否則不可以一概而論。

邁爾認為我們需要一種將心靈與軀體團結起來的二分法，這 167
個觀點是正確的。也許有人會說，這揭示了看待同一件事的兩種方法。強調有意義的聯繫是很有趣的，儘管是心靈賦予事件意義而不是生理事件本身，但在此情形下，即使這種強調也滿足不了所需。

總而言之，對榮格、海耶爾和邁爾關於象徵主義的研究主題仍然接近心靈和軀體像是兩個遵循不同規則（可以相互交叉或對應）的獨立系統一樣：儘管邁爾對兩種觀點都提出異議，但他仍然沿著這種思路繼續前進，因為缺乏更好的選擇。

如果我們從自性理論出發，另一種方法也是可能的。我們可以堅持心靈與軀體在所有方面都是相關的想法；然後我們能夠加上利奧波德．史坦（Leopold Stein, 1967）那具挑戰性的構想展現的維度。他從以下命題開始：「我出於認識論的原因，提出了我的第一個定理：身體和心靈是來自同一物質的不同面向。」然後，他引用免疫學研究來發展自己的論文，其中「自性」一詞用作表示身體是「維持與其他身體不同的有機完整性」。這意味著需要防禦性組織——「防禦非自性（not-self）的事物對健康尤關重要」。他繼續表示：「自性在更基本的層面上執行防禦行動」，其中破壞性行為主要針對異物，即那些來自自性外部及做為內部自動免疫反應的來源。

另一項貢獻來自史坦論文的一個重要段落，其精妙之處我無法完整傳達，它詳細考慮了專門為接收和實現旨在保護自我身分的訊息的結構設計。該結構是他認為「可同樣被視為基因、酶、催化劑或信息素（「社會激素」：Wigglesworth, 1964）」的原型所組成。它們是在 DNA 的支持下進行組織，他說：

> 心理訊息：1. 關注由非自性造成的刺激的各種各樣具體反應；2. 必須無所不在，以達到所有防禦警戒；3. 即使自性與非自性共享某些特徵，也可以使個人認識到強加於非自性的事物；4. 必須在自性結構內限制每個原型的力量；5. 禁止破壞系統元素，彷彿它們無關緊要（雖然系統可以攻擊自性的元素，就好像它們與它無關一樣）。
>
> 近年來，防禦系統如何在有形的生物學世界中發揮

> 作用已變得相當明顯，它被描述為具有五個類似特徵的體細胞系統：1. 它顯示出廣泛的特異性；2. 它的媒介無處不在；3. 它能識別非自性；4. 媒介的分布非常適合維持細胞組織之間的現狀；5. 在易感人群中，這些媒介受誤導而攻擊自身組織，這些組織被認為是自身免疫疾病的根源。（see Burch and Burwell, 1965, p. 254）（Stein, 1967, p. 104）
>
> 〔他總結：〕神經系統和內分泌系統似乎都無法履行所有這些功能。這導致這個假設：「自性的生物學類似物 168
> 看來是網狀內皮系統的淋巴幹細胞和／或未分化的間充質細胞的廣闊領域」。（ibid., p. 104）

當克服了這個非比尋常的結論所帶來的衝擊之後，人們可以戰戰兢兢地進入他的「心身等效物」表單。原型就像幹細胞在它們特異性時的形態；網狀內皮系統不受神經系統的影響或控制，而神經系統則受制於意識系統和象徵性系統。原型類似抗體，訊息裡功能紊亂的元素在自性和 DNA 自身中被發現。

然後史坦求助於生物化學，以幫助理解自性是如何得到識別，並與非自性區分開。他選擇了立體化學擬合理論，該理論是利比、柏區和巴瑞爾（Libby、Burchand Burrell）從氨基酸中的原子發展而來，從而區分了同一性與互補性兩種擬合。

在他這一部分的討論中，史坦使用了一些我對早期母嬰關係的推測。他認為以下的想法十分有用：嬰兒需要在他的需求和母親對其需求的滿足兩者間保持絕對的契合，如果他的母親不能滿足其需求，經驗就不能累積，或者把他的母親視為不相容的外人。對於前者，母親被視為非自性；這與上述的互補性概念雷同。在此基礎上有兩個可能性：嬰兒不是免疫就是生病了。有鑑於此，史坦表示：

> 如果「訊息」大小和微妙性涉及的變異和混亂引起強烈的原型傾向，被視為維持基因穩定性所需的空間和原型擬合能從同一性關係變成互補性關係，繼而出錯（即產生一個病理狀況），這個現象則不足為奇。（ibid., p. 108）

的確，我們經常意識到，對嬰兒的不當處理會導致疾病（心靈上或身體上或「心身」方面的疾病）。而且，我們還知道發育早期的疾病顯然可以由嬰兒本身引起。

史坦將他這部分論文應用到局部性迴腸炎上，這是一個小腸如何被自性視為非自性的例子。他認為這與未臻成熟有關。由於「可以接受（內攝）非自性材料的不成熟期被過分縮短」，因此沒有足夠的時間來發展心理免疫耐受性。在這些情況下，發現短時間母乳餵養（少於一個月）的頻率是對照組的兩倍。此外，「在這些情況下，乳汁成分中的高水平抗體（如酪蛋白和乳球蛋白）的頻率是正常人的七倍」（ibid., p. 109）。

169 我已經詳細介紹了史坦的論文，因為這是榮格學派學者唯一嘗試發展的有關自性的基本心身理論。就像在其他尚不確定的領域中的綜合體一樣，史坦的理論也可能備受質疑。例如，可以說他引入了一種與已知的、根據經驗的自性理論不符的概念。又或者，關於原型的特異性及它與遺傳 DNA 分子的聯繫，他只是假定了這樣的概念，但無法證實等。

儘管如此，我的目的不是要提出難題，而是要展示一種心身關係的自性理論。我找不到理由說為何史坦的做法欠缺價值，即使我訝異他把一個心理學概念跟一個心理性次於其他任何身體系統（除了骨骼結構或結締組織之外）的部分做整合。我們習慣將中樞神經系統活動與精神狀態以及其他身體系統連結起來。但是如果可以把這些想法放開，並試圖辨別什麼對身體和心靈至關重要，我認為不必選擇某一種系統而不是另一種系統做為起點。如果碰巧免疫學方面的工作產生了令人驚訝的想法，就像榮格學派分析師所提出的那樣，那麼這裡可能存在一種概念和語言上的發展，並能將其應用於其他系統和整個有機體。

我不能沒有提到嬰兒期做為研究自性狀態的重點就結束我的文章。很多嬰兒期觀察心靈與軀體差異的數據都是匱乏的，然而我們所面對的是一個與成年人基本上沒有區別的人。史坦的思維於抽象的「準數學形式」基礎下，自由地從心靈與軀體兩方徘徊，這讓他的思維能有效地應用於嬰兒早期客體關係的理論。術語如「無意識」和「幻想」可以被單純出於心靈而非軀體的**原型形態**取代，而原型形態能保存其身分。與此同時，我們也能將嬰兒視為一個統一體：一個在純文化中，心靈結構做為身體結構的一部分而發展的自性。非常年幼的嬰兒會顯示出其智力活動雛形似乎與身體狀態和非常活躍的活動結合在一起。

史坦提出的想法可以比他所做的更大程度及更有效能地套用到嬰兒期。特別是，當我們想像嬰兒做為一個人，其身分認同顯然與真實的母親（或由嬰兒設定的壞客體）所帶來的具入侵的威脅相關連、並且母親實際上無法滿足嬰兒自性的所有要求時，他的攻擊想法和自性的破壞行為便獲得了意義。

然而，以這種方式來思考時，我們會忽略以下事實：在日常實
170 務中，必須將材料視為服從完全不同於心靈或軀體的規則。就在此時，去整合的概念就顯得有用了。首先，去整合是心身性相關的，因為嬰兒無法將心智表徵與身體體驗區分開。但是，去整合將嬰兒的活動集中在特定的方向，首先是依附行為和母乳餵養。為了這樣做，一個感知運動活動的領域被建立起來，可以實現心理和身體機能區分，為日常生活帶來好處。因此，心靈與軀體之間的區別獲得了適應性價值。當處理心靈和軀體這兩個做為分化物的孿生概念時，它們的自性起源及適應性價值均沒有被忽略。

第三部

宗教、神祕主義、煉金術

172 奇蹟無上下，人皆可自創。

《翠玉錄》（*Tabula smaragdina*）[1]

（Jung, 1942, p. 140）

引言

在這部分，我打算先討論佛洛伊德及榮格的宗教觀點，然後再探討一些神祕的、與煉金術相關的資料。我希望這會令讀者明白自性是怎樣在上述領域中呈現的。我選定這些主題的部分原因包括：

（1）人們試圖把佛洛伊德標籤成反宗教人士，並將之與榮格對比（因後者有時被譽為宗教的救世主），我認為此一觀點值得商榷；

（2）分析心理學家認真思索公認的天主教聖徒的頻率不高，這給我留下了深刻的印象；

（3）雖然過往已有大量文獻圍繞榮格在煉金術上的研究成果，但卻鮮有提及到煉金術士是如何煉金的。

我把比昂的頂點理論（theory of vertices）置入我的反思中，並斷言材料差異是因採用了不同頂點進行應用。我喜歡頂點的觀點勝過其他看法，因為它能比視像隱喻（visual metaphor）包含更多資

1 譯註：《翠玉錄》（拉丁文 *Tabula Smaragdina*；英文 *Emerald Tablet*），亦稱艾默拉德石板，據稱作者為赫密士．崔斯墨圖（拉丁文 Mercurius ter Maximus；英文 Hermes Trismegistus），其內容來源並不明確，具體的發現時間與發現者也存有爭議。該著作被認為是赫密士主義的哲學基礎，也是中世紀時煉金術發展的重要依據。

料，當中包含的頂點元素包括遺傳天賦、自嬰兒期起的個人發展、文化背景及歷史地位。

我不想定義這個詞，但必要時卻要言明其內容，是由宗教、煉金術和分析心理學這三個要點所引發的。

我必須把我要說的內容歸類為推測想像（speculative imagination）。我想要主張我有權利利用想像力把宗教的、神祕的及煉金術的事情與各作者的著作連結起來。在普通人理解的意義上，我既不信奉宗教，也不能聲稱自己是煉金術士。因此，我必須承認在每一個範疇中我都會有一些不明所以的事情，又或者說：這是我以推測想像把各頂點連結起來的結果。

所有這些發展歸功於精神分析師把研究延伸到他們的傳統領域（心理精神官能症）以外，擴展了邊緣型狀態、精神病、人格疾患，以及最近定義出來的自戀型精神官能症的研究。大家對他們大部分的研究不可思議地熟悉。

探索自性 ——————————— | 第十三章 |
Explorations into the Self

超自然的神？[1]

1 最初刊登於 1966 年九月出版的《神學》（*Theology*）雜誌第六十二卷第 555 期。

174 介紹我的主題前，我先解釋我對宗教的頂點是基於分析心理學與精神分析同樣都是基於科學方法論此一假設。每派的一些理論都曾在實驗室條件下經過驗證或統計，但是每派主要都依賴實地研究，在研究中收集與當前研究相關的觀察結果。然而，分析晤談本身能提供觀察和實驗複雜程度的證據，它們提供了資訊。收集足夠的資訊後，便有機會展開實驗。實驗的工具是針對患者提供的材料進行詮釋，然後詮釋的有效性透過其對患者的影響來檢驗。而這些經檢驗的詮釋及所收集的資訊便會形成常在分析文獻中見到的概括陳述。

概括陳述被廣泛應用到各個相鄰的領域，當中包括宗教，因其屬於心靈的體現。人們可以假設分析師應用於宗教的論點可以與他們在臨床領域發展的理論和發現的材料具備相同的效度，但我卻不敢苟同。我會在往後的論點中清楚交代我的立場，但我要先指出，由於臨床資料是在假定患者所言來自整全人格一部分的表達的情況下收集的，所以它們不能直接代表超然的宗教領域。故此，分析師對宗教的評論基本上是推測而出的，不如從心理頂點而得到的結論可靠。

佛洛伊德的研究在現代重啟了這個千古謎團的新版本：「神
175 或眾神是人類天馬行空的想像，抑或祂們憑己意而存在？」雖然
佛洛伊德是無神論者，但他卻與有信仰的人合作，普菲斯特牧師
（Pastor Pfister）便是最有名的例子。依此來看，佛洛伊德對宗教
的立場不見得是全盤否定的。佛洛伊德堅信及重視科學，因此他不
會想到自己的宗教觀主導了他的論點，而確實認為自己的論點是受
到或甚至源於他的個人態度或他所屬的傳統科學理性主義所影響。

簡言之，他一定相信他的觀點屬於正確的推測順序。

同時，佛洛伊德深信人類在下一個進化階段需提升其理性科學思維的效力，但他卻不太相信人類會善用這理性天賦，他更認為大多數人都是愚不可及的，在他們身上的破壞傾向和性衝動的力量過於強大，難以透過最近獲知而又不穩定的心智活動（如思想）來調節。

他一生重視的理性理想的價值，是透過生物科學的成就而提升。從進化論開始，就一直有研究指出一般認知的宗教教義是站不住腳的。最後，那些研究將許多深思熟慮的人帶向不可知論、無神論或漠視宗教。佛洛伊德便是其中一人，他在無神論上的真誠及投入可說是他的特點。

最受批評及最被誤解的可能是他的短篇著作《一個幻象的未來》（*The Future of an Illusion*, Freud, 1927）。文中他把幻象和信仰連結起來，並把它們解釋為：「當願望成真變得無比重要，並促使我們漠視了信仰與現實的關係時，我們把信仰稱為幻象，這正如幻象並不重視能否驗證。」（ibid., p. 31）「不重視」一詞指信徒堅信願望成真的信念大到他並不在乎它是否可以驗證。佛洛伊德進一步指出：「幻象不一定是虛假的，即無法實現或與現實相互牴觸。」（ibid.）所以上帝是否存在既不能證實也不能否定：這與現實沒有牴觸，即從中人們用外在世界的感知素材來構建心智。只有幻象與現實有巨大差距時，幻象才會變成妄想（delusion）。在此必須指出，佛洛伊德有時會背離他的信念，稱宗教為妄想系統（delusional system），但儘管他可能相信這是正確的，他卻沒有進一步證明這論點。

幻象、信仰及現實是讀懂佛洛伊德著作的要點，需要補充的是
176 他只研究由幻象延伸到信仰的宗教部分。他認為驗證信仰是沒有意義的，唯獨幻象才有考慮的價值。幻象和信仰在虔誠教徒身上的巨大影響力令他們不求證其真偽，日積月累的幻象和信仰在那些人的身上用不著他們的首肯及同意，早晚也會轉化成教條。

外界認為幻象本質上是有害的普遍偏見，導致許多人認為佛洛伊德這部分說法對宗教是破壞性的攻擊多於捍衛，例如幻象可以是美好及寶貴的並有助人們探索。這是一個經得起批評的立場。確實，一些精神分析學家會如此爭論，令對佛洛伊德著作的負面詮釋截然扭轉。雖然不應過分強調，但佛洛伊德理解到，幻象可以在個人和社會的發展中占據一席之地。他敬重藝術家，對他們如何使用幻象格外留神，他只反對把幻象運用到宗教上，因為宗教常漠視幻象的本質，並把它們用到假定的客觀事實上，從而抗衡或毀滅與它們牴觸的證據。佛洛伊德進一步認為幻象只是在**這世代**才被認定為不利的，但在這世代之前並非如此。它們現在看來冗餘，這是因為隨著精神分析的理解，人們取得將其呈現的方法，因此能探索其根源和對人類的功能重要性。他以嚴格的科學步驟行事，所以不需像生物化學知識要破壞樹木及其他生物結構般來扼殺宗教經驗。錯誤地將對上帝的宗教信仰化約為個人或種族的童年期，藉此掩蓋其他更重要的事情，就如佛洛伊德將形而上的現實轉化為可以透過使用明確的準則來驗證的心理學命題一樣。他藉此開啟了精神分析師研究宗教經驗的大門。

當然，把宗教視為幻象的還有其他人，如寫出「正因為荒謬，我才相信」（*credo quia absurdum*）的特土良（Tertullian）便是切中

要點的一位。佛洛伊德的功勞不在於宣揚這想法，反而在於他是首位運用精神分析方法有系統地探究宗教經驗在人類情感生活中的心理根源。

在基本定義的基礎上，佛洛伊德增加了一個更概括的理論，就我們所見是根據與個人的類比，探討宗教是如何開始的。他把宗教和文明連結起來：「……宗教思想的萌芽和所有其他文明成就的出現都是出於同一種需求，那就是人需要抗衡自然界的絕對壓倒性力量」（ibid）。人們創造眾神的眾多想法主要來自兩個出處：人的 177
童年，和他的祖先們為迎合人類需要而改良並轉化（昇華）的兒童思維模式。雖然佛洛伊德把信仰比喻成嬰孩渴望父親像神一般，但因此就認為他把宗教說成**只是**幼兒的活動，這是不對的，因為倘真如此，他便不會把祖先及宗教與文明發展的關係涵蓋在他的論點中了。

佛洛伊德認為人類文化成就有著鮮明的特點——它是由小部分人創造及發展。他認為多數的人是懶惰、無知或欠缺擺脫滿足天性慾望的能力；換言之，他們都是「凡人」，同時因為文明不能給予他們足夠及即時的獎賞，他們都敵視文明。宗教（他說只有迎合民眾愛好的宗教才值得那個名稱）會給人虛幻的獎賞及建立律法來壓抑同類相食、近親相姦及殺人如麻這三個根本的自然驅力。唯有首項是不需律法也可以應付到的，然而殺人在一些特定情況下（如戰爭）仍是允許的。

故此，佛洛伊德認為宗教是控制大眾「天性」的手段，而按它的成功程度而言，這大概是超自然的，當中蘊含了整體文明的特徵。

所以說佛洛伊德認為宗教毫無價值是不對的，儘管他是從謀殺真正的原初父親中獲得宗教的這個說法。舉例來說，他可以說成：

> 原初父親就是神的原形，後代也依此塑造神的肖像，所以宗教的解釋是正確的〔在此他應該說歷史上是正確的〕。神憑著祂的影響力而非對社會需要的洞察來創造這禁令，所以神的旨意取代人的意願是完全合理的。因為人知道自己用暴力除去了自己的父親，他們只好從今服膺於神的旨意來彌補對神的大不敬。雖然有所修飾、偽裝，但宗教教條告訴我們的歷史真相卻是真實的，而我們會受理性（也就是訂立法律制裁謀殺的原因）驅使而否認。（ibid., p. 42）

由於偽裝一詞涉及欺騙成分，所以有德之士並不認同。然而，佛洛伊德確實敞開心胸接受了他人對他認為宗教只是偽裝的嬰兒期願望的抨擊。以外，我想請大家特別留意佛洛伊德重複提及的歷史因素，他這麼做是因為他倚賴進化論。

178 他深切認為宗教在歷史上有著舉足輕重的地位，這好像奇幻思維對幼兒發展十分重要一樣，宗教雖然貢獻良多但仍未足夠，他呼籲要「徹底地重新審視宗教和文明的關係」。他指出如果他一開始所說的無誤，那麼「我們離開神及坦白承認所有的規則及文明戒律都是源自人類，便是百利而無一害」。故此，宗教是構想出來控制人類情感，好讓人可以忍受文明的負擔，而文明本質上與「天性」是相反的。這條曾經的鐵律現在可能遭人遺忘了。榮格的思想中也有類似的說法，但強調不同的重點，我們留待稍後討論。

當談及宗教，人們一般會把榮格和佛洛伊德視為對立，雖然榮格和佛洛伊德一樣（而這與我們的主題最為貼近），也是把宗教體驗及實踐視為心理學的分支。榮格比佛洛伊德更鉅細靡遺地跟進宗教，包括東方學或西方學上分支的研究，此外，因為他態度大致不同，且極度簡化他的理論，所以他並沒招來「老百姓」太大的反感。他沒有系統地把研究推溯至嬰兒期，但他把歷史的及比較的方法巧妙地運用出來。他沒有針對宗教除了實現嬰兒式願望以外，對成年人**毫無用處**的說法大肆撻伐，雖然這也不應全然歸因於佛洛伊德。榮格要比佛洛伊德更看重歷史以及，具體而論，當代的景象，此外，他既沒有使用幻象這類貶義的詞語，亦沒有刻意地把信仰牽扯到無意識願望理論之上。因此他在操作方面有較大空間，可以指出患者的衝突本質上與宗教有關，且同時又不貶損宗教的名聲。

然而，他對宗教的定義一點都不尋常。他認為：「宗教……是對一個動態媒介或情感的謹慎和仔細的觀察……其利用或控制……對象通常是受害者而不是創造者。」（Jung, 19410a, p. 7）簡短地說，宗教就是對通常無意識的可感知資料（如原型圖像）的謹慎和仔細的觀察。這與個人或超凡入聖的超自然個體完全無關，反而與神經生理學基質的緊密相連有關。

儘管佛洛伊德對願望（wish）的想法與榮格的「動態媒介」（dynamic agency）的解釋頗為接近，但佛洛伊德認為願望「有著與其他心靈行為一樣堅如磐石的特點，而且此路一開便是永遠及永
不能廢棄……打個比喻，只有像奧德賽般在地獄的黑暗中飲血來喚 179
醒新生命才可殲滅它們。」

在這段文章中，不論是佛洛伊德所說的願望抑或榮格文章中的原型，他們其實都是在說那些牢不可破的媒介，他們的表達方式正好代表了宗教經驗的特點，而佛洛伊德以宗教主題來打比喻有著深遠的意義。

所以，我們可以說佛洛伊德是將神由形而上學及超自然的範疇轉變成心理學材料的先驅。榮格在他的著作中也做過類似的事情，尤其是《心理學與宗教》（*Psychology and Religion*）一書。他把其中一章的標題命名為「自然象徵的歷史及心理」（'The history and psychology of a natural symbol'），當中轉換了過往採用超自然經歷的參考框架；他所記錄下來原為神學領域的都變成了心理學的資料，這可算是科學取代部分宗教的例子。然而，就榮格而言，我想說成是透過心理學把宗教的神祕性及神的超自然屬性轉化為人的「超自然性」會較為合理。

然而，榮格和佛洛伊德在神祕主義上有著截然不同的看法。榮格比佛洛伊德更看重神祕主義，事實上，榮格揭示了它，而佛洛伊德則認為神祕主義只不過是抽離現實中各種苦痛的方法而已，所以他的經驗及整套概念方法也對超自然材料的神祕意義心存敵意。榮格狠批那些想讓他看起來像是把宗教轉化成**只不過是**心理學的人（顯然矛頭直指佛洛伊德）；他宣稱自己能知道的是心理學可以清楚地解釋宗教的大部分內容，但否認心理學可以做為辨別除了人以外，神是否真實存在的工具。這根本不是心理學的議題，只能由哲學處理。

在思考這章的時候，我決定重讀佛洛伊德在 1927 年出版的《一個幻象的未來》，書中反覆出現與榮格相同的觀點令我驚訝，我們知道他們互相影響，但我覺得他們好像也受當時的**時代精神**（Zeitgeist）所影響。

他們都已準備好從個人認識轉向對團體有深遠影響的結論；他們不受大眾影響；他們都視宗教為箝制（本能）慾望的手段，強調人類身上亂倫及破壞潛力的重要性。雖然榮格不相信理性可以取代宗教，甚至不認為這是理想的，但他卻主張要在「宗教及文明的關係」中進行「根本性的重新檢視」，而這觀點在他眾多的著作中不斷出現。

現在必須提到象徵主義的議題。 180

他們兩人都認為有證據顯示心靈跟遺傳是有關的，由於人們常忽視佛洛伊德在這方面的想法而榮格的原型理論卻十分有名，所以我們在此先引述佛洛伊德這方面的內容：

> 夢境帶出做夢者在其成年生活或遺忘的童年中不能出現的東西，我們可以把它視為是小孩與生俱來的**古早遺產**……我們也在人類最早的傳說及流傳下來的習俗中發現與它有關的種族演進素材（phylogenetic material）。（Freud, 1940, p. 167）

榮格大概能輕而易舉地寫出上述的內容，對他或對佛洛伊德而言，象徵均屬人類的古早遺產。

我們可以把這一點擱下，只集中觀察如何在有意識的態度下引致對素材的不同評估和處理方法。佛洛伊德視象徵為身體功能，榮格沒有否認這一點，但他偏向認為象徵自身的材料已有足夠分量讓它們被視為一個在心靈上有著綜合及救贖功能的整體，而這一點是佛洛伊德沒有提及的。

總括而言，看起來兩者最大的差別在於個人如何判別其價值，佛洛伊德可能會將宗教降格地說成只是人類發展上的過渡階段，但榮格卻可能說宗教是生生不息的過程，意指宗教因而格外寶貴。顯然，榮格相信幾乎所有的宗教內容也可以變成以心理學為主的課題，但宗教的價值仍可存留於個人身上，所以他經常明確地將其視為自性的一種表達。故此，他在自己心中十分重視個人，因為他相信心理學的思考把宗教個人化了，並令它呈現成發展中的系統及人類進化的一部分。由此可見，榮格雖然沒有言明，但他不相信宗教已被取代，反之，它是漸漸地演變成現時謹慎及基本的無意識過程的個別研究。

佛洛伊德很多論點是基於他的悲觀主義，但他對理性和精神分析能夠開啟文明新時代的想法是樂觀的。榮格不相信理性能達到這目標，但他相信人類情感能夠進化，從而使宗教得以展現個人內心的自性。

可能因為他們不同的哲學假設使二人對宗教抱持不同的態度，但這不是我想要探討的方向，因為他們二人的性格心理結構截然不同，所以沒必要從哲學角度探討這些問題。

181 佛洛伊德稱他從未有過那些人們寫給他的那種宗教體驗，他從不感到自己需要正式加入什麼宗教團體，也從未經歷過救贖的益處。他從未感到神的存在，從未深思那些有這種體驗的人的經歷。

與這些經歷都不一樣，佛洛伊德對於宗教的想法顯得頗為與眾不同。佛洛伊德是猶太人，很多人試圖從這點證明精神分析其實是猶太教的邏輯發展的結果。例如，大衛・巴坎（David Bakan, 1958）指佛洛伊德的方法及發現是源自安息日的傳統，而其他人則嘗試指出佛洛伊德的基本態度跟猶太先知（特別是摩西）十分接近，他有著如彌賽亞般的使命，或他的性學說本質上是宗教原則。但即使上述內容屬實（我暫且不相信），佛洛伊德的主要和最重要的認同與理想都與科學以及他尋求科學真理及其帶來的力量所引致的任何結果吻合。

榮格亦自視為有科學觀的人，所以他不抗拒以思考及實驗來探求真理。但是，榮格及佛洛伊德的分水嶺在於榮格有很多的宗教經歷，這在他離世後出版的《榮格自傳：回憶・夢・反思》（1963）中也有提及，書中以不說教又平易近人的情感來解釋宗教。毫無疑問，這跟受到他瑞士裔牧師父親的耳濡目染及宗教氛圍濃厚的家庭背景有關。此外，他幼年的經歷也深深影響著他，只有那些天賦異稟及條件出眾的人才可像榮格般歷盡艱辛仍維持神智清明。因為他和佛洛伊德是截然不同的人，所以他不可能與佛洛伊德為伍。榮格感受到神存在的救贖效應（即自性），但佛洛伊德對此無感，也許因他認為沒此需要。

我想我已充分說明了個人經驗及文化影響在態度上怎樣起著決定性了，佛洛伊德沒有神祕經驗，以致他把心思全花在解釋宗教怎樣從心靈結構被建立起來，榮格的神祕趨向令他視宗教體驗為基礎，細察所發生的是出於自然抑或刻意營造。它發生之後，他才開始思考及嘗試明白它的重要意義，然而它的意義要比原因重要。相較於佛洛伊德，他必然更支持宗教生活及更熱衷神祕主義。

《答約伯》（1952b）是他比《榮格自傳：回憶・夢・反思》

182 更早出版、更為剖白的著作；它富有想像力，並袒露主觀評價；它把榮格獨創的識見表露無遺。榮格清楚地指出神不單是源於基本人性，他還在《答約伯》中堅稱人可以超越神，並在不知不覺間促使神的發展。按照他這一說法，這是神令基督變成人的動力來源。他以此結果來支持他的邏輯結論：我們正見證著下一步——人類藉由提高自身的意識，變得愈來愈像神，這是社會及個人需要，而心理科學的發展正是體現這一點。

榮格也認為我們所認識的宗教是基於過往的陳舊主張，需要徹底改革，即宗教是源於人類的。但佛洛伊德認為應該由思辨能力主導，而榮格則認為人能更深入地完整認識自己（例如自性）才是上策。這就是他為何如斯看重古代原型遺緒的原因，而象徵及他關於象徵的想法也是源於自我實現的根柢。

讓我們看看榮格及佛洛伊德如何替患者治病。由於他們聲稱自己是研究過身陷困苦的人以後才對宗教下定論的，所以我們必須知道他們做過些什麼。當然，兩者實務上必定有差異，例如榮格並不如佛洛伊德那般重視還原過程（reductive process）；榮格不再追溯患者的經歷至嬰兒期的根源，因為他對心靈的崛起、發展和持續趨勢更感興趣。他主要靠著審視現在及將來，幫助他的患者解困。

我們現在研究神學家怎樣利用精神分析，這將揭示頂點的基本差異，同時，我希望這能交代我所強調的佛洛伊德及榮格的相似之處。雖然榮格對宗教的態度較為正面，但令人意想不到的是，採取佛洛伊德想法的神學家比採取榮格研究的要更多。例如，威廉斯（H. A. Williams, 1962, 1963）對佛洛伊德評價很高，甚至同意他掀起的革命可跟哥白尼（Copernicus）及達爾文（Darwin）媲美。威

廉斯認為神學家必須了解這一點，並把分析學的教導納入他們的架
構。他做為神學家的立場是，學術批評已有一定成熟度也提出了對
策，但它亦應該更關注人們的生活方式以及他們如何在人生中活出
上帝的旨意。威廉斯的想法算得上是真知灼見，但我認為佛洛伊德
本身的意思並不是這項描述中所指的那樣。其差異萌生在他們不同 183
的頂點，因為威廉斯引用了耶穌的話做為例子。另一方面，他也有
用心理學的概念來詮釋當中的含意，但無疑他的參考框架是來自四
福音書（Gospels）的內容。

他認為人如果想服從神的旨意，他便應該尋求與真實的自性表裡一致。神按自己的形像造人，而神也愛這受造的人；神是真實，所以人也應如神般真實地面對自性。神便是終極慈愛，祂受愛驅使的憤怒或譴責，是協助指引著人認識真實的自性。

因著眾多原因，人現在不但不能活出真我，反而發展出看似虔誠或顯然不虔誠的假我。說到這裡，人們通常都會引用佛洛伊德的論點，以提供一種方式來表明人哪裡出錯了，並且證明其整體或真實自性認為上帝的愛是不斷被指引的說法是錯誤的。威廉斯要比這說法更激進；他認為分析不僅是為情結所苦（complex-ridden）的人們對病理學的應用，而是對整個宗教構成了挑戰。然而，他雖然沒有提及榮格，但他和榮格的主張卻十分接近，因為佛洛伊德不使用真我及假我的概念，而如果我們把假我翻譯成**人格面具**（persona），便會發現榮格自由使用這些概念。不過這只是順道一提；我想強調的是，威廉斯以《新約》做參考框架，而我也無法設想基督徒會有其他的做法。

驗證他的例子有著重要意義，舉例來說，曾有一位年輕且虔

誠的神學家發現自己醉倒於阿爾及爾的妓院，由於威廉斯認為耶穌對妓女的評價要比道貌岸然的偽君子好，所以這行為在某程度來說亦屬正常。確實，這導致威廉斯認為那位神學家的行為符合神的旨意。這結論對分析師來說一點都不重要，分析師認為必須牢記的是，倘若威廉斯所指的人去找分析師並開始有上述的行為，以下各點才是重點所在：（a）分析師並未在治療患者時犯上嚴重錯誤，或（b）診斷是否正確，而他也不是在試圖處理超出分析能力範圍的個案。即使這案例都沒有問題，最後可能也不會提及耶穌或新約做為權威，且這種行為絕不會被接受是上帝的旨意，而是會進行分析，從而找出導致他那行為的動機之嬰兒期源頭。

儘管如此，如果是要把心理學上的發現融入宗教思想的話，威
184 廉斯便找對方向了。他既沒有放棄宗教想法及基督信仰，也把心理學上的發現融合到自己擅長的神學頂點上。榮格也嘗試這樣做，但方向剛好相反；他和宗教的意氣相投使他試圖找出它的表述是否會給被認為是一種反思的人類心理學帶來啟發。他發現研究宗教可令心理學獲益良多，所以不管現今及將來，溝通也一定可以繼續令這兩門學科互有裨益。

總括而言，對假設人類心靈存在於自然素材、並與身體及心理頂點有關的分析師而言，神是超自然的超驗存在的說法是多餘的。分析師可做及應做的是研究人在社會環境中的人生經驗，他會發現到與神有關的經驗，但必須視它們為代表心靈的活動。神學家可能會從以下的頂點開始，他們會將心理學家眼中的特殊幻象視為超然的存在來感知。他既不需要以心理學的詞彙來解釋，亦不需要考慮它在建立心靈結構系統上所扮演的角色。然而，如果不想將他的學

理變得過分抽象，他便一定要用上心理學來理解人的本性。如果人是按神的形像所造的，這樣做不但對人無損，反而令人受益，因為研究人能揭露神的本性，並能在最大程度上令人明白祂。

聖十字若望的神祕主義要點[1]

1 本章曾以〈神祕主義的分析方法〉（"An analytical approach to mysticism"）刊登在《瑞士應用心理學評論》（*Revue Suisse de Psychologie Appliqué*）第四卷第 3 至 4 期，及以〈靈魂的黑夜〉（"The dark night of the soul"）刊登在 1958 年由倫敦勞特利奇（Routledge）出版社出版的《客觀心靈》。

185 ## 引言

受到榮格的啟發，我決定選用這個主題，他研究神祕主義，特別是東方的各派神祕主義。我希望可以藉此補足他過去的內容，特別是有關聖若望的，因為榮格不時會提到他，但卻沒有詳細闡述。

聖十字若望是十六世紀一位著名的西班牙神祕主義者（mystic），他也善於寫詩，因此他可細膩地表達神祕體驗，我將會探討他怎樣以詩句及詳盡的評論來表達那些經驗。

開展這個主題之前，我將先羅列出聖若望的頂點，然後闡述我的一些要點。

頂點

聖十字若望

核心特點

（1）基督信仰是關乎超越現實的神、童貞聖母、天使、魔鬼及死後的生命；

（2）重點在於內在的靈性生命以及它的三大敵人，即世界、肉體及魔鬼；

186 （3）對神的認識是經由神祕體驗直接與神聯繫並最終與之聯結。

出現神祕經驗的條件

倘若神祕主義者住在修道院，他必須過著刻苦的生活、禁慾、嚴守清規、攻克己身、服從前輩。極端的苦行及冥想的培育是赤足加爾默羅會（the Discalced Carmelite）的特點。

影響建立頂點的因素

（1）他的童年：他年幼家貧，在大約二至六歲期間（確實時間已無從稽考）喪父，父親的離世令原來家徒四壁的家境雪上加霜。他那位關心兒子精神及靈性生命的偉大母親把他送到耶穌會的學校，讓他可接受宗教教育。從他描述母親離世後升天的榮耀情境可以推斷她對他的重要性。

（2）他年幼曾遇溺，並為一名幻覺中的女性（可能是聖母）所救，自此他不斷在危難時都看到她的影像。

（3）他開始精通神學，除了《聖經》，他也涉獵亞略巴古的丟尼修（Dionisius the Areopagite）、聖奧古斯丁（Saint Augustine）、葛利果一世（St. Gregory）、湯瑪斯·阿奎納（St. Thomas）、博姆哈德（Bohmhard）、波愛修斯（Boethius）、博斯坎（Boscan）以及德蘭修女（Madre Teresa）等人的思想。可能還有很多其他人，因為他經常出入修道院的圖書館。基所（Crisogono, 1958）指出：約翰·巴克索普（John Baconthorp）、陶勒（Tauler）、布森布魯克（Buysenbroek）及《著名的歌集》（the popular *can cioneros*）當中有些語句近乎字字相同地在他的著作中重複出現。

（4）聖女德肋撒（Saint Theresa，亦稱大德蘭）開始揭示赤足加爾默羅會的規條以及她對聖若望的精神力量的觀感。

（5）當時宗教生活的情況。赤足的規條可能是針對修道院的生活被說成是與修院外艱困生活相比逸樂得多的批評之抵制。

宗教頂點的表現形式

（1）神祕體驗。

（2）神祕的生活的意涵：尊貴的神無處不再，魔鬼亦然。

187 （3）奇蹟代表神介入了自然定律。

（4）神祕的聖潔、他的良善、可愛以及他傳達靈性智慧予他人的能力。

（5）在聖若望的案例中，必須添加超凡的文學創造力。

我的頂點

我曾在此書的某章提及這方面，但我尚未把它總結，我會在此按照我闡述聖若望內容的副標題來闡述。

核心特點

相信求取知識便會找到真相。

出現內在體驗的條件

（1）在世上過著平淡安穩的生活，即工作、結婚、生育、寫作並相信我所做的是為了我身邊的人及整體人類的益處；

（2）明白到除非在個人分析中深切了解自己的內在生命及其引發的動機，否則這些事情都是沒有意義的。

影響建立頂點的因素

（1）年幼時的小康家境和我敬愛及欣賞的父母助我跨過在成長路上所遇到的崎嶇不平，父母關心我的心智生活並提供他們認為理想的（而其後我亦感到有需要的）教育。

（2）我開始精於科學研究（生物、生理學、醫學及外科手術）。

（3）我利用分析追求我的內在需要，在我大部分的成年生活中，在患者的協助下繼續這方面的工作。

（4）我和榮格的個人接觸，以及我與他和我的分析師所組成的多樣認同。

（5）事實上，當我成為分析師後，英國的榮格學派運動需要一些像我這樣的人去促進人們在這領域的興趣。由於我不想名不副實地被認為是開發這門學科的一員，加上這個行動亦會令我進步，我樂意接受了這項任務。

若從我的頂點去探索聖若望的神祕主義，我將強調它的幼兒根 188
源，但我不會把神祕主義與嬰兒期掛勾：沒有一個嬰兒能夠熬過神祕生活的困苦。

如果認為我所說的會觸怒化約論的陰魂，即神祕主義者不過是偽裝的嬰孩，也許可以說成是一名與生俱有神祕主義特徵的嬰兒屈從於塵世、肉身及魔鬼的蹂躪的神蹟。艱苦的神祕主義就是為了解除嬰兒與生俱來與神的聯繫。我個人並不接受這些說法，因為它們似乎只是為了使人們相信我們對高度複雜的領域已有很深的了解的粉飾罷了。

心靈的黑夜

聖十字若望的著作揭示了神祕體驗的光譜，並附上詳盡的詮釋及評論。《心靈的黑夜》帶出為了從天性中解放出來並獲取與神終極不分的愛，靈魂在壓抑感官及靈性功能上所受的折磨，從而令今生變得相對及死後變得絕對地神聖，這就是聖約翰的著作的精髓。

雖然其他著作貫徹同一主題，但卻在一些重要觀點上略有不同。《卡梅爾山的上升》（*The Ascent of Mount Carmel*）是為關心靈魂的讀者而寫的指南，書中詳細指出靈魂的經驗及靈性指導者的行為。然而有別於《心靈的黑夜》中強調神的冷酷無情，在《卡梅爾山的上升》中卻找到很多例子強調神給予（「觸動」）靈魂得以感受的愛。該著作含有更多詩意的元素，而在《活著的愛之火焰》（*The Living Flame of Love*）及《精神頌歌》（*The Spiritual Canticle*）中，更滿滿地記載了靈魂經驗的美妙篇章。

每卷都是根據一首詩的詩節來詳細分析的，它的一字一句都被詳細詮釋和討論，並且靠著支持聖若望所言或提供神祕主義解讀的《聖經》經文來引證。這種方式為詳細地描述靈魂的經歷提供了空間，對其經歷賦予意義，並不時定義對它們的期望或不期望的態度。

我知道我不能盡展聖若望在原文中碩果累累的經驗，但為了讓讀者建立印象，我亦只能研究他的原文。我將按我的經驗，從我的
189 頂點出發來挑選部分章節段落展示。當然，具有不同頂點的人會選
取不同的段落。

《心靈的黑夜》是一個靈魂為尋覓神而踏上旅途的故事，始於

平凡無奇的人生航班，靈魂漸漸與塵世生活愈走愈遠，直到最後它與神在神祕的天梯（scala mystica）的第十級相聚。雖然靈魂要在死後才能與神永不分離，但是靈魂在今世便已和神建立起深入及親密的關係，並帶來很多潛移默化的影響。

189-2 書的大部分內容由對被譽為「現已處於完美狀態」的**靈魂的詩歌**（*Stanzas of the soul*）的評論所組成。

靈魂的詩歌

（1）一個漆黑的夜晚，懷著渴望在愛裡點燃燭光，噢，
快樂的契機！
酣睡中，我的家在安歇，沒有發現我正歸來。

（2）於漆黑和安穩中，隱匿於祕密之梯下，噢，快樂的
契機！
我的家現正安歇於漆黑及隱密中。

（3）於祕密及快樂的晚上，無人知曉我的存在，
四野無物，無燈火無指引，惟燈火燃燒於我心。

（4）此燈領我更勝月夜明光，
引我到他守候且無人之處，

（5）噢，領我的黑夜，噢，黑夜比黎明更迷人，
噢，使愛人相聚的黑夜，愛人於另一半前煥然一
新！

（6）我芳芬的胸脯惟他可貼近，
我輕撫安睡於上的他，雪松輕拂，微風飄送。

（7）當我梳理他髮絲之時，塔樓送來微風，

他輕柔的手傷及我頸，我頓感不知所措。

（8）惘然、迷失，我臉輕倚我的深愛，

終止、自棄，就讓我的關愛遺忘於百合花間。

（transl. E. A. Peers, 1953, vol. I, p. 326）[2]

評論只針對與黑夜有關的首兩節詩句，最後六節描繪靈魂經歷磨難後的得著。詩中的家為靈魂的居所，在未領略經歷神的黑暗所帶來的好處前，便要先好好處理這居所。值得注意的是**現**正安歇的家，當中包含了從未觸及或可一不可再的安歇。

祕密之梯代表**神祕的天梯**。聖若望這樣提到漆黑與安穩：

> 這裡所說的靈魂的黑暗，關係到被黑夜剝奪了內心及
> 190 靈性的慾望及力量；它們若被淨化至此，就可能達到不可
> 思議的覺悟……這就是靈魂安全地走過黑暗的說法……3.
> 跟隨著靈魂在自然的運轉下經歷更大的黑暗及空虛，便會
> 得著更大的安穩。（*Dark Night,* transl. Zimmerman, 1935,

---

2 譯註：此詩原以西班牙文寫成，英譯版本甚多，本書所引為佩爾斯（E. A. Peers）版。台灣加爾默羅聖衣會亦曾以古詩格律，從原西班牙文翻譯全詩，收錄於《聖十字若望 ‧ 心靈的黑夜》（星火文化，台北，2018）中，八節詩歌摘錄如下：1. 黑夜初臨，／懸念殷殷，灼燃愛情，／啊！幸福好運！／我已離去，無人留意，／吾室已然靜息。2. 黑暗中，安全行進，／攀祕梯，裝巧隱，／啊！幸福好運！／置黑暗，隱蹤跡，吾室已然靜息。3. 幸福夜裡，／隱祕間，無人見我影，／我見亦無影，／沒有其他光明和引領，／除祂焚灼我心靈。4. 如此導引，／遠勝午日光明，／到那處，祂等待我近臨，／祂知我深情，／那裡寂無他人行。5. 啊！領導之夜，／啊！可愛更勝黎明之夜，／啊！結合之夜／兩情相親，／神化卿卿似君卿。6. 芬芳滿胸襟。／癡心只盼君，／斜枕君柔眠，／輕拂我弄君，／飄飄香柏木扇，徐來風清。7. 城垛微風清，／亂拂君王鬢，／君王傷我頸，因其手柔輕，／悠悠知覺，神魂飛越。8. 留下自己又相忘，／垂枕頰面依君郎；／萬事休；離己遠走，／拋卻俗塵，／相忘百合花層。

p. 146）

偽裝是指保護靈魂免受世界、肉身及魔鬼侵擾的必要性，這三個敵人的主要功能是阻礙靈魂探索神祕主義獲致成果。

> 所以它〔靈魂〕所披上的外衣有三種主要顏色：白色、綠色及紫色，它們分別指出三種神學要素：信、望及愛。這三種要素不但可使靈魂獲得神的恩寵及嘉許，而且還可以安然無恙地橫越它的三個敵人。（ibid., p. 422, par. 3）

神祕體驗的全部三個階段都是由神對靈魂採取的行動而起。在整個過程中，神是主要的推手。首先是準備階段，在這階段的人是起步者；接著的便是第一個黑夜，當中靈魂的感應、冥想活動及對話式反思行為會徹底地淨化。第二個黑夜會淨化靈魂的精神活動，從而使神精神之愛的明光可以引領靈魂在神祕的天梯中跨越十級，並在各階段經歷神更熱切、更深度的愛。最後，靈魂便會在大團圓時完全符合神的要求，並如最後三節詩文所指般，在愛的環抱中變得超凡入聖。我們稱那些處於最後兩個階段的人為「精進者」。每個階段中間都會有一段靈性上恬靜的時間，這似乎就是「我的家現在安歇」所指的意思。恬靜的時間或短或長，但隨著過程漸漸深入，能夠成功面對及跨過艱深考驗的靈魂便會愈來愈少。

神會為起步者帶來第一次的精神鼓舞，祂會以祂的胸膛來展現溫柔的愛（母親的大愛——神的恩典），邀請起步者來感受精神上的愉悅：

> 我們要謹記，當靈魂真正地轉向神，神一般都會在靈性上照料它，並如慈母呵護嬰兒般照顧它。母親會用自己的乳房捂熱嬰兒（靈魂）並以自己甜蜜的乳汁餵哺他、以美食供養他、以雙臂環抱他及以雙手輕撫他。（Zimmerman, 1935, p. 6）

弔詭的是，神所給的無比愉悅卻是謬誤的源頭：起步者不會服膺於他們的靈性導師「……因為服從神所給的命令使他們苦不堪言，所以他們會改變或偏離命令」（ibid., p. 330, par. 2）；又或者
191 「……他們變得如小孩般愛抱怨，壞脾氣，並認為若不准他們依他們所想的去做，他們便不會侍奉神。」（ibid., pp. 344-5, par. 2）而「事實上，就正如我們所說的，他們就像不受行為或理性影響的孩子一樣，只按歡樂行事。」（ibid., p. 346, par. 6）「他們對心靈匱乏而應有的自我提升和克己苦修視若無睹。」（ibid., chapter 3）

書的第一部分十分人性化，主要在處理起步者的矛盾，描述他們因偏離了與靈性溝通的愉悅而出現的瑕疵。那些瑕疵就是致命的七宗罪：驕傲、貪婪、好色、惱怒、暴食、嫉妒及懶惰。

然後，神開始收起祂的胸膛：

> ……為了令年紀漸長的孩子脫去孩子的習性，並令他負起更重要的工作，媽媽漸漸不再照顧他，她收起她溫柔的愛，在她甜美的胸脯上塗上苦澀的蘆薈，從她的雙臂放

下他，並讓他行走。（ibid., p. 330, par. 2）

只有神收起祂的胸膛後，第一次心靈的黑夜才會開始。

大概是為了描述用途，靈魂會被分為兩個部分；而正好其實也是整個靈魂的兩個面向，即感性（sensual）或敏感（sensitive）面向，以及精神面向。在第一個黑夜，由於神對感性元素採取了行動，罪惡的顯現以極大的堅持和固執現身，而這無疑是源自靈魂的性需要：即使禱告，甚至參與悔罪或聖餐這些神聖禮儀，「仍會沉溺在埋藏在靈魂感官部分因性而起的不道德行為」。這不足為奇，因為神祕主義者的整個生殖生活都被拋棄了，所以當要把所有相關慾望及幻想轉化，一定困難重重。神會淨化這些最原始的元素，它們會轉化成充滿性象徵主義及隱喻的美豔色情之**神祕結合**（*unio mystica*）。

黑夜又稱為淨化之夜，可分為兩個部分：第一部分會淨化靈魂的感覺，而第二部分則會淨化靈魂的精神活動。最後，一手所執的物慾而另一手所執的幻想、願景及夢境、所有與外在及內在世界相連的功能都會被神聖的行動有系統地淨化，惟獨神的耀眼形象得以保存，這就是把神祕體驗稱為靈魂的黑夜的原因。 192

進入這境況的特徵可以清楚且有系統地描述：沒有什麼可以取悅靈魂，它只會專注於神，然後一股枯燥感（荒蕪感）及不快會隨之出現。我們知道靈魂會進入安靜及獨處的狀態，那時靈魂不會做什麼，她只會「……讓神帶領，以鍾愛的內心專注來接收及聆聽……」，和「……如果它想以它的天賦來做事，那只會阻撓而非幫助神。」

心理活動、禱告、「胸膛」反思及冥想會是感知神存在的過程，當中包括：

……解除靈魂的煩惱和枷鎖，遠離知識及思慮並得到安歇。在這個狀態，他們不再為了需要思考或冥想什麼而感到懊惱，他們只會滿足於從神而來的平靜和關愛，並且無憂、無能及無欲地體會及感受神。所有這些渴望、不安和干擾透過靈魂在沉思中重拾心如止水和甜如蜜的狀態。（ibid., p. 357, par. 4）

神將向靈魂做工：

神會束縛靈魂的內在能力，使它不堅持要明白、不遂其所願及不和記憶爭辯。（ibid., p. 354, par. 7）

束縛是恐怖的，如果：

第一次的淨化令人感到苦澀及懼怕……當第二次到來時將不堪比擬，因它對靈魂而言是可怕及畏懼的……（ibid., pp. 349-350, par. 2）

神與靈魂的溝通

其後，令人欣慰的是，我們了解到間歇與緩解是如何存在，在此期間，透過神的安排，假定是基於啟蒙和愛，朦朧的沉思脫去了淨化的形式和特徵。在這樣的情況下，靈魂有如逃離囹圄而奔向自由的天空，在流暢豐饒的靈性溝通中，享受平靜的甘甜和神溫柔的愛。對靈魂來說，這是經歷淨化後而出現的靈性健康標記，靈魂首次嚐到豐足的滋味（ibid., p. 98, par. 6）。

聖若望在他的其他著作中也經常提及這種類似的經驗，特別是
在《精神頌歌》中，他對這種經驗的價值心存懷疑，認為不應對它
鍥而不捨，因為有些靈魂追求這些超自然的神聖溝通是因為錯誤地
相信這能直接通往神的愛。此外，這類溝通既不盡可靠，亦難以辨 193
別是來自上帝抑或魔鬼。也因為訊息難以解讀，永遠是真理的神之
旨意有時很可能會被嚴重誤解。

所以這類溝通不應被追捧或推崇，更何況即使靈魂不主動追求，它還有機會不請自來。聖若望明確地教導我們：應該用法律、理性、教會的規條及它們的影響來評估，不必過分解讀，這類溝通是一個願景而非個別特殊事件。雖然靈魂會探求與神直接溝通，即使神或許會回應，但祂對該溝通可能感到不快，因而隱晦地回應，甚至有時候好像故意誤導。

聖若望對此有獨特的見解：神可能認為派遣祂唯一的兒子到世上便已經把真理顯明了。所有的靈魂要做的就是向祂學習和跟隨祂的腳步，所以根本不需要更多上天的啟示。然而，願景和洞見是有益處的，因為它們有助人類理解各層面的事情，但是，它們大部分對神的本質而言都屬於直接溝通，並對靈魂具有深遠的影響。然而，它們偏離了「通過黑夜長路而與神相遇，以及除此之外其他事情都相對不重要」這個追求信仰的方式。如是者，神為何仍要給予

這無足輕重的啟示呢？這是因為神明白靈魂在不同的發展階段都有不同的需要。

利用極積想像來比較與神的「接觸」和超自然世界的其他溝通方式是耐人尋味的。很明顯地，自發的願景和其他來自個人內心世界的「人類」溝通是頻繁的，而且符合我們剛剛提到的兩種溝通原則。但是，靈魂的被動性，有別於免於干預其進入未知的黑夜的天賜和指引，不能被視為是促進積極交流的積極想像。

聖若望顯然對願景、心靈溝通、預言等反感，因此他會向讀者介紹不介意談及這方面的聖女德肋撒。只有談及起步者的內容時，我們才較常聽到他提到與神的對話。正如我們所討論到的，對話會出現，但只有靈魂與神的合一迫近時，靈魂才會變得激情澎湃。

194 主動性與被動性

從根本上說，靈魂是被動的；它鍾愛地留意著神的一舉一動。它在以下三種形態下是主動的：祂手的帶領、聖子的接觸及聖靈如陽具焚燒般穿透的力量：

> 蘋果樹下
> 你來立下盟誓與相交，
> 於此你向我伸手，
> 你在這裡獲得重新創造
> 就在這裡，你母親首次犯禁的地方。

（Poems, transl. Campbell, 1951, p. 25）

雖然很多起步者靈魂的主動性差強人意，但卻不全然是被動的。然而，除此之外，靈魂將努力通過禁慾苦行消除不完美之處，但是我們知道這只有一部分能成功：「惟獨神為此做工」才能有效地淨化。除了這方面的努力外，靈魂會在可能的範圍內培育出對神的和睦、安靜、謙遜及專注的愛。

另一個被動性的方向包括要求服從靈性導師及加爾默羅會的規條，它們適用直到靈魂達到一個特定的狀態：當寂靜被動的靈魂被神引領到黑夜，它可能絕望，因無事發生，感到被遺棄而不侍奉神時；當它不能禱告、冥想或奉行它已習慣的其他宗教習俗時。這改變好像把服從內化了，使得靈魂只服從神。所以，靈性導師應該與神在靈魂中的行為並駕齊驅，若導師試圖干預，將會鑄成「難以彌補」的大錯。這個狀態就是靈魂在**神祕的天梯**的第七級準備做最終轉化時的情況：靈魂變得勇不可擋，被對神強烈的愛激勵著。

2. 靈魂在第七級時會變得勇不可擋，在這種猛烈及充滿愛的精煉下，靈魂不再猶豫不決、不再受羞愧抑止、不再受制約束縛：因為神的施恩令它勇不可擋……
3. 在第七級中，神賜予靈魂的膽量及勇氣使它在洶湧的愛中變得勇敢，當靈魂上升到第八級時，靈魂會躺在愛內並與神結合。

（Dark Night, transl. Zimmerman, 1935, p. 174）

這個裨益是互通的，因神跟靈魂一樣，因為神「應如祂本然的樣貌而被愛」：

195 靈魂現在與神合而為一是因為有神的參與，雖然靈魂尚未如將來來到世上時那麼完美，但正如我說過，神正處於影子內。所以，靈魂以轉化來成為神的影子，在神裡面產生效力，就正如祂在祂自己裡面產生效力一樣，因為兩者的意願本為一。因為神給予祂自己自由及恩寵的旨意，所以靈魂也會有自己的意願，其意願愈自由、慷慨，靈魂在神當中與神的連結就愈緊密，然後以那種充滿愛心的自滿，將神聖的本質和完美回歸於神。

（Living Flame, transl. Lewis, 1934, pp. 113ff.）

這是一段獨特而撫慰的關係

……就好像世上沒有其他的靈魂需要祂安撫，沒有其他的東西值得祂關心，一切所做的都只為了一個靈魂。

自性、去整合與分裂

根據榮格的研究，我把神翻譯成自性，而從這頂點來分析，很多神祕主義生活的特點會被視為去整合狀態的呈現。乍看之下，神的經驗彷彿源自他們所遵循的基督教教條，而當中確實詮釋了這些經驗。但在聖若望的著作中，他將靈魂的經驗描述得深入淺出，讓人信服，讓人很難認為這些是出於抽象的神學原則。換句話說，這些經驗會以基督教神話、儀式及教條來展示，但是主要的元素仍是原型的表達方式（Fordham, 1957a）。

所以，三位一體的三個位格——聖父、聖子及聖靈——可做為經驗素材去理解。當他指出聖靈是神的火焰時，就是指靈魂的經驗，同樣地，聖父的手及聖子的撫摸也是活生生的體驗。

聖若望的神祕體驗還包括聖母及神的天使這兩個元素，這些都可被視為從神原而出的分化物。與神對抗的魔鬼及其使者會在最後的團圓中完全分裂掉，文中有一處提到當魔鬼的使者正在引誘靈魂時，天使站到一旁，如別處所提到，這是必須的，因為靈魂需要學習如何抵抗邪惡，所以魔鬼好像是用來推行神的旨意的。

對立面：對神及魔鬼的反思 196

我們本以為善與惡、神與魔鬼的關係是黑白分明的，但當我們知道魔鬼可創造幻覺，偽裝成天使來欺騙精進者，而神的天使又會容許靈魂遭到試探而不介入，來測試它抵禦邪惡的能力時，這好像變得神和魔鬼會搭檔做工一樣。這同時也提醒了人們，魔鬼無法成功實現他的邪惡意圖，因為總是導向美好的結局。這個想法表明了神和祂的對立者融合的趨勢。但是聖若望把這一切都歸咎於奸佞及狡猾的魔鬼。無論採取哪種觀點，顯然不管是哪一種超自然力量與靈魂溝通，靈魂都很難判斷。此外，靈性導師也有困難，他們彼此之間就意見不同。智者會靜待及觀察那些隨後對靈魂的影響，而不會匆匆下結論。然而，這些困難的確留下了另一種可能性，就是教條所假定的分離並不完全令人滿意，以及兩者（神與魔鬼）的關係就如《約伯記》中聖若望經常引用的那般。根據《約伯記》，魔鬼是神的其中一個兒子，而且與神有連繫。毫無疑問，他獲准接觸靈魂，這可說是神一點都不體貼。但是，在**神祕的天梯**的第八級，迫害會告終，而敵人的攻擊也傷不了靈魂，這可從兩方面去理解：按基督教見證人所述，最後的分裂令魔鬼可以繼續存在，並對其他靈魂施以考驗，或者靈魂找到了獨立的解決方案，並與神結合而變得完整。信念是實現這一目標的最強大影響力。

我們必須指出第二個辦法中的一些細節，聖若望在《精神頌歌》中寫到：

> ……他們在神內轉化後會活出神的生命，而非自己的生命，然而由於兩個生命已經合而為一，他們所活的也屬於自己的生命……這可能是今生會發生的事……——雖然未必是完整或完美，但靈魂可能到達由愛轉化成靈性婚姻的人生最高境界。
>
> （transl. Peers, 1978, p. 68, par. 7）

從正式意義上講，該解決方案可能是不可接受的，因為它涉及超越善與惡的層面。它確實描繪了從自我到自性的轉變，而這是個體化的特徵。

197 轉化

我相信提出轉化的話題是有幫助的，這是聖若望所用的詞彙，而且它好像在描繪那些分析師也知道的過程。我的意圖是將神祕的過程與嬰兒的根源聯繫起來，除非掌握了轉化的事實，否則很容易會覺得這些內容荒謬，再者，沒有這個想法的話，我對嬰兒期的說法也就無法充分闡明。因為在神祕主義中，很多的轉化都在嬰孩與父母的真實關係及日後的生命中發生。

普通成年人不再具有的純粹嬰兒特徵能在一系列行為中顯示。話雖如此，過去其實從沒有消失，而是轉化了。聖若望在神祕主義的頂點中深深體會這一點。他經常指出靈魂在神裡的轉化，例如當「感官之眼醒悟了並令人愉悅」（*Living Flame*, transl. Lewis, 1934, p. 109, par. 82）。這只有在將可把靈魂與神疏遠的感官能力淨化了之後才會發生。

我們還可以在對比「不完美和與上帝旨意不同的自然意志」與「該意志與靈魂接觸然後願意與神契合」兩者之間，識別轉化的結果，再一次：

> 如果任由慾望按本性自由發展的話，客體的靈性便會變得欠缺目的……惟獨當動機變得超自然，及當慾望的力量是從神而來時，一切才會變得截然不同。（ibid., p. 111, par. 85）

要謹記，靈魂的目標是與神契合，其慾望能夠轉化而變得神聖。

早前當我書寫這題目時，我曾考慮用神祕主義發展中被潛抑的部分來證明它的單向性。我引用過有關一位修女的例子，聖若望對那位修女是極為嚴厲的（Fordham, 1978, pp. 149ff）。若說沒有發生潛抑，那才叫人驚訝，而且進一步的證據出現在出神狀態和昏厥，我們從那些精神性不足的人身上明白到，「狂喜、恍惚和骨頭移位」（Lewis, 1934, p. 375, par. 2）是有可能發生的。但現在我認為轉化的過程需要更多原始和激進的運作。要喚起心靈以如此複雜的運作，來適當處理所謂最終惡魔的排除，我不認為是潛抑作用；分裂作用會較為合適。

198 胸脯健全

我們留意到，神祕主義發展是由神讓起步者安躺在祂胸懷上開始的，這也是往後一切的起點。黑夜的發展由胸膛被帶走開始，根除其所有衍生物的驅動力變得至關重要，或者一開始似乎是這樣。

我想用現時的分析思考及觀察來探討聖若望所寫的內容。由於嬰兒不只靠母親身體器官的餵哺來建立關係，所以在分析時我們必須也包含形容嬰兒經驗的概念。

毫無疑問，除了用自己的乳房來養育嬰孩外，母親還做了很多事情：她對他無微不至的關懷與抱持的涵容；她和嬰孩四目相投；她以巧言逗他歡喜。過程中，雙方也好像有著心靈及身體上的互動，當中也涉及或多或少的投射性認同和內攝性認同。如果這一切也運作良好的話，嬰孩不但得到好的餵養，他也會建立起一個好乳房的意象。

但這並非全貌：對擁有乳房的母親及擁有陰莖的父親存在著緊密的關係，正如乳房變成一系列經驗的焦點，那麼父親的陰莖也在幻想或現實中代表著相對應的意象。如果母親的乳房給予嬰孩撫慰及餵養的經驗對其身心有著重大影響的話，那麼後者的經驗在父親身上也有著同等的影響，但重點會轉變到父親陽性的力量，以及陰莖變成其中心焦點。母親及父親的特點會在嬰孩往後的發展中分化，爸爸會在孩子的活動，特別是精神生活上有著更深的影響。這就是父親變成**道**（*logos*）或精神，而母親則會變成**愛神**（*eros*），以及身體上感官存有的典型。換言之，他們的原型面向可以擴展開發。然而，一開始這兩個元素沒被清晰地區分。但這一頂點使我們了解神的女性元素是一個轉化的狀態，反映著當父親及母親的角色在嬰孩最早期仍未被分化（即他們還是一體的）的情形，而這個狀態最接近完整的自性。

聖若望觀察到起步者的行為仿如孩子，或更準確地說是像兒童退行到嬰兒期某些面向一樣。聖若望在很多的篇章中都用上乳房這一字眼，他有時很直接地把它指向冥想及反思的胸膛，有時卻間接地指出神餵養靈魂或「期盼創意食糧果腹的慾望，今為神聖食糧所滿足，並從中領略得到神的甘甜這更大的好處。」（*Living Flame,* 199
transl. Lewis, 1934, p. 53, par. 39）而「起初靈魂基於天性及不完美思想行事，最後卻會因為與神結合而變得超凡入聖。」（ibid., p. 53, par. 40）

如果我們把神的食糧、神的胸膛、祂（透過基督）的接觸、祂的油膏拼湊一起，這會刻劃出起初由母親及嬰孩所主導的關係轉變成父親及孩子的關係的畫面。此外，當中還包括神善意的破壞性，以及一再失去自然的愛的痛苦。最後，靈魂與神互動所產生的獨一性和親密程度，清楚證明了投射性認同和內攝性認同。

胸脯缺失

我將引用比昂的闡述，但我不敢說我完全正確理解他。他認為，乳房的缺失（absence of the breast）等同嬰孩有一個壞的內在乳房，他以他有的各種方法處理它，並依賴 β 元素的運作：他可以移走它（淨化），或每次經他的消化系統把它嘔吐出來，其他的方法包括運用他的呼吸系統來哭鬧或尖叫，而這可能是因為一種排放式的強烈肌肉活動。當中還有一個更重要的效果：透過 α 功能的行動，β 元素可以經由 α 元素轉變成原始想法過程。

有人認為，嬰孩可能自己把乳房摧毀了，而取得其乳房缺失的經驗，但聖若望並沒有提及這點，然而起步者的理想喜悅狀態指出，靈性導師可解除這方面的防禦。但是，如果我們考慮失去的乳房造成的痛苦，以及進入第一個黑夜時，其痛苦轉化為精神生活——「反思和冥想的胸膛」，那麼這樣的比喻就具有說服力。

神的善意破壞可謂第一個黑夜的最大特點：這是當嬰孩知道乳房，不論其好壞，都是同一個乳房這一種體驗。他幻想對乳房的破壞會使他處於憂鬱位置，並在其中修復好的乳房。

嬰孩會週期性地出現乳房缺失的經驗，但這不可以過於頻繁。與他母親及內部良好且足夠的乳房經驗至關重要，嬰孩有多大忍受
200 及控制痛苦的能力取決於他內化了好乳房的數目。在這方面，母親的抱持功能十分重要。

這好比在黑夜中每當提及失去的痛苦時，能夠緩減悲痛的就只有屬靈導師那超凡智慧及與神的撫摸一樣。

聖若望的人格及歷史反思

雖然記載聖若望早年生活的資料不多，但對那些想成為聖人的群眾來說，他的一生已足以體現此類模範。

他生於 1542 年，是一位貴族與貧窮但美麗又慈愛的婦人之子。他的父親為了與母親結婚，喪失了遺產繼承權，一家過著拮据的生活。聖若望大約六歲時，他的父親便離世了，自此家境更是雪上加霜，每過一段時間，家庭便會出現生計不保的情況。聖若望的母親靠著編織的技藝賺錢餬口，為了找到維持生計的方法，四處漂泊。

最後在苦無出路的情況下，她決定向她已故丈夫的家庭求助，其中一位行醫的叔叔答應照顧長子，但一切卻事與願違：她離開後，兒子杳無音訊，返回這位叔叔的家後，才得知嬸嬸一直惡待兒子，不但沒有好好照顧他，就連早前答應送他上學的諾言也沒有兌現。雖然叔叔信誓旦旦地稱對這一切全不知情並答應會踐諾，但聖若望的母親仍把孩子帶走，這猶如在千斤重的肩頭上多擔了一分責任。

這位母親不但關心孩子的情緒健康，還考慮到孩子的靈性生活，她把聖若望送到耶穌會辦的學校讀書，隨後在薩拉曼卡的耶穌會學院攻讀神學，並成為修士。他對母親的敬愛可從他的幻象中遇見一位把他從遇溺中拯救出來的婦人（有時被認為是聖母）便足以明白，這個景象不斷出現，而當她離世後，他見到母親在天堂被冊封。

聖若望與聖女德肋撒的相遇，更加加深了他本已深受女性影響的生命。她為當時在掙扎求存的加爾默羅會引進了赤足規條，其致力於強調沉思生活的內在生命提升，苦修程度叫人瞠目結舌。甚至不准懇求他人施捨，結果有時甚至導致修女們瀕臨餓死。但亦是因彼此生活方式如此接近，這才使聖若望向她效忠，聖女德肋撒十分佩服聖若望的靈修能力，而他在她想把這規條延伸至修士及修女時助了她一臂之力，自此他就成了這個規條的「父親」。

201 然而，有人對這些規條深表不滿，有一次聖若望被這些人擄去，飽受審問、不時鞭打，幾近餓死。他默默地承受著一切，直至意識到他的生命正危在旦夕，幸得到一位默不作聲獄卒的幫助，才能成功逃脫。他就是在那段身陷囹圄的日子寫下〈靈魂的詩歌〉（*Stanzas of the soul*），那時他才 36 歲，這叫人驚嘆他是如何在這個年紀把他的靈魂變得如此「完美無瑕」。

當聖若望從這般痛苦經驗中復原過來後，他再度過著充滿活力的人生：在他到埃爾卡瓦諾修道院之前的一陣子，他奔走各地建立修道院、擔任靈性導師、出席修士大會、寫詩歌、寫評註、訂指引、提點靈性導師和寫靈性格言。可以肯定的是，當他在洛斯馬捷里斯的修道院時，他得著一段「悠長」的時間，維持著心神寧靜。

在他離世前不久，他出席了在馬德里舉行的全體修士大會。那規條在當時已不斷壯大，甚至出現了添加教條及指引的活動。因為聖若望極力反對他們畫蛇添足，而被人視為眼中釘，甚至有人試圖沒收他的修道服，並企圖把他送往他國當傳教士。經過這些風浪後，他一病不起，於 1951 年離世，終年 49 歲。

顯然，聖若望就像其他的神祕主義者一樣過著充實的人生，而且如他的著作中所言，他致力於冥想，此外，他還酷愛大自然。乍看之下這有點教人摸不著頭腦，因為神一直有剝奪靈魂自然慾的意圖。聖若望喜歡在大自然的環境中禱告，特別是在山洞內，並且會「帶領跟隨他的修士去一些『風光明媚的河流或峭壁』，然後送他們上山禱告」。不但如此，他的詩歌及評註也時常歌頌大自然的風光，那麼我們應該怎樣理解兩者的差距呢？

儘管人類有份參與其靈魂之旅，但其旅程是自主的。在持續的轉化過程中，各種態度也會出現。由當初在大自然中尋找神卻遍尋不果，到最後大自然卻變成了神本身，以致不需要再尋尋覓覓。

神祕主義之旅會令天性的慾望逐漸走近神的大愛，可是在聖若望的例子，雖然他的目標是靈魂與神合一並變得神聖，同時又希望完全避開世界，但他卻好像沒有全然成功。

所以更有可能且無可厚非的一點是，在靈魂與神直接連繫漸增
的同時，他的所有活動可以持續進行。所以聖若望的人生可以說是 202
愈來愈得到神的指引；他並沒有寫下這些，但我們知道聖女德肋撒有時亦按這些指引而行。當然，聖若望終究還是人，也免不了凡人靈魂上的瑕疵：但就是身為人的他甘於服從，是他建立了苦修，是他受鞭笞之苦。基本上，這就是我們所講的三個實體的互動：人、靈魂和神，其相應於自我、阿尼瑪（或阿尼姆斯）和自性。

總結

分析心理學一直都被視為是神祕的。相比之下，一些如聖十字若望的神祕主義者卻會視自己為基督宗教的科學家。在基督教的傳統及教條的框架中，他們已詳盡地描述神祕主義者可能有的經驗以

及應對這些經驗的方法。另外，由於當時知識的局限，所以人們視他為出類拔萃的心理學家：艾利森・佩爾斯（Allison Peers）在《卡梅爾山的上升》的引言中主張，「聖若望應被冠以神祕主義歷史上最偉大的心理學家的頭銜。」（Peers, 1953, p. xi）

他的心理學有別於我們的心理學，但是他的描述性內容卻又有足夠的客觀性質而被稱為科學。所以，正如有些煉金術士也認同自己的工作具有心理學（或「哲學」）的本質，聖若望也是朝這個方向走，但他運用了天主教的教條及神學做為他的參考依據。有些人甚至說他是中世紀分析心理學的鼻祖。

煉金術[1]

1 本章最初登刊於 1960 年《分析心理學期刊》第五卷第 2 期，名為〈分析理論與鍊金術、神祕主義及神學的關係〉（"The relevance of analytical theory to alchemy, mysticism and theology"），本文為大幅度修改版本。

203 聖若望的研究體現了基督教神祕主義的熱切目標，當中煉金術的一些取向與其頗為相似。煉金術士也致力於將靈魂從身體抽離，並使它達到精神合一，至上的「精神合一」（*Unio mentalis*）到達稱為天體的大宇宙。他們亦認為靈魂有感覺的部分也有精神的部分，但卻較常強調隱晦及奇異的意象，這些大概是聖若望最不喜歡的。但是，他們都是有宗教信仰的人，並高舉了基督徒培養正確審視這方面態度所需的美德。與聖若望相比，他們非常重視夢境和預視，這些夢境和預視因化學操作而發生奇特的轉變。這並不是現代科學所指的化學，而是夢境和預視與從各種儀器所觀察到的物理變化的結合。事實上，他們好像常把自己的操作跟幻覺扯上關係。由於榮格已十分詳細地將煉金術士的工作與個體化做類比，從而說明在這個主題上象徵主義的心理學概念，我不再做深入討論了。順帶一提的一點是，他們被迫害的主要原因是因為其中一些煉金術士聲稱他們能夠煉出黃金，故此激起了位高權重的人的貪婪。

除此以外，那些人也相信煉金術士身懷祕密，但是，有別於聖若望，這個祕密不是本質難以言傳的奧祕，而是絕不能洩露的技藝的祕密，當中涉及多個原因：煉金術的中心思想容易被誤用，例如，重物質享樂主義的煉金術士說他們有點石成金之法，假如這知
204 識被誤用，這會對經濟帶來什麼影響？輕物質享樂主義的煉金術士明顯地覺得他們的「哲學祕密」也會被類似的途徑所誤用。不管是哪一個看法，肯定的是若不透露他們的「祕密」，他們都會飽受折磨（我暫且擱置整件事是騙局的可能性，即他們可能從未發現如何點石成金，故此根本沒有「哲學黃金」或「哲學」祕密等事可以洩漏）。

如果我們細閱他們的紀錄，便會發現他們的情況左右為難：他們知道如何把靈魂從會化為塵土的身體中抽離（參考聖若望所說的，把靈魂中的感覺部分讓聖靈之火燃燒一樣），可是他們無法讓已滌淨但化為塵土的身體跟已升上天體（類似天堂之處）的靈魂重聚。

可以肯定的是，他們懂得如何將已成粉末的軀體復原：例如在《神祕合體》（Jung, 1955-6, p. 274）中，描述一個年邁帝王重拾活力的例子，但他經歷的談不上是轉化，反而是經過仿如浴火鳳凰般地自灰燼中重生後，令他成為一位更有活力的年長帝王。

有人認為煉金術士身處困境，有一部分是因為他們從事具爭議性的工作，而另一方面則是因為基督教的教義；身體是魔鬼玩弄的媒介，如果煉金術士可為軀體重新注入活力，後果可能會匪夷所思：活力倒退很容易會被認為是魔鬼所為，那麼一直付出了巨大努力使身體變得無敵的那道門又再次開啟，讓魔鬼再有機會入內大肆搜掠。煉金術士從來沒有被指責為異端分子，但這可能是他們故意把自己營造得模稜兩可而免遭非議所致。然而細心研究後，榮格卻斷言煉金術士是不折不扣的異端分子，只是沒人察覺而已。但是根據他的頂點，煉金術士的工作填補了基督教追求靈性目標的方向，而非反對它們。榮格認為他們的工作有漸進性的內容，這一方面導致現代化學，另一方面則是個體化的原型。我隨後會列舉一些我所選定的內容，從而說明煉金術士是怎樣看待自己的工作，當中記錄了兩名煉金術士（或真或假的）的失敗例子。

我們記得聖若望說過有一些靈魂比較有進步的能力，但他沒有告訴我們什麼會打擾或限制神祕主義發展。煉金術上的紀錄有助解開這些疑惑，讓讀者可以推論在神祕主義的進程中會出現什麼困難，配合我與這些想法近似的觀點，讀者可以考慮對其是否有用。

205 其他煉金術文獻

我們現在來研究一下《隱士博物館》（*The Hermetic Museum*）裡的文章，本書出版於 1678 年，於 1953 年由偉特（Waite）翻譯。幾乎所有我提到的內容，榮格都已提過，而我在這裡所闡述的，絕大部分是介紹他已陳述的內容，但有一部分加以延伸擴大。

在這一部有關煉金術的專著中，有個特點是作者花了不少時間指出他們故意隱藏真相，為的就是要令門外漢無法貶低這門既是藝術亦是「科學」的技藝的名聲。他們說如果你讀得廣、想得久，一切會變得明如鏡。除此之外，他們經常提供迫害思想的證據，再加上相當誇示品德；他們不是幻想受迫害，就是真的受到迫害了。《黃金地帶》（*The Golden Tract,* transl. Waite, 1951, I, p. 8）一書的匿名作者提到：「別因為我隱姓埋名及不願和你見面而驚訝，我這樣做不是為博取虛名或世人的讚許，而是為了你好。」追求世間的名聲不但不道德，甚至是危險的，因為「經驗告訴我們，很多沒有考慮到個人安全的哲學家都會遭殺害及剝奪地位……；這好比身懷財寶的人終必成為劫匪的獵物一樣。」（ibid., p. 8）

據說煉金術帶來的物質好處被說明得很清楚，所以很多煉金術士都被貪婪者迫害。例如，被貝西公爵（Duke of Basil）囚禁的亞歷山大．塞頓（Alexander Sethon，死於 1604 年），他受到軟硬兼施的百般折磨，但他沒有透露出製造哲人石的祕密。不但如此，他同樣也沒有透露給解救他的另一位煉金術士邁克・西沃吉維奇（Michael Sendivogious）知道，他回應他說煉金術：「我受盡煎熬，我的神經萎縮、四肢受損、瘦骨嶙峋，身體飽受折磨；儘管如此，我也沒有透露這個哲學的祕密。」（p. 67）。這樣看來，他們常說因故意隱瞞而人身安全受威脅的話所言非虛。

為了自保而設法避免這些事是需要的，但是倘若人們願意博覽群書，便能揭示真相。這方法令認真的學生掌握到這門技藝的精髓，而膚淺及貪婪的人卻只會深陷泥潭而耽誤時間。儘管如此，這當中卻又包含了迫害態度和展露美德的嚴重混淆。

在文獻中可見，煉金術士竭盡全力說明基督信仰，他們說只有 206
禱告、誠直的生活和神的恩寵才可使人得著真理。這一方面他們可
以清楚地闡述。

《索菲特的水石》（*The Sophic Hydrolith,* Waite, 1953, I, p. 74）的匿名作者說：「首先，讓每一位全程投入及敬畏神的化學家和這門藝術的學生知道它的高深莫測是必須的，它不但值得讚嘆，更是近乎神聖的藝術（把它視為展現最高美善的典範）。」接著，作者花了不少篇幅指出從事這門技藝的人要培育什麼品德，他們「一定要謹記這全然出於神的恩典而非人的能力」。

具有揭示性的本質可以說是這一門藝術的特點，在《隱士博物館》中有很多這方面的指示，而下文的論述將顯示自我的一致性變弱後，當其或一部分變成碎片時，便會啟動意象。這方面的描述來自邁克・西沃吉維奇（1562-1646）的《新化學之光》（*The New Chemical Light*）。一切由賢者的會面開始，他們正討論什麼物質最適合用來造哲人石，但是他們的討論卻因為「一陣風」而弄得不歡

而散。這裡記載了其中二人的想法：甲認為水銀是**最上等的物質**（*prima materia*），然而乙卻認為是硫。如我們所見，他們從按照物質本身的指定化學操作開始，倡導水銀者的程序如下：「然後他〔哲人〕拿出（一般的）水銀來使用。」（ibid., II, p. 116）他把水銀放入玻璃瓶，並在瓶下點火，經過第一次的嚴重失敗，他這次守候在側，直至「水銀蒸發成氣體並升上瓶頂」（ibid., p. 117）。這位煉金術士充滿喜悅，他繼而「……開始以水銀來做各種化學程序，以各種物質來精煉它、鍛燒它，包括鹽、硫、金屬、礦物、血液、頭髮、硝酸、草藥、尿液及醋。所有這些物質都被依次嘗試，他把想到的物質都拿來試驗」，直到最後「……他沉沉地睡著了，夢境裡出現一位老人，老人誘他說出悲傷的原因，並告訴他要用純正的哲人之水銀。」

現在我們都能看到各種事情是怎樣發生，以及怎樣被原型意象取代。在煉金術士的想像裡，水銀以「人」的姿態出現，煉金術士在積極想像中與其交談。煉金術士狂妄自大，水銀轉向大自然投訴，她生煉金術士的氣，並繼而羞辱他。後來他便向大自然請教水銀的來歷，大自然回答說：「你要知道我只有一個這樣的兒子，
207 他是七子之一，屬七子之首；雖然他現在是一切，他起初卻是單一的。他之內有四個元素，但他不算是一個元素；他是個靈，但又有肉體；他是個男性，但又職司女性的崗位；他是個男孩，但又手執男性的武器；他是野獸，但卻有鳥兒的翅膀。他是毒藥，但他能治癒麻瘋；他是生命，但也可殺盡一切；他是王，但卻遭人奪位；他從火中逃出，但火卻由他而生；他是水，但他卻不會沾濕雙手；他是泥土，但他卻被播種；他是空氣，但他居於水旁。」（ibid.,

pp. 124-5）那名哲學家大吃一驚，但他因為害怕「失去身旁的人對我的好評，繼而不再在財政上支持我的實驗」，而不敢接受「真相」。這個**結局**引發大自然毫不留情的反駁：「這等哲學家早應送上絞刑台，帶著我最大的詛咒離我遠去吧。」

第二名主張用硫造哲人石的哲學家同樣闡述他從書中所選出的化學程序，然而，他比較謙虛，因而走得更遠。他心中已預期如何造出該石，「接著土星取出了兩種物質不同但同一根源的水銀〔即水星〕，用自己的尿液清洗後，稱它們為硫中之硫，然後他把它和易揮發之物混合，放在合適的器皿中，日夜守候，以防硫溜走，接著他把它們浸泡在溫水中——最後才造成了必須始終遵循正確物質的結果的哲人石。」（ibid., p. 155）然而，最後一切也化為烏有，因為「然後那名煉金術士把它放在手裡，讚嘆著它漂亮的紫色，手舞足蹈的同時還歡天喜地的大聲叫喊。突然，那個玻璃瓶從他手中滑落，摔得粉碎，石頭就消失了。那名煉金術士就此驚醒，手裡只拿著一些亞硫的纖維束。」

大家可能會發現上述兩名煉金術士都從化學操作開始，並以包含原型意象的夢境或預視結束。這兩個例子都顯示了，雖然看起來清醒的操作是必不可少的，但要訣還是來自啟示，而非單純煉金術上的操作。這只能被詮釋為在無意識得以顯現之前，自我的連貫性必須放鬆、耗盡，除了運用經驗中包含有意識的煉金術哲學和實踐形式的分化物。

兩位哲學家的志業失敗叫人惋惜。一人因缺乏勇氣將所知的付諸實行，而另一人卻因成功得意忘形（躁狂防禦）而失去那石。這兩個例子再次肯定了基督教常告誡世人要養成謙遜的重要性。

208 化學上的操作和基本的論述屬於自我的領域，而夢境及預視則關係到當中程序看起來有點混亂的原型層面，即圖像之間的界限是流動的。以水星（汞）為例，我們就已經無法清楚說明他是什麼了，此外，差不多關於他的一切都是一體兩面的；如果原型過程需要被記錄並以比較研究進行擴大，這種措詞是必須的。比較方法的實用性可以透過煉金術士勸告人們小心閱讀及比較內容來呈現。所以，鑒於在自然論述中，水銀為內文的首部分，這令第二部分中土星（鉛）為何「取出兩種物質不同但同一根源的水銀」變得更加清楚明白，這說明了水銀雖然有著雙重特質，但是**根源於**單一元素。

上文提到以尿液沖洗的兩種水銀的名稱暗示了轉化，它們被稱為「硫中之硫」。對人物及物件的命名常常意味著當中的變化，而這一說法亦可從現今看來明顯的兩種物質分類（穩定的及易揮發的）中證實；它們已經分開並不再出自同一根源。然後，它們被放在一起，熱力將兩者合而為一，把它們變成單一物體，即哲人石。這種對立物的連合或結合成為煉金術的主要特色，有時候這會以一個明顯依據預視經驗的寓言來說明。在《黃金地帶》（*The Golden Tract*）中詳細描述了煉金術士怎樣令夫妻變得更恩愛，他們經歷了一連串的轉化，直到璀璨奪目的國王與王后出現為止，他們把煉金術士帶回國，國內有取之不盡的黃金及珍貴的紅寶石，「國內有返老還童的能力及可重拾青春和能醫百病的靈丹妙藥。」（ibid., I, p. 50）這裡具有尋找哲人石的預視後果；該預視來自熟悉而廣泛的重生主題，以硫磺的化合、國王與王后的結合、日與月環抱、公狗與母狗等對立物的連合或結合而成。這樣的情況就好像在基督教中基督和他的新婦（教會）融合，靈魂和神的**神祕結合**（*unio mystica*）

一樣。每一組結合的形態都會安置到其現身的頂點之中。

討論

榮格認識到煉金術士的工作在很大程度上是依靠投射的，而透
過研究這些資料，他便可審視個體化的雛型。他展現了當時的煉金
術士正在把整個人象徵化的路途上。雖然一些有哲學思維的煉金術 209
士非常接近這個目標，但他們的頂點卻阻撓了這個發展，榮格便用
多恩（Dorn）這個例子來證明這一點。榮格運用原型理論來研究
象徵主義，那讓他得到哲人石就是自性的結論。

因為他認為這些象徵代表著原始實體，所以他沒有花太多或根本沒有花時間來研究它們的起源。另一方面，雖然他確實認同西爾伯勒（Silberer）在 1904 年發表的論文，但其內容不足以滿足榮格的目的，因他認為該論文過於集中在過程的嬰兒期源頭，尤其是原初場景（primal scene）或結合。儘管如此，榮格認同那些過程具有亂倫的性質，且性特質、出生及重生有著巨大的影響力。

我的目標是想顯示嬰兒期出現的過程會發展及轉化成隨後人生階段的心理及生理活動。所以，我旨在建立這樣的概念：人生整個過程具有一定的基本模式。簡言之，嬰兒期並不是一個人們需要放棄的行為模式（不論是屬心理或生理活動），它反而需要根據不同的內在或外在環境的要求而重新適應。常被視為幼稚的其實是不能重新適應的結果，在此我會擴展原型理論。

很明顯地，煉金術士需要被稱為化學物質的部分客體來進行操作，而那些化學物質會與幻想出來的「人」及怪異的東西聯想起

來，而且這些「人」與物質會和占星學上的宇宙扯上關係。所以，他們發展出一個深奧難懂的體系。但終究他們難以從他們的精神生活（夢境與預視）上區分開這些客體，而這也是為何榮格發展出投射理論的原因。

到底困難源於何處？其中一個重要的因素便是煉金術的傳統，當時缺乏現時所知的化學知識，而且他們操作時對文化諺語及宗教頂點搖擺不定。但讓我們更仔細看。他們其實十分強調涵容（containment）：載有物質的煉金器皿必須密封後才可加熱，這樣才可保證沒有任何東西可以逃出。這就如母親和嬰兒的關係，母體的涵容功能至關重要；首先她把嬰兒盛載於子宮內，然後到嬰兒出生後，用手抱持他，用精神及情緒包容他。在偶爾出現的情緒波動中，她需要做的只是把嬰兒抱起，好等他能從波動的情緒中平靜下來。然後，其他人的干預或類似的分心也是不宜的：這一點尤其適用於克萊恩提出的憂鬱位置。但是，涵容不只是有形的。首先母性的沉思可以反映及消化嬰兒的心靈狀態，然後她可以透過行動和言談，將自己的心智但非語言的活動結果反饋給嬰兒。

210 當細看煉金術士所用的部分客體時，會有很多驚人的發現。它們大部分也源自煉金術的「科學」，但是當中也包括人體部分的內含物，如：尿液、糞便、精液，甚至可以包含一些小動物。這些就是嬰兒需要透過母親的協助，轉化成為心智操作的重要內容。

當嬰兒長大時，母親的涵容功能會經嬰兒的內攝所取代，使嬰兒的內在世界開始發展——嬰兒承擔起她的涵容功能。此外，隨著他的成長，他會建立圖像、想像及夢境（夢境在何時開始這點難以確定，但有可能早在子宮內或出生前）。

我希望在此研究煉金術中榮格十分重視的投射元素。對煉金術士來說，把化學操作從精神內容中抽離是十分困難的，故此，有些煉金術士從沒有嘗試這樣做，並聲稱能造出真正的黃金，其實，這些憑證只不過是一些看似無私的人時不時的流傳而已。所以，比投射更重要的東西似乎便顯得有必要了，這類的煉金術士便是與他們的投射有密切關聯。榮格在另一沒有如此標題的篇章中介紹了投射性認同（projective-identification）（Jung, 1921, especially para 491），但他卻從沒有把它應用到煉金術上。

我想進一步研究已證實有助於理解嬰兒期及在成人中的嬰兒的概念，這些概念源於原型中的類心靈體元素概念。比昂認為 β 元素可透過 α 功能的運作，發展成為思想原料的 α 元素；這點似乎發展了榮格的想法。這是我使用他的符號的原因，當然亦由於它比較簡練確切。

我假設煉金術士常以 β 元素來操作。事實上，上文所提到的第二位煉金術士也好像是這樣做的。那「寶石」是一件既可把玩但亦可打破的物件，或者在現實中，它是一個玻璃容器，但不管它是什麼，都使他變得興高采烈及成就感滿溢，因此遠離了藝術上常見的歌頌宗教品德。這引出了對幻想破滅的躁狂防禦的重點：他打碎了它，但它亦曾「真正」存在過。

根據我的假設，第一位煉金術士進而闡釋了這主題。他成功地從物件（客體）抽離並發展出一個預視，即其 β 元素經歷了轉化。所以，他的錯處是不同的。自然之母（Mother Nature）發展出自相矛盾的表達方式，並引領他進入更深的內在世界，這把想恢復 β 元素運作方式的煉金術士嚇怕了，因此他沒有意識到煉金術作品的真實本質。

211 在嬰兒期，β 元素只能在嬰兒的 α 功能中起部分作用，它的發展強烈受到媽媽的沉思所影響，自然之母的溝通肯定不是沉思，且對煉金術士來說似乎太強大了。

回到投射性認同的話題，我們可能相信投射性認同是在 β 元素層次最為顯赫的。如果不過量的話，則會引致客體的相關內容；這也是當 α 功能被運用得最得心應手的時候。反之，投射性認同可能導致真實客體的殲滅，並形成妄想——似乎有一些煉金術士是這樣行事的。

現在我們可以闡釋兩種煉金術士的本質了，其中一種相信他們可以或真的已經製造出黃金（過多的投射性認同），而另一種則是相信他們的操作本質是「哲學性的」（α 功能造成 α 元素的形成並繼而影響精神生活）。

結語：有可能是因為嬰兒期未能轉化的模式以及成人內在的嬰兒，令我們在上文提到的煉金術士們無法釐清他們各自發現中的真正含義。

總結反思

212 最後一章將交代本書其他內容的背景資料，當中沒有嚴謹苛刻的框架，而是我多年來各項興趣的概述。

分析師在分析實務中最基本的一環是辨別決定人類行為及引致經驗的基礎方式。我們搜尋這些模式，並試圖將它們的嬰兒及原始的特徵轉化至適合各種文化條件及個人關係的相等物。

這模式的某部分有助於理解人們與環境的直接關係。那些不能這樣應用的模式則期望能引致心智及靈性生活的轉化。或者，它們可以透過物理科學及科技短暫或長遠地引發環境的改變。

思考和想像力這兩個方向的發展是一個饒富趣味的主題，這驅使我研究中世紀與文藝復興時期希臘及阿拉伯科學家和哲學家的思想融入西方文化的情形。這一方面揭示了發現及解決神學及哲學問題的過程，而另一方面則顯露出當代的尖端科學及心理學的萌芽。就是在那段時期，由理性與啟示建立的真理逐漸被據稱不太可靠的科學方法取代。

然而，那個方法卻揭露了哲學家對運動（motion）的本質及地球在宇宙中的位置的結論上的錯誤（see Crombie, 1961）。每當談到改變，我們也會想到偉大的科學家，如伽利略（Galileo）、哥白尼（Copernicus）及哈維（Harvey），但是他們的發現都是建基於充分的學習及敏銳的洞察力。阿拉伯世界的影響相當大，不只因為
213 他們的發現，還因為他們把許多希臘典籍帶入歐洲。由於榮格在煉金術方面的研究，我們得知阿拉伯人是傑出的煉金術士，這點也是值得我們關注的。

自科學革命開始以來，很多有關物質世界的想法都被推翻了，而有關神學、哲學及科學方法的彙整與發現更引起激烈衝突，還常

常引發猛烈的爭議。精神分析的出現更掀起了新一輪的革命，特別是它揭示了許多宗教信仰、教條及啟示方面的心理來源，而在本書中被廣泛引用的原型理論便是來自榮格的偉大貢獻。

在我的論文中有一個信念，那就是必須從兩個頂點來理解基本的、原型的模式：一個人的成熟由胚胎開始，以及包括其文化型態及其個人史。如果我看起來好像較不重視歷史這維度，那並不是因為我漠視它，而是因為其他人在這方面已做了大量研究。只是我的論點是，在他們的歷史及文化研究中，忽略了往往是首要的個人成熟度的重要性。

探索自性是本書的中心內容，這方面的研究自 1940 年便開始，並隨後發現了童年時的自性象徵。這與一直為人所接受的研究結果相牴觸，因此需要重新審視榮格那具前瞻性的研究，並看看我和其他人的主張與榮格的是否接近。這意味著研究精神分析；本書第二部內容便可明白我的研究成果。我立刻陷入了複雜的境地，正如同榮格及他的追隨者在宗教及神話象徵主義建立了大量知識一樣，關於兒童發展的精密研究也是卷帙浩繁。

第二次世界大戰後，由克萊恩派學者在倫敦所編著的書籍促進了我在精神分析上的研究，我有幸在英國心理學會（British Psychological Society）的醫學部與他們會面及討論，我在那些會面及私人對話中，得知他們正在參與的那些快速發展，其內容與我的研究相關。這變得不再是某個派別成員力圖辯證想法及研究所得的事情了，而是看起來是一個在許多主題上互表認同的機會，例如原型及內在客體的關係，以及我們對移情及反移情的相似想法。

交互辯證自此便在榮格學派人士、克萊恩學派人士及其他精神分析師們的診所工作及其他專業活動中持續進行，更不用說在臨床工作脈絡下需要同時考慮原理和技術使用的一、兩個小組。

214 但這與當時死守榮格學派的一些中心情況不同（除了舊金山之外），他們四面楚歌，失去了與精神分析師的聯繫，對榮格採取了根深柢固的立場，以及反對克萊恩。故此，當來自倫敦的分析師在分析心理學國際會議（International Congresses of Analytical Psychology）上表達其觀點而飽受抨擊，就不足為奇了，而他們亦背上了如「非榮格學派」或「佛洛伊德學派」等惡名。這裡有點混淆，特別是「佛洛伊德學派」一詞，因我們所探討的不再與佛洛伊德有關，而是克萊恩和她的追隨者們——我的大多數外國前同事對這些人都一無所知。後來一些倫敦學會的成員為此感到不快，最終一小部分成員另組學會，能比較成功地抵抗這些不斷發展的討論，而「正規的」榮格學派人士亦可愉快地相會。我認為，這些人對榮格的崇拜反而背離了我所知的榮格精神。他思想開明，從沒有反對過我的研究，有時還公開及熱情地表示欣賞，這在他的著作《分析心理學的新發展》（*New Developments in Analytical Psychology*）的〈前言〉中便可看到。

大部分精神分析師對自性的研究都有助於辨識自我及自性的關係，只有少數的分析師會如我般著眼於嬰兒期的自性，而且無人著眼於動態序列的整合與去整合。類似的想法在克萊恩對分裂理論的研究中也有出現，但她指的是自我的分裂，而且，即使憂鬱位置包括讓人聯想到序列，包括徹底的轉化和整合，那也不是我真正想表達的，因為自性沒有明確而清楚地凸顯出來。我無意在本書中聲稱我對克萊恩有深入的了解，因此我最關注的是我在兒童和成人的分析實務中發現的具啟發性的臨床資料和闡述。

在我對精神分析感興趣的同時，我繼續研究榮格的著作，而《榮格全集》的共同編輯工作為我帶來了很大的便利。他對煉金術及宗教經驗的重視是人所共知的，但這些經驗是源自轉化了的嬰兒經驗這一點卻只在很少地方被提到，也許他有關「小孩原型」的文章已是最明顯的了。但是受制於沒有儀器可探知兒童的心智，所以他不能涉獵到真正的兒童心理學，那更遑論嬰兒的了。

然而我們需要記得榮格於 1912 年以前，以前伊底帕斯的詞彙
來重新描述那場英雄大鬥群怪之戰，當中母親被比喻為怪獸，最終
遭英雄闖入其體內，將其肢解及毀滅。他同時收集了一些資料來呈 215
現母親的兩個層面：她的餵養、呵護及保護的天性以及她的可怕、
破壞及吞噬的特質。而在現實中，母親只是稍微如此，所以他相信
那神話只是反映了內在的早期過程。

在 1930 年代初期，我便相信克萊恩以有別於我的頂點來探求內在世界，她從那裡發現了原型幻想。克萊恩從小孩中發現了這些幻想，並把她的研究發現延伸至嬰兒期：神話中的雙重母親相當於兩個乳房（好的與壞的），然後這種區別會透過他求知本能的運作，延伸至他母親的整個身體。隨羨慕與嫉妒而來的憤恨會促使他破壞在幻想中他所愛及感興趣的客體——只有當下他對從她那裡而得的所有美好事物表示感恩，方能緩減這種情況的苦楚。

到了 1912 年，榮格也發展出與潛抑形成對比的轉化概念——克萊恩也引入了同樣的概念。而該概念由比昂更進一步地發展。

克萊恩在她的後設心理學中接納了蘇珊・艾薩克（Susan Isaac）對無意識幻想的定義，而我認為這與榮格對原型的定義沒有

不同。

克萊恩的另一個概念可以說是有助於把榮格所描述的數個特點連結起來。吉安娜・亨利（Gianna Henry, 1969）指出榮格早於1921年已清楚描述投射性認同，但是將其放在「同理心」的標題下（p. 286）。此外，如果把認同一詞與投射或內攝連結起來，我們便可以更好地了解靈魂的喪失和入侵之原始概念。

我想這已清楚交代了我為何認為克萊恩的研究能強化我想要闡明的榮格方面的研究。雖然她沒有發展自性理論，但這改變不了她開啟嬰兒及孩童心智生活中「無意識幻想」的研究之路的事實。同時，她亦提供了可詮釋的方法，使我可以和小孩接觸，這在以前不可能的。

至今我已列舉出這兩位革新者的相似之處，接下來讓我講述一下他們的明顯差別吧。克萊恩比榮格更重視迫害及憂鬱模式中的罪疚感，而榮格似乎對罪疚感不太感興趣，故此很少在他的理論中看到。他只寫了一篇與此有關的文章，亦很少甚至沒有談到童年期中的罪疚感。

儘管本書的大部分結構源於我對克萊恩的研究的興趣，但我認
216 為我需要簡短地陳述她，因為我在本書中沒有仔細提及她。我大部分提到的都是她的學生，特別是溫尼考特、比昂及史考特，他們的研究都源自於她，而她才是真正的革新者。

人們可能以為我這興趣會令我接受克萊恩學派的精神分析，從而取得更深入的資訊，但是因著各種原因，當中包括我對榮格的愛與忠誠，我沒有打算這樣做。但是，我卻與克萊恩學派的分析師緊密地工作，而他們令我更了解她的研究，讓我可以把她的許多想法

及實務作法融入到我的分析事業中。

雖然我的論文有很大的篇幅都是關於評核及分析榮格的主張，有時更顯得有點嚴厲，例如我在第二部有三章的內容都是處理臨床問題及分析方法。這是因為榮格堅信臨床經驗是他開啟內在世界及綜合抽象概念的根源，他在這場革命中使用的重要工具正是在主觀層面上的詮釋。

現今在分析辯證的技巧及管理的主題上，主要聚焦於移情及反移情，以及分析實務的倫理道德。在這個層面上，我想談論一下自性理論的結果和需要強調的經驗。

榮格認為自性包括了對立面，並因此超越了它們。隨後他指出一名「良好」的分析師不能只善於分析平凡的幼兒或社會層面對該詞的字意。這裡有一個兩難的例子：有時有人會認為是分析師的愛把患者治癒了，這位擔當「優秀父母」的分析師可撫平患者在成長中的挫折及醫治患者的自我形象。這就是嬰兒自性表徵已因其母親對他的對待而受到損害的概念。雖然這真的可能會發生，但也反映了人們還未徹底明白母親及嬰兒的互動；當中忽略了嬰兒會創造出一位夠好的母親的情節。有關母親及嬰兒的研究清楚地指出，一名母親可以在同一家庭內兩名嬰兒中，擔當其中一位的夠好的母親，並同時是另一位嬰兒的不稱職的母親，又或者是，嬰兒可以準確地以他的信號及他對母親能忍受其行為與否的表觀知識，來塑造出一位夠好的母親。

雖然能以溫暖和善良的方式做些事情來治癒自我形象，但這還不足夠。假設分析師對一名患者產生了好感及憐愛，這可能是一個難以彌補的過錯而需要仔細檢視。這情況可能是分析師對患者的投

射性認同的反應，然後，這是分析師的工作需要把其情感反饋給患者，使其也有能力感受這種感覺的起因。此外，如果分析師認同這
217 種經驗，並相信自己可以在任何時候都不受影響的話，他便會墮入防禦幻覺（defensive illusion）的境況。他已經失去了自己的陰影，甚至會忽略其分析工作的陰暗面：不僅是那些把心靈結構弄得支離破碎的破壞性行為，也有可能是他對患者的厭惡被錯誤評估了。他會在分析時入侵患者的精神世界，這好比外科醫生為了找出有問題的器官，而剖開患者身體、干預身體的運作。這個貼切的比喻有助於讓人們明白在結束分析後康復的需要——在與同事商議後，他們認為這段時間約為二到三年。

這些分析特點引致道德及倫理上的問題，而在這個脈絡下，宗教研究便變得有價值。在中世紀的基督教教條中，神以及祂的至聖至善和魔鬼同等的超自然邪惡之間的差別是毋庸置疑的。這二分法是從原型形態的經驗而來的，但個體化的行動在很大程度上卻可以超越它。這是由榮格發現的自性超越功能所引起的，從中我以聖十字若望的神祕體驗進行推論。

有時候分析心理學對象徵生命的密集研究會被視為若隱若現、可能形成異教的宗教活動。我認為分析師是真正關心倫理和對宗教經驗感興趣的，但卻和正統的宗教方式不同：分析倫理是為了促進一個人的自性實現，並在這種心態下，釋放及仔細察看先前無意識的精神、心靈及直覺的能力，好使它們可以被包含在與他的環境有關的個人自性表徵中。

道德感的歷史及發展與嬰兒期及童年的發展是並行的，其中最明顯的差別在於好與壞的客體，這在離開子宮後的數週時間便會形

成。嬰兒的反應往往是全面、極端及以肢體表達的。所以，嬰兒的父母，特別是母親，都不得不練習控制肢體及思想（母性沉思），從而幫助嬰兒在精神運作上與生俱來的能力。這樣可使暴力轉化成對嬰兒基本的（一開始是為了嬰兒自身利益的）道德感。

他們所取決的道德倫理感受與行為的進一步發展，是先從培養孩子的內在能力來增強，繼而是教授他們在其誕生的社群中的習俗、道德及倫理觀。

因此，為了增加患者的內在能力，從而使他們能負起對社群及自身的責任，分析師需要有限度地在分析態度中恪守道德及倫理中立。然而，由於一些患者的某些部分沒有充分發展，分析師仍有需要施以控制，那意味著要為患者負起責任——這一點在治療其父母 218
不太負責任的孩童案例來說尤其重要。這算得上是分析師在道德責任上的重大考驗，因為他要確保其涵容及控制的功能不會干預到患者日漸成長的自我了解能力。

聖十字若望及他對他的靈性導師的指示很貼切地表達了這一難題。當靈魂走近神時，靈魂會有一段時間變得極度絕望及枯燥。雖然這時靈魂會不遵守社群的規則，但靈性導師也絕不可干預。他表示那些試圖將靈魂從其經驗中抓回來的人是「不可饒恕的」。

這些對比強調了人類面對的兩難局面，分析師沒有整合出如中世紀時代天主教的嚴謹紀律，所以他們的工作絕不相同。然而，唯有在分析框架中的兩方在分析中竭盡全力，才可能達到道德中立的能力（Fordham, 1978, pp. 65, 70ff.），規則因此減少，但絕不能被排除。

在完結之前，我希望給予我重視的母嬰研究（mother-infant

studies）最後的評論。在我早期對嬰兒期原始自性的推測開始時，這些研究幾乎都是必要的，但當時卻沒有時間及方法繼續進一步推行。所以，當我得悉埃絲特・比克（Esther Bick）在塔維斯托克診所完成有關研究時，我感到十分振奮。當時瑪莎・哈里斯（Martha Harris）正就此繼續進行研究，於是我便與她聯絡，她委派吉安娜・亨利（Gianna Henry）來主持由分析心理學會學生所舉辦的研討會，我出席了這些研討會並獲益良多，其開啟的嶄新知識全景取代了我當年關於子宮外生命最初兩年的過多猜測。

附錄

| 附錄一 |

參考書目

Adler, G. (1961). "The Living Symbol", London, Routledge and Kegan Paul.

Algrisse, G. (1962). Character re-education and professional re-adaptation of a man aged forty-five. *J. analyt. Psychol.* **7**, 2.

Bach, S. (1969). Spontaneous paintings of seriously ill patients. *Documents Geigy: Acta Psychosomatica.*

Bakan, D. (1958). "Sigmund Freud and the Jewish Mystical Tradition", Boston, Beacon Press.

Balint, M. (1968). "The Basic Fault", London, Tavistock.

Balint, M. (1955). Notes on para-psychology and para-psychological healing. *Int. J. Psycho-anal.* **36**, 1.

Baynes, H. G. (1955). "The Mythology of the Soul", London, Routledge and Kegan Paul.

Bennet, E. A. (1961). "C. G. Jung", London, Barrie and Rockcliff.

Bion, W. R. (1967). "Second Thoughts", London, Heinemann.

Bion, W. R. (1977). "Seven Servants", New York, Aronson.

Bowlby, J. (1969). "Attachment and Loss" Vol. I: Attachment. London, Hogarth.

Bronowski, J. (1960). The Commonsense of Science", London, Pelican.

Campbell, R. (transl.) (1951). "The Poems of Saint John of the Cross", London, Longman.

Coppolillo, H. P. (1967). Maturational aspects of the transitional phenomena. *Int. J. Psycho-anal.* **48**, 2.

Cresogońo de Jesus (1958). "The Life of Saint John of the Cross', London, Longman.

Crombie, A. C. (1961). "Augustine to Galileo", London, Mercury Books.

Davidson, D. (1966). Transference as a form of active imagination. *In* "Technique in Jungian Analysis", L.A.P. Vol. 2, London, Heinemann.

Edinger, E. F. (1960). The ego self paradox. *J. analyt. Psychol.* **5**, 1.

Ehrenzweig, A. (1957). Creative surrender. *Amer. Imago.* **14**, 3.

Evans, E. (1926). "A Psychological Study of Cancer", New York, Dodd, Mead.

Federn, P. (1953). "Ego Psychology and the Psychoses", London, Imago.

Fintzey, R. T. (1971). Vicissitudes of the transitional object in a borderline child. *Int. J. Psycho-anal.* **52**, 2.

Fordham, F. (1964). The care of regressed patients and the child archetype. *J. analyt. Psychol.* **9**, 1.

Fordham, M. (1944). "The Life of Childhood", London, Routledge and Kegan Paul.

Fordham, M. (1947). Integration and deintegration and early ego development. *The Nervous Child* **6**, 3.

Fordham, M. (1955). The origins of the ego in childhood. *In* "New Developments in Analytical Psychology", London, Routledge and Kegan Paul.

Fordham, M. (1956). Active imagination and imaginative activity. *J. analyt. Psychol.* **1**, 2.

Fordham, M. (1957). "New Development in Analytical Psychology", London, Routledge and Kegan Paul.

Fordham, M. (1957b). Reflections on images and symbolism. *J. analyt. Psychol.* **2**, 1.
Fordham, M. (1957c). Some observations on the self and ego in childhood. *In* "New Developments in Analytical Psychology", London, Routledge and Kegan Paul.
Fordham, M. (1957d). Reflections on archetypes and synchronicity. *In* "New Developments in Analytical Psychology", London, Routledge and Kegan Paul.
Fordham, M. (1957e). Notes on the transference. *In* later edition: "Technique in Jungian Analysis", L.A.P. Vol. 2, London, Heinemann. 1974.
Fordham, M. (1957f). Biological theory and the concept of archetypes. *In* "New Developments in Analytical Psychology", London Routledge and Kegan Paul.
Fordham, M. (1958a). "The Objective Psyche", London, Routledge and Kegan Paul.
Fordham, M. (1958b). Repression in Christian practices. *In* "The Objective Psyche", London, Routledge and Kegan Paul.
Fordham, M. (1958c). Problems of active imagination. *In* "The Objective Psyche", London, Routledge and Kegan Paul.
Fordham, M. (1958d). The development and status of Jung's researches. *In* "The Objective Psyche", London, Routledge and Kegan Paul.
Fordham, M. (1960a). Counter-transference. *Brit. J. med. Psychol.* **33**, **1**.
Fordham, M. (1960b). The relevance of analytical theory to alchemy, mysticism and theology. *J. analyt. Psychol.* **6**, 1.
Fordham, M. (1967a). Active imagination: deintegration or disintegration. *J. analyt. Psychol.* **12**, 1.
Fordham, M. (1967b). Technique and counter-transference. *In* later edition: "Technique in Jungian Analysis", London, Heinemann. 1974.
Fordham, M. (1968). Individuation in childhood. *In* "The Reality of the Psyche" (ed. Wheelwright, J. B.), New York, Putnam.
Fordham, M. (1969). "Children as Individuals", London, Hodder and Stoughton.
Fordham, M. (1971). Primary self, primary narcissism and related concepts. *In* "The Self and Autism", L.A.P. Vol. 3, London, Heinemann.
Fordham, M. (1974a). Jung's conception of transference. *J. analyt. Psychol.* **19**, 1.
Fordham, M. (1974b). Defences of the self. *J. analyt. Psychol.* **19**, 2.
Fordham, M. (1975). On interpretation. *Z. anal. Psychol.* **6**, 3.
Fordham, M. (1976). "The Self and Autism", L.A.P. Vol. 3, revised edition, London, Heinemann.
Fordham, M. (1978). "Jungian Psychotherapy", Chichester, John Wiley.
Freud, S. (1900–1). "The interpretation of dreams". *Std. edn* **4** and **5**.
Freud, S. (1910). The future prospects of psycho-analytic therapy. *Std. edn* **11**.
Freud, S. (1911). Psycho-analytic notes on an autobiographical account of a case of paranoia. *Std. edn* **12**.
Freud, S. (1927). The future of an illusion. *Std. edn* **21**.
Freud, S. (1939). Moses and monotheism. *Std. edn* **23**.
Freud, S. (1940). An outline of psycho-analysis. *Std. edn* **23**.
Freud, S. and Pfister, O. (1963). "Psycho-Analysis of Faith" (ed Meng, H. and Freud, E. L.), London, Hogarth.
Giovacchini, P. L. (1977). The impact of delusion and the delusion of impact. *Contemp. Psychoanal.* **13**, 429–441.
Goodheart, W. B. (1984). C. G. Jung's "patient". On the seminal emergence of Jung's thought. *J. analyt. Psychol.* **29**, 1.
Gordon, R. (1961). The death instinct and its relation to the self. *J. analyt. Psychol.* **3**, 2.

Gordon, R. (1963). Gods and deintegrates. *J. analyt. Psychol.* **8**, 1.
Greenacre, P. (1960). Further notes on fetishism. *In* "The Psychoanalytic Study of the Child", New York, International University Press.
Harding, E. (1947). "Psychic Energy", New York, Pantheon.
Hartmann, H. (1950). Comments on the psychoanalytic theory of the ego. *In* "Psychoanalytic Study of the Child" Vol. 5, London, Imago.
Henderson, J. (1975). C. G. Jung: a reminiscent picture of his method. *J. analyt. Psychol.* **20**, 2.
Henry, G. (1969). Some aspects of projective mechanisms in Jungian theory. *J. Child Psychother.* **2**, 3.
Heyer, H. G. (1933). "The Organism of the Mind", London, Routledge and Kegan Paul.
Hoffer, W. (1949). Mouth, hand and ego integration. *In* "The Psychoanalytic Study of the Child" Vols. 3–4, London, Imago.
Hoxeter, S. (1977). Play and communication. *In* "The Child psychotherapist" (ed. Boston, M. and Daws, D.), London, Wildwood House.
Hubback, J. (1966). VII sermones ad mortuos. *J. analyt. Psychol.* **11**, 2.
I Ching or *Book of Changes* (1950). Translated by Baynes, C. F. from the German translation of Wilhelm, R. 1950. New York and London, Routledge and Kegan Paul.
Jackson, H. and Plaut, A. (1955). Psychological aspects of ulcerative colitis in childhood. *Archives of the Middlesex Hospital.*
Jacobi, J. (1967). "The Way of Individuation", London, Hodder and Stoughton.
Jacoby, M. (1981). "Reflections on Kohut's concept of narcissism." *J. analyt. Psychol.* **26**, 1.
James, W. (1950). "The Principles of Psychology" Vol. I, London, Constable.
Jung, C. G. (1902). On the psychology and pathology of so-called occult phenomena. *Coll. Wks* **1**.
Jung, C. G. (1906–9). Experimental Researches. *Coll. Wks* **1**.
Jung, C. G. (1909). The significance of the father in the destiny of the individual. *Coll. Wks* **4**.
Jung, C. G. (1911). On the significance of number-dreams. *Coll. Wks* **4**.
Jung, C. G. (1912). "Psychology of the Unconscious", New York, Moffat Yard.
Jung, C. G. (1913). A contribution to the study of psychological types. *Coll. Wks* **6**.
Jung, C. G. (1914a). Some crucial points in psychoanalysis. *Coll. Wks* **4**.
Jung, C. G. (1914b). The content of the psychoses. *Coll. Wks* **3**.
Jung, C. G. (1917). Author's preface to the second edition of "Collected papers on analytical psychology". *Coll. Wks* **4**.
Jung, C. G. (1921). "Psychological types". *Coll. Wks* **6**.
Jung, C. G. (1926). "Two essays on analytical psychology". *Coll. Wks* **7**.
Jung, C. G. (1928a). On psychic energy. *Coll. Wks* **8**.
Jung, C. G. (1928b). The relations between the ego and the unconscious. *Coll. Wks* **7**.
Jung, C. G. (1929). Commentary on "The secret of the golden flower". *Coll. Wks* **13**.
Jung, C. G. (1930a). Some aspects of modern psychotherapy. *Coll. Wks* **16**.
Jung, C. G. (1930b). Richard Wilhelm: in memoriam. *Coll. Wks* **15**.
Jung, C. G. (1930–1). The stages of life. *Coll. Wks* **8**.
Jung, C. G. (1931). The practical use of dream analysis. *Coll. Wks* **16**.
Jung, C. G. (1934). The development of the personality. *Coll. Wks* **17**.
Jung, C. G. (1935). Principles of practical psychotherapy. *Coll. Wks* **16**.
Jung, C. G. (1935b). The Tavistock Lectures. *Coll. Wks* **18**.

Jung, C. G. (1937a). The idea of redemption in alchemy. *In* "The Integration of the Personality", New York and London, Routledge and Kegan Paul. (Revised in Jung *Coll. Wks* **12**.)
Jung, C. G. (1937b). Appendix. *Coll. Wks* **16** (2nd Bollingen edn).
Jung, C. G. (1939a). Foreword to Suzuki's "Introduction to Zen Buddhism". *Coll. Wks* **11**.
Jung, C. G. (1939b). Conscious, unconscious and individuation. *Coll. Wks* **9**, 1.
Jung, C. G. (1940a). Psychology and religion. *Coll. Wks* **11**.
Jung, C. G. (1940b). The meaning of individuation. *In* "The Integration of the Personality", London, Routledge and Kegan Paul.
Jung, C. G. (1942). Paracelsus as a spiritual phenomenon. *Coll. Wks* **13**.
Jung, C. G. (1943). The psychology of the unconscious. *Coll. Wks* **7**.
Jung, C. G. (1944a). " Psychology and Alchemy". *Coll. Wks* **12**.
Jung, C. G. (1944b). The Holy men of India: introduction to Zimmer's "Der Weg zum Selbat". *Coll. Wks* **11**.
Jung, C. G. (1946). The psychology of the transference. *Coll. Wks* **16**.
Jung, C. G. (1948a). A psychological approach to the dogma of the trinity. *Coll. Wks* **11**.
Jung, C. G. (1948b). The psychological foundations of belief in spirits. *Coll. Wks* **8**.
Jung, C. G. (1950a). A study in the process of individuation. *Coll. Wks* **9**, 1.
Jung, C. G. (1950b). Concerning mandala symbolism. *Coll. Wks* **9**, 1.
Jung, C. G. (1950c). Foreword to the *I. Ching. Coll. Wks* **11**.
Jung, C. G. (1951a). "Aion: researches into the phenomenology of the self". *Coll. Wks* **9**, 2.
Jung, C. G. (1951b). Fundamental questions of psychotherapy. *Coll. Wks* **16**.
Jung, C. G. (1951c). On synchronicity. *Coll. Wks* **8**.
Jung, C. G. (1952a). Symbols of transformation. *Coll. Wks* **5**.
Jung, C. G. (1952b). Answer to Job. *Coll. Wks* **11**.
Jung, C. G. (1952c). Synchronicity: an acausal connecting principle. *Coll. Wks* **8**.
Jung, C. G. (1953). Psychological commentary on "The Tibetan Book of the Dead". *Coll. Wks* **11**.
Jung, C. G. (1954a). Transformation symbolism in the mass. *Coll. Wks* **11**.
Jung, C. G. (1954b). The psychology of the child-archetype. *Coll. Wks* **9**, 1.
Jung, C. G. (1954c). On the nature of the psyche. *Coll. Wks* **9**, 1.
Jung, C. G. (1955–6). "Mysterium Coniunctionis". *Coll. Wks* **14**.
Jung, C. G. (1957). The undiscovered self. *Coll. Wks* **10**.
Jung, C. G. (1958a). Flying saucers: a modern myth of things seen in the sky. *Coll. Wks* **10**.
Jung, C. G. (1958b). Schizophrenia. *Coll. Wks* **3**.
Jung, C. G. (1958c). The transcendent function. *Coll. Wks* **8**.
Jung, C. G. (1959). A study in the process of individuation. *Coll. Wks* **9**, 1.
Jung, C. G. (1963). "Memories, Dreams, Reflections". London, Routledge and Kegan Paul.
Kahn, M. J. (1967). The persistence of transitional phenomena into adult life. *Int. J. Psycho-anal.* **48**, 2.
Kernberg, O. F. (1975). "Borderline Conditions and Pathological Narcissism", New York, Aronson.
Klein, M. (1955). On identification. *In* later edition "Envy and Gratitude", London, Hogarth, 1980.

Klein, M. (1957). "Envy and gratitude". In later edition "Envy and Gratitude", London, Hogarth, 1980.
Klein, M. (1975a). "Love, Guilt and Reparation", London, Hogarth.
Klein, M. (1975b). "The Psycho-analysis of children", London, Hogarth.
Kohut, H. (1971). "The Analysis of the Self", New York, International Universities Press.
Kraemer, W. (1958). The dangers of unrecognized counter-transference. *In* later edition, "Technique in Analytical Psychology", L.A.P. Vol. 2. London, Heinemann, 1974.
Kris, E. (1956). On self observation. *Int. J. Psycho-anal.* **37**, 6.
Lambert, K. (1977). Analytical psychology and the historical development of western consciousness. *J. analyt. Psychol.* **22**, 2.
Lambert, K. (1981). "Analysis Repair and Individuation", L.A.P. Vol. 5. London, Academic Press.
Langs, R. (1976). "The Therapeutic Interaction", 2 Vols, New York, Aronson.
Layard, J. (1959). Home-erotism in primitive society as a function of the self. *J. analyt. Psychol.* **4**, 2.
Leshan, L. L. and Worthington, R. E. (1956). Personality as a factor in the pathogenesis of cancer. *Brit. J. med. Psychol.* **29**, 1.
Lewis, D. (transl.) (1906). "The Ascent of Mount Carmel" by Saint John of the Cross, London, Baker.
Lewis, D. (transl.) (1934). "The Living Flame of Love" by Saint John of the Cross, London, Baker.
Little, M. (1957). "R" - The analyst's total response to his patient's needs. *In* "Transference Neurosis and Transference Psychosis", York, Aronson, 1981.
Little, M. (1960). On basic unity. *In* "Transference Neurosis and Transference Psychosis", New York, Aronson, 1981.
Little, M. I. (1981). "Transference Neurosis and Transference Psychosis, New York, Aronson.
MacDougal, J. and Lebovici, S. (1969). "Dialogue with Sammy", London, Hogarth.
Maduro, R. (1980). Symbolic equations in creative process. *J. analyt. Psychol.* **25**, 1.
Meier, C. A. (1963). A Jungian approach to psychosomatic medicine. *J. analyt. Psychol.* **8**, 2.
Meltzer, D. (1973). "Sexual States of Mind", Ballinluig, Clunie Press.
Milner, M. (1957). "On Not Being Able to Paint", London, Heinemann.
Money-Kyrie, R. E. (1956). Normal countertransference and some of its deviations. *Int. J. Psychol-anal.* **41**, 4-5.
Moody, R. L. (1955). On the function of countertransference. *J. analyt. Psychol.* **1**, 1.
Nacht, S. and Vidermann, S. (1960). The pre-object universe in the transference situation. *Int. J. Psycho-anal.* **41**, 4-5.
Neumann, E. (1955). Narzisismus, Automorphismus and Urbeziehung. *In* "Studien zur analitischen Psychologie C. G. Jungs", Vol. 1, Zurich, Rascher.
Neumann, E. (1959). The significance of the genetic aspect for analytical psychology. *J. analyt. Psychol.* **4**, 2.
Neumann, E. (1973). "The Child", London, Hodder and Stoughton.
Pauli, W. (1952). The influence of archetypal ideas on the scientific theories of Kepler. *In* "The Interpretation of Nature and Psyche", (Jung, C. G. and Pauli, W.)., London, Routledge and Kegan Paul.
Peers, E. A. (1953). "Complete Works of Saint John of the Cross", vol. I. Burns Oates.
Peers, E. A. (undated). "Saint John of the Cross", London, Faber and Faber.

Peers, E. A. (1954). "Handbook to the Life and Times of Saint Theresa and Saint John of the Cross", London, Burns Oates.
Peers, E. A. (transl.) (1978). "The Spiritual Canticle of Saint John of the Cross", London, Burns Oates.
Perry, J. W. (1953). "The Self in Psychotic Process", Berkley, University of California Press.
Perry, J. W. (1957). Acute catatonic schizophrenia. *J. analyt. Psychol.* **2**, 2.
Perry, J. W. (1962). Reconstitutive processes in the psycho-pathology of the self. *Ann. N.Y. Acad. Sci.*
Peterson, F. and Jung, C. G. (1907). Psychophysical investigations with the galvanometer and pneumograph in normal and insane individuals. *Coll. Wks* **2**.
Plaut, A. (1959). A case of tricksterism illustrating ego defences. *J. analyt. Psychol.* **4**, 1.
Plaut, A. (1956). The transference in analytical psychology. *In* "Technique in Jungian Analysis", L.A.P. Vol. 2, London, Heinemann.
Plaut, A. (1966). Reflection on not being able to imagine. *J. analyt. Psychol.* **11**, 2.
Redfearn, J. W. T. (1966). The patient's experience of his mind. *J. analyt. Psychol.* **11**, 2.
Redfearn, J. W. T. (1985). "My Self, My Many Selves", London, Academic Press.
Ricksher, C. and Jung, C. G. (1907–8). Further investigations on the galvanic phenomenon and respiration in normal and insane individuals. *Coll. Wks* **2**.
Rosenfeld, R. (1965). "Psychotic States – a Psychoanalytical Approach", London, Hogarth.
Racker, H. (1968). "Transference and Countertransference", London, Hogarth.
Rhine, J. B. (1948). "The reach of the mind", New York, Morrow.
Saint John of the Cross. "The Dark Night of the Soul", see Zimmerman (1935) and Peers (1953).
Saint John of the Cross. "The Living Flame of Love", see Lewis (1934).
Saint John of the Cross. "The Ascent of Mount Carmel", see Lewis (1906).
Saint John of the Cross. "The Spiritual Canticle", see Peers (1978).
Sandler, J. (1962). Psychology and psychoanalysis. *Brit. J. med. Psychol.* **35**, 2.
Schafer, R. (1976). "A New Language for Psycho-analysis", New Haven, Yale University Press.
Schwartz-Salant, N. (1982). Narcissism and Character Transformation. Toronto, Inner City Books.
Scott, R. D. (1956). Notes on the body image and schema. *J. analyt. Psychol.* **1**, 2.
Scott, W. (1924). "Hermetica", Oxford, Clarendon Press.
Scott, W. C. (1948). Some embryological, neurological, psychiatric and psycho-analytic implications of the body schema. *Int. J. Psycho-anal.* **19**, 3.
Scott, W. C. (1949). The body schema in psychotherapy. *Brit. J. med. Psychol.* **22**, 3–4.
Searles, H. F. (1965). "Collected Papers on Schizophrenia and Related Subjects", London, Hogarth.
Segal, H. (1957). Notes on symbol formation. *Int. J. Psycho-anal.* **38**, 6.
Servadio, E. (1955). A presumptively telepathic-precognitive dream during analysis. *Int. J. Psycho-anal.* **36**, 1.
Sethon, A. An undated chapter, without title, in "Lives of the Philosophers", Watkins, 1955.
Silberer, H. (1904). "Probleme der Mystik und ihre Symbolic", Vienna, Leipzig. (translated by Jedliffe, S. E. (1907). "Problems of Mysticism and its Symbolism", New York, Moffat Yard.

Spiegel, L. A. (1959). The self perception. *In* "The Psychoanalytic Study of the Child", Vol. 14, London, Imago.

Sprott, W. J. H. (1947). "General Psychology", London, Longman.

Stein, L. (1966). In persuit of first principles. *J. analyt. Psychol.* **11**, 1.

Stein, L. (1967). Introducing not-self. *J. analyt. Psychol.* **12**, 2.

Storr, A. (1935). A note on cybernetics and analytical psychology. *J. analyt. Psychol.* **1**, 1.

Waite, A. E. (ed.) (1953). "The Hermetic Museum Enlarged and Restored", London, Watkins. The translated texts referred to are: 1. Anon. *The Golden tract*. 2. Anon. *The Sophic hydrolith*. 3. Sendivogius, M. The new chemical light.

Weaver, R. (1964). "The Old Wise Woman", London, Vincent Stuart.

Wickes, F. G. (1927). "The Inner World of Childhood" (2nd edn), New York, Appleton-Century. 1966.

Wickes, F. G. (1938). "The Inner World of Man", New York, Farrar and Rheinhart.

Wilkinson, A. (1972). Assessment of symptoms. *Brit. J. med. Psychol.* **45**, 3.

Williams, H. A. (1962). Theology and self-awareness. *In* "Soundings" (ed. Vidler, A. R.), Cambridge, Cambridge University Press.

Williams, H. A. (1963). Psychological objections. *In* "Objections to Christian Belief" (ed. Vidler, A. R.), Cambridge, Cambridge University Press.

Wilhelm, R. and Jung, C. G. (1929). "The Secret of the Golden Flower", London, Routledge and Kegan Paul.

Williams, M. (1963a). The indivisibility of the personal and collective unconscious. *In* "Analytical Psychology: a Modern Science", L.A.P. Vol. 1, London, Heinemann.

Williams, M. (1963b). The poltergeist man. *J. analyt. Psychol.* **8**, 2.

Winnitcott, D. W. (1958a). The capacity to be alone. *In* "Maturational Processes and the Facilitating Environment", London, Hogarth.

Winnicott, D. W. (1958b). "Collected Papers", London, Tavistock.

Winnicott, D. W. (1971). "Playing and Reality", London, Tavistock.

Wisdom, J. O. (1967). Testing an interpretation within a session. *Int. J. Psychol-anal.* **48**, 1.

Zeigler, A. (1962). A cardiac infarction and a dream as synchronous events. *J. analyt. Psychol.* **7**, 2.

Zimmermann, B. (Ed.) (1935). "The Dark Night of the Soul", by Saint John of the Cross, London, Baker.

｜附錄二｜

英文索引

編按：附錄索標示之數字為原文書頁碼，查閱時請對照貼近內文左右之原文書頁碼；頁碼數字後標示「n」者，表示該索引詞條請見註釋欄

A

- Abstraction 抽象化 10
- Active imagination 積極想像 16, 26, 37, 44, 63, 64-78, 98-99, 101, 105, 121, 193
  - and archetypal forms －與原型形態 64
  - and transitional objects －與過渡客體 65-78
  - characteristics and management of －的特徵與處理 73-75
  - in Jung 榮格的－ 72-73, 103
  - validation of －的評價 75
- Adaptation 適應
  - and infancy －與嬰兒期 52-53, 54, 55, 65
- Adler 阿德勒 8
- Adler, G. 傑哈德·阿德勒 15
- Aigrisse, G. 艾格里斯 100n
- Alchemy 煉金術 87, 203-211
  - and archetypal imagery －與與原型意象 206-208, 209
  - and processes in infancy －與嬰兒期的程序 209-211
  - ego in －中的自我 206, 207
  - Jung's studies in 榮格對－的研究 8, 18, 19, 38-39, 47, 75, 81, 85, 172, 203, 208-210, 213, 214
- Alpha and beta elements α 元素跟 β 元素 55, 56-57, 62, 144-145n, 199, 210-211
- Alpha function α 功能 210, 211
- Analysis 分析
  - active imagination in －中的積極想像 75-77
  - and synchronicity －與共時性 132-135, 136
  - and training of analyst －與分析師的訓練 112-13, 138, 140, 150
  - defensive illusion in －中的防禦幻覺 217
  - holding capacity of analyst －分析師抱持的能力 149
  - interpretations in －中的詮釋 111, 142, 153, 156, 157
  - method in －中的方法 138-151
  - *passim 下頁各處* 152-3, 156-157, 216-217
  - moral and ethical questions 倫理和道德問題 217-218
  - open and closed systems models 開放和封閉系統模型 137, 140, 150
  - patient's motivation in －患者的動機 113-114

projection and introjection in －中的投射和內攝 139-151 *passim* 各處
recovery after －結束後的康復 217
regression in －中的退行 75, 77, 106-107, 108, 110
theory in －理論 111
whole and part objects in －中的完整和部分客體 58
See also Countertransference; Transference; Transference psychoses *亦見*反移情；移情；精神病式移情
- Analytical psychology 分析心理學 217-218
  and historical evidence －與歷史證據 46- 47
  and psychoanalysis －與精神分析 94-96, 100
  ego in －中的自我 95
  scientific methodology of －中的科學方法論 174
  view of defences －的防禦概念 94
  See also under particular concepts and persons *另請參閱*各概念和人物
- Analytic dialectic 分析辯證 150, 216
- Angelus Silesius 西里修斯 18
- Anima 阿尼瑪 46, 88
- Animus 阿尼姆斯 46, 88
- Anthropology 人類學 63
- Anxiety 焦慮
  physical expressions of －的生理表達 166
- Arabic science 阿拉伯科學 212-213
- Archetypal aspects, of parents 原型的面向，父母的 198
- Archetypal image, imagery 原型意象，圖像 48
  and alchemy －和煉金術 206-208, 209
  as self symbol －如同自性象徵 31, 33, 44, 84-88
  in childhood 兒童期中的－ 48
- Archetypal numinous fantasies 原型的超自然幻想 67
- Archetype, archetypal forms 原型，原型形態 7, 18, 120, 139, 194, 213, 217
  and active imagination －與積極想像 64
  and body-mind problem －與身心問題 161-163, 167-169
  and ego －與自我 117, 118, 131, 132
  and infancy －與嬰兒期 55, 61
  and internal objects －與內在客體 213
  and synchronicity －與共時性 130, 131-132
  central 中央－ 24, 25, 32-33, 43n, 106, 108
  child 兒童－ 17, 18, 92
  derivation from self 從自性中分化 45
  hierarchical order of －的階層順序 165
  mandala 曼陀羅－ 14 *See also* Mandalas *亦見*曼陀羅
  objectivity of －的客觀性 17, 103
  of collective unconscious 集體無意識的－ 88-89, 95
  of order 秩序的－ 31, 117
  psychoid elements in －中的精神病元素 210
  relations between －間的關聯 117
  self as 自性如同－ 23-25, 29, 30, 85, 106, 108
- *See also* particular archetypes *亦見*特殊

原型
- Assumption of the Virgin, doctrine of 聖母升天，其教義 81
- Astrology 占星學 209
- Autism 自閉症 63, 108-109
- Aveling 艾弗林 28, 29

B

- Bach, S. 巴赫 164
- Bakan, David 大衛・巴坎 181
- Balint, M. 巴林 133, 157
- Baynes, Cary 卡莉・貝恩斯 130
- Baynes, H. G. 貝恩斯 2, 15, 42
  - *The Mythology of the Soul* 《靈魂的神話學》 41, 83
- Bennet, E. A. 班納特 72n, 129
- Bible 《聖經》
  - Book of Job 〈約伯記〉 196
- Bick, Esther 埃絲特・比克 218
- Bion, W. R. 比昂 2, 10, 27, 33, 59, 109, 137, 143, 144, 150, 159, 172, 199, 215
  - alpha and beta elements α 元素跟 β 元素 55, 56-57, 62, 144-145n, 199, 210-211
- Birth 出生 108
- Body image 身體形象 164, 165
  - development of 一的發展 62
  - distortion of 一扭曲 159
- Body-mind problem 身心問題 161-170
  - and self theory 一與自性理論 167-170
  - *See also* Psyche; Soma *亦見*心靈；軀體
- "Body-myths" 「身體－神話」 86-87
- Body scheme, concept of 身體圖式，其概念 27, 97-98, 165
- Boundaries, sense of 界限，其感知 62
- Bowlby, J. 鮑比 52
- Breast 乳房；胸脯
  - good 好－ 199-200
  - infant 's experience of 嬰兒對－的經驗 198-200
  - no- －缺失 199-200
- Breast feeding 哺乳；餵奶 110
- British Psychological Society 英國心理學會
  - Medical Section －醫學部 213
- Bronowski, J. 布朗諾斯基 128
- Brown, Ann 安・布朗 51
- Buddhism 佛教 18

C

- Calcins 卡爾金斯 28
- Carmelites discalced order 加爾默羅會規條 186, 194, 200-201
- Catholic Church 天主教 172, 218
- Causality, causal thinking 因果論，因果思想 128, 129, 132, 134, 135, 136, 166
- Central nervous system 中央整合系統 118, 165, 169
- Child, children 兒童
  - individuation of, *see* Individuation 一的個體化，*參見*個體化
  - schizoid 孤僻型－ 87
  - symbolic thought in 一的象徵思考 86-88
  - transitional objects, *see* Transitional objects 過渡客體，*參見*過渡客體
  - *See also* Infants *亦見*嬰兒
- Child analysis, training in 兒童精神分

析，其訓練 50
- Child archetype 兒童原型 17, 18, 92
- Christianity 基督教 186-202 *passim* *下頁各處* 203, 204, 208, 217
  Jung's study of 榮格對－的研究 18, 26, 47
  union of Christ and the Church 基督與教會的連結 208
- Circumambulation 繞行 35
- Collective unconscious, *see* Unconscious 集體無意識，*參見*無意識
- Conditioned reflexes 條件反射 52
- Conjunction 結合
  in alchemy 煉金術中的－ 208
- Copernicus 哥白尼 212
- Coppolillo, H. P. 科波利洛 68
- Countertransference 反移情 110-112, 133, 136-151, 213, 216
  and analyst's errors －與分析師的錯誤 145
  and deviations from analytic attitude －與分析態度的偏差 146
  and transference psychoses －與精神病式移情 155-156
  development of concept 概念發展 149-151
  illusions, illusory 幻象，虛幻的－ 112, 141-142, 143
  syntonic 共鳴性－ 112, 124, 141, 143, 149
- Crombie, A. C. 克朗比 212

D

- Davidson, Dorothy 多羅西・戴維森
  "Transference as a form of active imagination" 〈移情做為一種積極想像〉 64
- Defences 防禦
  and body-mind problem －與身心問題 167-168
  Jungian view of 榮格學派對於－的觀點 94
  manic 躁狂－ 207, 210
  "total" 「全面」－ 152, 153
- Defence theory 防禦理論
  history of －的歷史 152-153
- Defensive illusion, in analysis 防禦幻覺，於分析中 217
- Definition 定義 10
- Deintegration 去整合；分化 26, 31-32, 45, 89-90, 102, 111-112, 118-119, 122, 126-127, 135, 162, 170, 195, 207, 214
  and integration, in infancy －與整合，於嬰兒期 49, 50-63, 90, 92-93, 108-110, 170, 214
  and splitting －與分裂 60-61, 64
- Depressive position 憂鬱位置 54, 59, 61, 68, 116, 127, 199, 209, 214
- Dorn, G. 多恩 39, 209
- Dreams 夢 26, 62, 210
  numinous 超自然的－ 67-68
  See also Jung *亦見*榮格

E

- Eckhart, Meister 艾克哈特大師 18
- Edinger, E. F. 艾丁哲 30
- Ego 自我
  and anima, animus －和阿尼瑪、阿尼姆斯 46
  and archetypes －和原型 117, 118, 131, 132
  and consciousness －和意識 46

● Ego (*continued*) 自我（*續*）
and individuation —和個體化 34-49, 50
and self —和自性 29, 30, 62, 94-114, 117-118, 120, 196
in Jung 榮格的立場 20-21, 22, 23, 24, 32-33, 103-104, 117
in psychoanalysis 精神分析中的 27, 104-105, 214
and shadow —與陰影 46, 117
as centre of consciousness —如同意識中心 116
as subject —如同主體 73, 74
boundaries —界限 127
defences —防禦 152-153
in alchemy 煉金術中的— 206, 207
in analytical psychology 分析心理學中的— 95
in Jung 榮格對—的態度 44, 73, 103
in psychoanalysis 精神分析中的— 94, 104-105
self as archetype of 自性如同—的原型 46
splitting in —的分裂 100, 122, 214
● Ego ideal 自我理想 90
● Ehrenzweig, A. 埃倫茨威格
"Creative surrender" 〈創意投降〉 102
● Endocrine glands 內分泌系統 118
● Epistemophilic instinct 求知本能 27, 215
● *Eros* 愛神 198
● Evans, Elida 愛莉達・埃文斯 164
● Evolution, theory of 演化論 175, 177

F

● False maturity 錯誤的成熟 159
● Father 父親
infant's relation to 嬰兒與—的關係 198-199
● Federn, P. 費登 27, 100, 104-105, 108
● Fetish 戀物癖
and transitional object —與過渡客體 61, 68, 69
● Fintzey, R. T. 芬采 68
● Fordham, Michael 麥可・佛登 14, 19, 20, 30, 32n, 42, 43, 45, 62-63, 74, 75, 76, 84, 86, 90, 98, 99, 102, 110, 112, 131, 146, 147, 149, 165, 195
"Active imagination and imaginative activity" 〈積極想像及想像活動〉 64
"Active imagination: deintegration or disintegration" 〈積極想像：去整合或崩解〉 64
Children as individuals 《做為個體的兒童》 1, 44, 49, 50, 66, 91-92, 109
"Technique and counter-transference" 〈技術與反移情〉 157
The Life of Childhood 《童年的生活》 66
The Objective Psyche 《客觀心靈》 1, 2
The Self and Autism 《自性與自閉》 1, 44, 50, 59, 62, 68, 87, 109
vertex of —的頂點 187-188
● Freud, Sigmund 西格蒙特・佛洛伊德 2, 8, 9, 48, 53, 72, 73, 88, 90, 103, 104, 115, 129, 149, 166, 214
analytic work 分析工作 182

and illusions 一與幻象 175-176
and symbolism 一與象徵主義 170
attitude to religion 一對宗教的態度 172, 174-182
Jung's differences with 榮格與一的差異 8, 9, 11, 84-85, 180-182
scientific attitude 科學態度 181
"The Future of an Illusion" 〈一個幻象的未來〉 175, 179
The Interpretation of Dreams 《夢的解析》 94
theologians and 神學家與一 182-183

G

- Galileo 伽利略 212
- Gestalt psychology 完形心理學 29, 106
- Giovacchini, P. L. 喬凡契尼 146
- Gnosticism 諾斯替主義 18, 47
- God 神；上帝 127, 174-184 *passim 下頁各處* 208
  - and the devil 一與魔鬼 186, 195, 196
  - in Jung 榮格對一的看法 23, 26, 47, 81
  - in St John of the Cross 聖十字若望對一的看法 185-202 *passim 各處*
- *Golden Tract , The* 《黃金地帶》 205, 208
- Gordon, Rosemary 羅斯瑪麗・戈登 63
  - "Gods and deintegrates" 〈神與離神們〉 26n
- Greek medicine 希臘醫學 165
- Greek science 希臘科學 212
- Greenacre, P. 格林納格 68, 69
- Guilt 罪疚感 62, 215

H

- Harding, Esther 艾絲特・哈丁 41, 71n
- Harris, Martha 瑪莎・哈里斯 59, 218
- Hartmann, H. 哈特曼 27, 105
- Harvey 哈維 212
- Heimann, P. 海曼 137
- Helson 赫爾森 106n
- Henry, Gianna 吉安娜・亨利 50-51, 215, 218
- Hermes Trismegistos 赫密士・崔斯墨圖 19
- Hermetic Corpus 《赫密士文集》 19
- *Hermetic M useum, The* 《隱士博物館》 205, 206
- Heyer, H. G. 海耶爾 163-164, 167
  - *The Organism of the Mind* 《心靈的有機體》 163
- Hinduism 印度教 18
- Historical evidence 歷史證據
  - and analytical psychology 一與分析心理學 46-47
- Hoxeter, S. 赫克斯特 87
- Hubback, J. 哈柏克 75
- Hypothesis 假設 9
- Hysteria 歇斯底里 166

I

- *I Ching* 《易經》 129-130, 136
- Idealization 理想化 153
- Identification 認同；認同作用
  - projective and introjective 投射性一和內攝性一 49, 54, 56, 59, 153, 158,

159, 160, 198, 199, 210, 211, 215, 216
- Identity 身分 40
  mother-infant 母嬰一 43
- Imaginary companions 幻想友伴 66, 67
- Immunology 免疫學 169
- Individuation 個體化 19, 25, 33, 82, 91-93, 115-116, 118-119, 196, 204, 205, 208, 213, 217
  and depressive position 一和憂鬱位置 54
  and development of self-representations 一和自性表徵的發展 54
  and ego 一和自我 34-49
  and instinct 一和本能 41, 42
  and self 一和自性 34-44 *passim* *下頁各處* 90-93
  as historical and evolutionary 一如同歷史和進化 47-48
  classical concept 典型概念 34-40
  extended concept 延伸概念 40-44
    • criticism of 延伸文獻的評論 41-44
  in childhood, infancy 童年時期的一，嬰兒期 48-49, 50, 54, 90-93
- Infancy 嬰兒期 209-211
  adaptation in 一的適應 52-53, 54, 55, 65
  and archetypes 一與原形 55, 61
  and study of self 一與自性的研究 169-170
  and transference psychoses 一與精神病式移情 158-159
  development of moral feelings 道德感受的發展 217
  individuation in 一的個體化 48-49, 50, 54, 90-93
  integration and deintegration in 一的整合與去整合 50-63, 90, 92-93, 108-110, 170, 214
  primary unity in 一的最初合一 90-91
  relation to objects 一與客體的關係 54-61, 169
    • good and bad 好客體和壞客體 56-57
    • study of sequences 順序研究 59-61
    • whole and part 完整客體和部分客體 57-59
  self in 一的自性 48-49, 50, 62, 90-93
  self representation in 一的自性表徵 61-62, 158, 216
  splitting in 一的分裂 60-61
  spectrum of experience 經驗的範圍 54, 58
  study of characteristics in sequence 順序特徵的研究 59-61
  symbolization in 一的象徵化 61
  transitional objects, *see* Transitional objects 過渡客體，*參見*過渡客體
  See also Child, children *亦見*兒童
- Infant 嬰兒
  adaptation by 一的適應 52-53
  and mother 一與母親 43, 48-49, 50-61, 90-91, 92-93, 96, 108-110, 158, 168, 169-170, 198-200, 209-211, 214-215, 216, 217
    • observation studies and seminars 觀察研究與小組研討 51-52, 63, 91, 218
  birth of sibling 手足出生 158

perceptual capacities of 一的感知能力 44, 52-53
relation to father 一與父親的關係 198-199
self-image 自我形象 160
- Innate release mechanisms 先天釋放機制 52
- Instinct 本能
and individuation 一和個體化 41, 42
and spirit 一和精神 162, 164
theory 一理論 161
- Institute of Psychoanalysis 英國精神分析學會 121
- Integration 整合 23, 31-32, 45, 54, 89-90, 102, 111-112, 118-119, 122, 126-127, 135
and deintegration, in infancy 一與去整合，於嬰兒期 49, 50-63, 90, 92-93, 108-110, 170, 214
- Interpretations 詮釋
in analysis 分析中的一 111, 142, 153, 156, 157
- Internal objects 內在客體
and archetypes 一與原型 213
- Intrauterine life 子宮內生活 52, 108, 210
- Introjected objects 內攝客體 16
- Introjection 內攝 23, 33, 49, 135, 139-151 *passim 下頁各處* 210
- Introjective identification 內攝性認同 49, 54, 59, 198, 199, 215
- Introversion 內傾；內向 15-16, 37
- Isaac, Susan 蘇珊・艾薩克 215

J

- Jacobi, J. 雅可比 24, 91
- Jacobsen, E. 雅可布森 27
- Jacoby, M. 亞各比 27
- James, William 威廉・詹姆斯 21, 28, 81, 109
The Principles of Psychology 《心理學原理》 96-97
- Jones, Ernest 歐內斯特・瓊斯 125
- Jung, C. G. 榮格
active imagination 積極想像 72-73, 103
Aion 《伊雍》 13, 18, 23, 24, 25, 34, 47, 135
alchemical studies 煉金術研究 8, 18, 19, 38-39, 47, 75, 81, 85, 172, 203, 208-210, 213, 214
analytic practice 分析實務 15-17, 25-26, 29, 75, 98-102, 113, 137-140, 146, 149
and body-mind problem 一與身心問題 161-163
and dreaming 一與夢境 62, 69-70, 72-73
and mystical experience 一與神祕體驗 84-86, 179, 185
and symbolism 一與象徵主義 38-39, 81, 180, 182 *See also* Archetypal image *亦見*原型意象
"Answer to Job" 〈答約伯〉 18, 23, 26, 31 , 47, 73, 82, 181-182
"Astrological experiment" 〈占星學實驗〉 131
"A study in the process of individuation" 〈有關個體化過程的研究〉 13-14
attitude to regression 對退行的態度 106-107
attitude to religion 對宗教的態度

11, 18, 26, 47, 84-85, 172

● Jung, C. G. *(continued)* 榮格（*續*）
attitude to theory 對理論的態度 6-9, 30, 99, 138
childhood experiences 童年經歷 69-73
collective unconscious 集體無意識 6, 15, 48-49, 88-89, 95
''Concerning mandala symbolism"〈曼陀羅的象徵主義〉 14
countertransference 反移情 140
differences with Freud －與佛洛伊德的差異 8, 9, 11, 84-85, 180-182
ego in －對自我的看法 44, 73, 103
  • and self 以及自性 20-21, 22, 23, 24, 32-33, 103-104, 117
empathy in －對同理心的看法 215
Foreword to *New Developments in Analytical Psychology* 《分析心理學的新發展》〈前言〉 214
Foreword to the *I Ching* 《易經》新版序文 129
generalization from data 從資料概化 15
God in －對神的看法 23, 26, 47, 81
historical argument 歷史論點 81-82
individuation 個體化 19, 25, 34-41, 82, 91, 115-16, 118
mandalas 曼陀羅 11, 12-14, 17-18, 22, 26, 82, 85
Memories, Dreams, Reflections 《榮格自傳：回憶·夢·反思》 17, 36, 68, 72, 99, 161, 181
method of investigation 調研方式 6-10, 84, 98-102, 137-140
Mysterium Coniunctionis 《神祕合體》 34, 39, 46, 62, 85, 103, 204
"Obituary notice to Richard Wilhelm"〈衛禮賢訃告〉 129
"On psychic energy"〈論心靈能量〉 7
"On synchronicity"〈論共時性〉 73
patients of －的患者 12-13, 13-14, 15, 25-26, 29, 75
Psychological Types 《心理類型》 8, 10, 11, 18, 20, 24, 34, 40
  • "The theological disputes of the ancient church"〈古代教會的神學論爭〉19
Psychology and Alchemy 《心理學與煉金術》 12-13, 16, 34, 40, 82
Psychology and Religion 《心理學與宗教》 179
scientific attitude 科學的態度 181
self in －對自性的看法 5-33, 55, 98-102, 216
  • critical estimation of thesis 其立論的批判性評斷 82-84
study of astrology 占星學研究 135
study of Christianity 基督教義研究 18, 26, 47, 81
study of folklore 民俗學研究 18
study of history of symbolism 象徵主義歷史研究 38-39
study of mythology, 神話學研究 6, 17, 18, 26, 81
study of object relations 客體關係研究 131
study of religion 宗教研究 11, 18, 26, 47, 178-182, 184, 214
"Synchronicity: an acausal connecting principle"〈共時性：非因果的連接原理〉 130
Tabula smaragdina 《翠玉錄》（艾

默拉德石板） 172
Tavistock Lectures 「塔維斯托克演講集」 138, 162-163, 165
"The child archetype" 〈兒童原型〉 106, 214
"The development of the personality" 〈人格的發展〉 40
"The holy men of India" 〈印度的聖人們〉 21
"The idea of redemption in alchemy" 〈煉金術中的救贖思想〉 34
The Integration of the Personality 《人格的整合》 34
The Laws of Manu 《摩奴法論》 20
theory of archetypes, *see* Archetype 原型理論，*參見*原型
theory of synchronicity 共時性理論 29, 42, 128-133, 135-136, 163, 165-166
theory of types 類型論 6, 8
"The psychological foundations of belief in spirits" 〈相信靈魂的心理學基礎〉 129
"The psychology of the child archetype" 〈兒童原型心理學〉 17, 71
"The Psychology of the Transference" 〈移情心理學〉 7-8, 34, 36, 39
The Psychology of the Unconscious 《無意識的心理學》 11, 71
- "Concerning two kinds of thinking" 〈關於兩種思考的類型〉 7

"The relations between the ego and the unconscious" 「自我和無意識之間的關係」 34
The Secret of the Golden Flower (with Wilhelm) 《金花的祕密》（與衛禮賢合著） 12, 18, 36, 129
"The stages of life" 〈生命的階段〉 40
"The Transcendent Function" 〈超越功能〉 11
"The Undiscovered Self" 〈未發現的自性〉 6
transcendent function 超越功能 20, 217
transference in 一對移情的看法 83, 106
Two Essays on Analytical Psychology 《分析心理學的兩篇文章》 25, 94
unconscious in 一對無意識的看法 20-21, 23, 42, 48
"undirected thinking" 「無定向思考」 71
use of historical evidence 歷史證據的使用 47
use of metaphor 隱喻的使用 8, 30, 117

K

- Kahn, M. J. 卡恩 65
- Kant 康德 109
- Kekulé, von Stradonitz, F. A. 凱庫勒 7
- Kernberg, O. F. 肯伯格 15
- Klauber, J. 克勞伯 137
- Klein, Melanie 梅蘭妮・克萊恩 2, 27, 54, 59, 61, 96, 109, 116, 127, 159, 209, 213-216
- Kleinian psychoanalysis 克萊恩學派精神分析 87, 96, 213-216
- Klopfer, B. 克洛普費爾 164
- Koffka, K. 科夫卡 28
- Kohut, Heinz 海因茲・寇哈特 27, 95,

103, 159
● Kraemer, W. 克雷默 141
● Kris, E. 克里斯 99-100, 107

L

● Lambert, Kenneth 肯尼斯・藍伯特 81, 139
Analysis, Repair and Individuation 《分析、修復及個體化》 63
● Langs, R. 朗斯 137
● Layard, John 約翰・拉亞德 63
● Lebovici, S. 勒博維奇 68
● Lewin, K. 列文 28
● Little, Margaret 瑪格麗特・利托 28, 96, 137, 146, 157
"On basic unity" 〈論基本合一〉 108, 109, 110
● *Logos* 道；精神 198

M

● MacDougal, J. 麥克杜加爾 68
● Maduro, Renaldo 雷納多・馬杜羅 63
● Mandalas 曼陀羅 11, 12-14, 17-18, 24-25, 26, 32n, 75, 82, 85, 100n, 127
● Manic defence 躁狂防禦 207, 210
● Maya, Oriental doctrine 摩耶，東方學說 109
● Meier, C. A. 邁爾
"A Jungian approach to psychosomatic medicine" 〈榮格心身醫學方法〉 164-165, 166, 167
● Meltzer, D. 梅爾徹 137, 155, 159
● Mental disease 心理疾病 115, 116
● Mental health 心理健康 115-119
● Mercurius 墨丘利 18, 81
● Mescaline 麥司卡林腦顯像劑 161
● Metaphor 隱喻 8, 10, 30, 117
● Meyer, Robert 羅伯・邁耶 7
● Milner, Marion 瑪莉安・麋爾納
On Not Being Able ta Paint 《論無法繪畫》 102
● Mind-body problem 心身問題 161-170
and self theory －和自性理論 167-170
See also Psyche; Soma *亦見*心靈；軀體
● Mirror transference 鏡映移情 28, 160
● Models 模型
construction of 建構模型 10
● Money-Kyrle, R. 曼尼－凱爾 112, 137
● Moody, R. L. 穆迪 141
● Moral feelings 道德感受
development of －的發展 217
● Mother 母親
and infant －和嬰兒 43, 48-49, 50-61, 90-91, 92-93, 96, 108-110, 158, 168, 169-170, 198-200, 209-211, 214-215, 216, 217
• observation studies and seminars 母嬰觀察研究和小組研討 51-52, 63, 91, 218
and infant self image －和嬰兒自我形象 158, 160
containing function of －的涵容功能 209, 210
holding function of －的抱持功能 200, 209
● Mystery, sense of 神祕感 84-86
● Mysticism 神祕主義 84-86, 179, 185-202
● Mythology 神話 65
Jung's studies in 榮格對－的研究

6, 17, 18, 26

N

- Nacht, S. 納赫特 108, 110
- Narcissism 自戀
  primary 原初－ 90-91
- Narcissistic personality disorders 自戀型人格障礙症 15, 95, 173
- Neumann, E. 諾伊曼 22, 56, 90-91
- Neurophysiology 神經生理學
  and psychic states －和心靈狀態 165
- No-breast formulation 胸脯缺失的闡述 199-200
- Numinous experience 超自然經驗 13

O

- Object relations 客體關係
  in analysis 分析中的－ 58
- Object relations, infant 客體關係，嬰兒 54-61, 169
  good and bad 好的和壞的－ 56-57, 217
  study of sequences 順序研究 59-61
  whole and part 完整和部分－ 57-59
  See also Transitional object *亦見*過渡客體
- Omnipotence 全能感 65, 66

P

- Paracelsus 帕拉賽爾蘇斯 39
- Paranoid-schizoid position 偏執－分裂位置 54, 59, 127
- Parapsychology 超心理學 130-131, 132, 166
- Participation mystique 神祕參與 40, 54
- Part objects 部分客體 48, 49, 209, 210
- Pauli, W. 包立
  "The influence of archetypal ideas on the scientific theories of Kepler" 〈原型思想對克卜勒科學理論的影響〉 84, 130
- Peers, Allison 艾利森・佩爾斯 202
- Perry, J. W. 佩里 14, 24, 41, 42, 42-43n, 104
  "Acute catatonic schizophrenia" 〈急性僵直型思覺失調症〉 42-43n
- Persona 人格面具 25, 27, 88, 97, 183
- Peterson, F. 彼得森 161
- Pfister, Pastor 普菲斯特牧師 175
- Philosophical tree 哲學樹 18
- Physical diseases 生理疾病
  and imagery －和意象 162-165
- Piaget, J. 皮亞傑 52
- Plaut, A. 普拉特 64, 141
- Play 遊戲 67, 76-77
- Poimandres 牧者（聖靈） 19
- Poltergeist phenomena 騷靈現象 135
- Primary integrate 原始的整合 108-110, 118
- Primary narcissism 原初自戀 90-91
- Primitive identity 原始身分 54
- Probability theory 機率理論 128
- Projection 投射 23, 33, 49, 135, 141-151 *passim 下頁各處* 208, 209
- Projection screen 投影幕 125-126
- Projective identification 投射性認同 49, 54, 56, 69, 153, 158, 159, 160, 198, 199, 210, 211, 215, 216

- Psyche 心靈；精神
  - and soma －和軀體 120, 136, 161-170
- Psychoanalysis 精神分析 213-216
  - and analytical psychology －和分析心理學 94-96, 100, 137
  - and study of religion －和宗教研究 176
  - and transference psychoses －和精神病式移情 159
  - countertransference theory 反移情理論 140
  - ego in －對自我的看法 95, 104-105, 214
  - Jung's separation from 榮格與－的分離 11
  - Kleinian 克萊恩學派 87, 96 *See also* Klein *亦見克萊恩*
  - scientific methodology of －的科學方法論 174
  - self in －對自性（自體）的看法 27-28, 104-105, 214
  - studies of narcissistic disorders 自戀型障礙的研究 95, 173
  - use of, by theologians 神學家對－的援引 182-184
- Psychology 心理學
  - academic and general 學術型和一般－ 26
    - self in 其對自性的看法 28-30
  - gestalt 完形－ 29, 106
- *Puer aeternus* 永恆少年 72n

R

- Racker, H. 拉克 28, 137
- Reality object 現實客體 56
- Redfearn, J. 瑞德費恩 165
  - *My Self, My Many Selves* 《我的自性，我的許多自性》 32n
- Reflexes 反射 52
- Regression 退行 135
  - in analysis 分析中的－ 75, 77, 106-107, 108, 110
- Religion 宗教 89, 172-173, 174-184, 185-202 *passim* *下頁各處* 208, 217
  - and archetypes －與原型 178, 179
  - Freud's attitude to 佛洛伊德對－的態度 85, 172, 174-182
  - Jung's attitude to 榮格對－的態度 84-85, 172, 178-182, 184, 214
- Religious possession 信仰 84
- Repression 潛抑 94, 95, 116, 197, 215
- Resistances 阻抗 152, 153
- Rhine, J. B. 萊恩 130-131
- Ricksher, C. 理克夏 161
- Rorschach profiles 羅夏克檔案 164
- *Rosarium Philosophorum* 《玫瑰園圖》 17
- Rosenfeld, R. 羅森費爾德 159

S

- Saint John of the Cross 聖十字若望 185-202, 203, 204, 21 7, 218
  - life and personality 生平與人格 200-202
  - *The Ascent of Mount Carmel* 《卡梅爾山的上升》 188, 202
  - *The Dark Night of the Soul* 《心靈的黑夜》 188, 189-194, 198, 199
  - *The Living Flame of Love* 《活著的愛之火焰》 188, 195, 197, 198-199
  - *The Spiritual Canticle* 《精神頌歌》

188, 192, 196,
vertex of 一頂點 185-187
- Saint Theresa 聖女德勒撒（大德蘭） 186, 193, 200, 202
- Sandler, J. 桑德勒 105
- *Scala mystica* 神祕的天梯 189, 190, 194, 196
- Schafer, R. 莎佛 116
- Schizophrenia 思覺失調症（舊譯精神分裂症）14, 24, 42-43n, 104, 110
- Schwartz-Salant, N. 史瓦茲－薩蘭特
  Narcissism and Character Formation 《自戀與性格形成》 27
- Science, scientific method, attitude 科學，科學方法，態度 6, 11, 17, 19, 81-82, 174, 181, 202
- Scientific revolution 科學革命 213
- Scott, Clifford 克里福．史考特 96, 97-98, 108, 216
- Scott, R. D. 史考特 27, 165
- Searles, H. 席爾斯 28, 137, 157
- Segal, H. 西格爾 54
- Self 自性；自體
  and ego 一和自我 29, 30, 62, 94-114, 117-118, 120, 196
  in Jung 榮格對一的看法 20-21, 22, 23, 24, 32-33, 103-104
  in psychoanalysis 精神分析對一的看法 27, 104-105, 214
  and individuation 一與個體化 34-44 *passim* 各處
  and motivation in analysis 一與接受分析的動機 113
  and sense of mystery 一與神祕感 84-86
  and therapeutic results 一與治療結果 114
  and "the ultimate" 一與「終極」 33
  archetypal image as symbol for 原型意象如同一的象徵 31, 33, 44, 84-88
  as archetype 一如同原型 23-25, 29, 30, 85, 106, 108
  as archetype of ego 一如同自我的原型 46
  as a totality 一如同整體 20-23, 30, 33, 46, 53, 122, 198
  as deintegrative-integrative system 一如同去整合－整合系統 31-32, 45, 50, 52, 89-90, 102, 108-110, 111-112, 118-119, 122, 126-127, 195, 214
  as mystical concept 一如同神祕概念 22
  as philosopher's stone 一如同哲人石 209
  as primary integrate 一如同原初整合 108-110
  as totality of psyche 一如同心靈整體 26, 29
  boundaries 一界限 127
  cosmic 宇宙 29
  distortion of deintegrates 分化物的扭曲 160
  forms of 一的形態 89-91
  grandiose 誇大一 28
  in academic and general psychology 學術型和一般心理學中的一 28-30
  indestructability of 一的堅不可摧性質 159-160
  infancy and study of 嬰兒期和一的研究 169-170
  in infancy 嬰兒期的一 48-49, 50, 62
  in Jung 榮格對一的看法 5-33, 55,

82-84, 98-102, 216
- Self (*continued*) 自性；自體（*續*）
  in Klein 克萊恩對－的看法 27
  in psychoanalysis 精神分析中的－ 27-28
  numinous images of －的超自然圖像 81
  organismic theories of －的有機體理論 28-29
  part selves 部分－ 89-91
  phenomenonless 無現象的自我 109
  primary 原初－ 31, 50, 90-91, 218
  primary psychosomatic 原發性心身自我 27
  symbols, in *Aion* 《伊雍》中的－象徵 18
  theory, and mind-body problem －理論，以及身心問題 167-170
  transcendent function of －的超越功能 20, 84, 217
  true and false 真我和假我 27, 83-84, 97, 98, 183
- Self images 自性意象；自我形象 24, 25, 27, 43n, 118, 160, 216
  See also Archetypal image; Mandalas *亦見*原型意象；曼陀羅
- Self object 自性客體 56
- Self observation 自我觀察 100
- Self-representation 自性表徵 120, 217
  in infancy 嬰兒期的－ 61-62, 158, 216
  ordinary 一般的－ 88-89, 93
  theory of －的理論 87-89
- Sendivogious, Michael 邁克・西沃吉維奇 205
  The New Chemical light 《新化學之光》 206
- Servadio, E. 瑟維多 133
- Sethon, Alexander 亞歷山大・塞頓 205
- Shadow 陰影 39, 46, 88, 103, 117, 217
- Shame, sense of 羞恥感 62
- Sibling 手足
  birth of －的出生 158
- Silberer, H. 西爾伯勒 209
- Smiling response 微笑反應 52
- Society for Psychical Research 心靈研究協會 129
- Society of Analytical Psychology 分析心理學會 50, 218
- Soma 軀體
  and psyche －和心靈 120, 136, 161-170
- *Sophie Hydrolith, The* 《索菲特的水石》 206
- Soul 靈魂 23
- Spiegel, L. A. 史匹格爾 105, 106n
- Spirit 精神 198
  and instinct －和本能 162, 164
- Splitting 分裂 100, 122, 153, 197, 214
  and deintegration －與去整合 60-61 , 64
- Sprott, W. J. H. 史普洛特 27
  General Psychology 一般心理學 28-29
- Stein, L. 史坦 63, 85, 159, 167-169
- Stereochemical fit, theory of 立體化學擬合理論 168
- "Subject ego" 「主體自我」 73, 74
- "Sub-personalities" 「次人格」 32n
- "Subtle body" 「精微體」 162, 165
- Symbol formation 象徵形成 59
- Symbolic equations 象徵等同 54, 59

- Symbolic healing 象徵性療癒 164-165
- Symbolism 象徵主義
  - as archaic heritage 一如同古早遺產 180, 182
  - in Freud 佛洛伊德對一的看法 180
  - Jung's attitude to and study of 榮格對一的態度和研究 38-39, 81, 180, 182
  - *See also* Archetypal image *亦見*原型意象
- Symbolization 象徵化
  - in infancy 嬰兒期的一 61
- Synchronicity 共時性 29, 42, 122, 128-136, 163, 165-166
  - and analysis 一與分析 132-135, 136
  - and archetypes 一與原型 130, 131-132
  - as object relation 一如同客體關係 135
  - definition of 一的定義 129

T

- Taoism 道教；道家 12, 18, 45, 136
- Tavistock Clinic 塔維斯托克診所 50-51, 218
- Technology 科技 82
- Tertullian 特土良 176
- Theologians 神學家
  - use of psychoanalysis 一對精神分析的援引 182-184
- Theory 理論 9, 29-30
  - *See also under* Jung *另請參閱*榮格
- Therapeutic results 治療結果 114
- Therapy 治療
  - active imagination in 一中的積極想像 75-7
  - interpretations in 一中的詮釋 76
  - *See also* Analysis 亦見分析
- Tibetan book of the dead 《西藏度亡經》 18
- Tokens 預兆 157-158
- Tolstoy, Leo 列夫・托爾斯泰 128
- Transcendent function 超越功能 20, 84, 217
- Transference 移情 16, 17, 19, 36, 102, 113, 139, 140, 142, 150, 213, 216
  - delusional 妄想一 77, 83, 153, 159-160
  - idealizing 理想化一 28
  - mirror 鏡映一 28, 160
  - negative 負向一 75
- Transference psychoses 精神病式移情 152, 153-160
  - and analytic method, technique 一和分析方法、技術 156-157
  - and countertransference 一和反移情 155-156
  - infantile roots of 一的嬰兒期根源 158-159
- Transformation 轉化 197, 215
- Transitional object, objects 過渡客體，客體
  - and active imagination 一與積極想像 65- 78
  - and fetish 一與戀物癖 61, 68, 69
  - and the mother 一與母親 67
  - and transitional phenomena 一與過渡性現象
    - psychopathology of 其心理病理 68
    - Winnicott's theory 溫尼考特的理論 65, 66, 67-69, 70, 87

- Transitional object, objects 過渡客體，客體（*續*）
    - example of 一的案例 65-66
    - persistence into adult life 一持續至成年生活 68
- Transitional phenomenon 過渡性現象
    - example of 一的案例 66
    - *See also* Transitional object *亦見*過渡客體
- Trinity, the 三位一體 195

U

- Unconscious 無意識
    - collective 集體一 6, 15, 48-49, 88-89, 95
    - in Jung 榮格對一的看法 6, 15, 20-21, 23, 42, 48
    - personal and collective 個人和集體一 48-49
- Unconscious fantasy 無意識幻想 2, 215
- *Unio mentalis* 精神合一 203
- *Unio mystica* 神祕結合 191, 208

V

- Vertices, theory of 頂點理論 172, 173
- Vidermann, S. 維德曼 108, 110

W

- Waite, A. E. 偉特 205, 206
- Weaver, R. 魏佛 74
- Wheelwright, Joseph 約瑟夫・惠爾萊特 71n
- Wickes, F. G. 威克斯 15, 65, 66
- Wilhelm, Richard 衛禮賢
    - *The Secret of the Golden Flower* (with Jung) 《金花的祕密》（與榮格合著） 12, 18, 36, 129
- Williams, H. A. 威廉斯 182-184
- Williams, Mary 瑪麗・威廉斯 48, 103, 135
- Winnicott, D. W. 溫尼考特 27, 73, 96, 137, 216
    - "On being alone" 〈關於獨處〉 121, 122
    - theory of transitional objects and transitional phenomena 過渡客體和過渡性現象的理論 65, 66, 67-69, 70, 87
    - true and false self 真我和假我 97, 98
- Wisdom, J. 0. 韋斯頓 111, 145
- Wise old man archetype 智慧老人原型 88
- Wittkower, R. 維特科夫 163
- Wolff, Antonia 安托妮亞・沃爾夫 75

Y

- Yoga 瑜伽 162-163
    - Tantric system 密宗系統 162-163, 165

Z

- Zeigler, A. 齊格勒 164
- Zygote 受精卵 118

PsychoAlchemy 038

探索自性

Explorations into the Self

著—麥可・佛登（Michael Fordham）　譯—黃善嫻　審閱—施鈺鎮、梁永耀

出版者—心靈工坊文化事業股份有限公司
發行人—王浩威　總編輯—徐嘉俊
執行編輯—裘佳慧　特約編輯—林婉華
內文排版—龍虎電腦排版股份有限公司
通訊地址—106台北市信義路四段53巷8號2樓
郵政劃撥—19546215　戶名—心靈工坊文化事業股份有限公司
電話—02）2702-9186　傳真—02）2702-9286
Email—service@psygarden.com.tw　網址—www.psygarden.com.tw

製版・印刷—彩峰造藝印象股份有限公司
總經銷—大和書報圖書股份有限公司
電話—02）8990-2588　傳真—02）2290-1658
通訊地址—242新北市新莊區五工五路2號（五股工業區）
初版一刷—2023年6月　ISBN—978-986--357-295-4　定價—790元

Explorations into the Self
1st Edition
ISBN: 9781855759718
which is authored/edited by Michael Fordham

國家圖書館出版品預行編目(CIP)資料

探索自性／麥可・佛登（Michael Fordham）著；黃善嫻譯．-- 初版．-- 臺北市：
心靈工坊文化事業股份有限公司，2023.06
面；　公分. --（PsychoAlchemy；38）
譯自：Explorations into the Self
ISBN 78-986-357-295-4（平裝）

1. CST: 分析心理學　2. CST: 自我實現

170.181　　112008315

心靈工坊 PsyGarden 書香家族 讀友卡

感謝您購買心靈工坊的叢書，爲了加強對您的服務，請您詳填本卡，
直接投入郵筒（免貼郵票）或傳眞，我們會珍視您的意見，
並提供您最新的活動訊息，共同以書會友，追求身心靈的創意與成長。

書系編號—PsychoAlchemy 038　　書名—探索自性

姓名　　是否已加入書香家族？□是 □現在加入

電話 (O)　　(H)　　手機

E-mail　　生日　年　月　日

地址 □□□

服務機構　　職稱

您的性別—□1.女 □2.男 □3.其他

婚姻狀況—□1.未婚 □2.已婚 □3.離婚 □4.不婚 □5.同志 □6.喪偶 □7.分居

請問您如何得知這本書？

□1.書店 □2.報章雜誌 □3.廣播電視 □4.親友推介 □5.心靈工坊書訊
□6.廣告DM □7.心靈工坊網站 □8.其他網路媒體 □9.其他

您購買本書的方式？

□1.書店 □2.劃撥郵購 □3.團體訂購 □4.網路訂購 □5.其他

您對本書的意見？

□ 封面設計　1.須再改進 2.尚可 3.滿意 4.非常滿意
□ 版面編排　1.須再改進 2.尚可 3.滿意 4.非常滿意
□ 內容　1.須再改進 2.尚可 3.滿意 4.非常滿意
□ 文筆／翻譯　1.須再改進 2.尚可 3.滿意 4.非常滿意
□ 價格　1.須再改進 2.尚可 3.滿意 4.非常滿意

您對我們有何建議？

□本人同意＿＿＿＿＿＿（請簽名）提供（真實姓名/E-mail/地址/電話/年齡/等資料），以作為心靈工坊（聯絡/寄貨/加入會員/行銷/會員折扣/等之用，詳細內容請參閱http://shop.psygarden.com.tw/member_register.asp。

廣　告　回　信
台北郵政登記證
台北廣字第1143號
免　貼　郵　票

10684台北市信義路四段53巷8號2樓

讀者服務組　收

免　貼　郵　票

（對折線）

加入心靈工坊書香家族會員
共享知識的盛宴，成長的喜悅

請寄回這張回函卡（免貼郵票），
您就成為心靈工坊的書香家族會員，您將可以——

⊙隨時收到新書出版和活動訊息

⊙獲得各項回饋和優惠方案